Über den Autor

Horst Gässler, Gymnasiallehrer für Latein und Englisch a. D., beschäftigt sich seit vielen Jahren kritisch mit pädagogischen und gesellschaftlichen Themen.

Folgende weitere Bücher sind bisher erschienen:

- **Die Arroganz eines Verlierers – Unsere Zivilisationslüge**
Leben wir in der Zivilisation, die wir vorgeben zu sein? Ist die Kunde vom Homo Sapiens Fake News?

- **Adern im Stein** - Erzählungen
(Unerwartete Erfahrungen, die Spuren in unserem Leben hinterlassen)

- **Das Fettauge** – Roman
(Unsere Gesellschaft in der Sackgasse einer zerstörten Welt und manipulierten Zukunft, aus der nur ein radikaler Neuanfang führen kann)

Horst Gässler

Mit dem System
zum Terror der Macht

Die phantastischen Abenteuer
eines Ritters von der traurigen Gestalt,
der auszog, um Bildung zu lehren

Ein Tatsachenroman

Umschlagseite:

Karikatur eines unbekannten Zeichners, die in regelmäßigen Abständen immer dann an deutschen Schulen kursierte und kursiert, wenn das Beurteilungsjahr für Lehrer einsetzt(e). Zu dieser Hommage an den Zeichner sieht sich der Autor veranlasst, weil dessen Karikatur einen wesentlichen Aspekt der Problematik treffend in Szene setzt.

Bibliografische Information der Deutschen Nationalbibliothek: Die Deutsche Nationalbibliothek verzeichnet diese Publikation in der Deutschen Nationalbibliografie; detaillierte bibliografische Daten sind im Internet über dnb.dnb.de abrufbar.

Erste Ausgabe erschienen 1993 unter dem Pseudonym Vera Diko und dem Titel:
„Mit dem System zum Terror der Macht – Schuldirektoren in Deutschland – Diktatoren ohne Qualifikation?"

Neue veränderte Ausgabe unter jetzigem Titel 2003
Zweite angepasste Ausgabe 2018

Herstellung und Verlag:
BoD – Books on Demand, Norderstedt

ISBN: 9783748129813

Inhalt

Vorwort

Es ist gewiss nicht üblich, tiefverwurzelte Institutionen des allmächtigen Staates oder seine zweifelhaften Bildungsvertreter einer offenen Kritik zu unterziehen. Wenn die folgenden Begebenheiten dennoch zum Gegenstand einer kritischen Betrachtung gemacht werden, so geschieht dies im Dienst an der Sache.

Dass Qualität der Bildung nicht immer das Ziel der Verantwortlichen in Schule und Politik ist und dass die Ergebnisse der PISA-Studie nur die aufschrecken musste, die trotz kritischer Stimmen bisher beharrlich die Augen vor der Wahrheit verschlossen haben, das soll hier beispielhaft aufgezeigt werden.

Um voreiligen Schlüssen bezüglich realer Orte und Personen von vorne herein entgegenzutreten, wurden die Namen in diesem Roman frei erfunden. Zwar haben die geschilderten Ereignisse – um glaubwürdig zu bleiben - ihren Ursprung an bestimmten Quellen, aber sie sind in ihrer Grundstruktur - trotz heftigem Leugnen - an vielen Schulen im Lande anzutreffen. Dieser Umstand zwingt daher dazu, das Thema, das als Tabu allzu gerne ausgegrenzt wird, aufzugreifen.

Sollte sich trotzdem aus Unkenntnis des Autors eine gewisse Ähnlichkeit mit dem Namen lebender Personen dieses Standes, seien sie direkt oder indirekt in die Sache involviert, oder gar mit Ihnen, lieber Leser, ergeben, so bitte ich für die unbeabsichtigte Übereinstimmung um Nachsicht. Denn es geht mir nicht darum, einzelne Personen an den Pranger zu stellen, sondern darum, Schwächen eines Systems aufzuzeigen, die einer harten, aber sachlichen Diskussion bedürfen.

So werden Sie, lieber Leser, auf der folgenden Reise durch eine erlebte Zeit als begleitender Sancho Pansa vielen seltsamen Vorkommnissen begegnen und vielleicht wiederholt ungläubig den Kopf schütteln. Aber...

VERA DIKO

Der Querdenker

es rannte ein querdenker
stets geradeaus
bis er sich dachte
das halt ich nicht aus

so bog er denn ab
und stürzte ins leere
denn vor ihm stand plötzlich
die quere

Matthias Kneip

Zum Teufel! Glauben Sie, ich schreibe eine romantische Geschichte?
Sehen Sie nicht, dass ich nur die Wahrheit der Natur widerspiegle?

(Samuel Richardson)

Enttäuschte Hoffnung

Meine Schritte hallen hart durch den breiten Gang. Ihr Echo steigt durchdringender als sonst von dem alten Dielenboden auf. Die lockergetretenen Knorze ducken sich Schutz suchend in ihren Astlöchern. Am Ende schneidet das Licht, das durch die übergroßen Fenster des Treppenhauses rechts um die Ecke hereinflutet, eine harte, fast magische Grenze auf die Holzmaserung. Als ich den domartigen Treppenflur betrete, zwingt mich der grelle Schein der Nachmittagssonne, meine Augen zu schmalen Schlitzen zusammenzukneifen und die Konturen der ausladenden Steintreppe, die von einer mächtigen Säule seitlich gestützt wird, noch schärfer wahrzunehmen. Wie aus einer tiefen Ferne dringt es jetzt klarer, härter, schmerzlicher in mein Bewusstsein, dass ich diesen Weg nie mehr zurückgehen werde. Ich habe diesen Gedanken, der sich in jüngster Zeit immer deutlicher abzeichnete, wieder und wieder verdrängt. Nun macht er mir die Schritte schwer. Und während ich Stufe um Stufe hinabsteige, lege ich unbewusst meine linke Hand auf das breite Steingeländer, als ob ich die Zeit festhalten will. -

Damals, vor genau vier Jahren, verschlug mich ein Schreiben des Ministeriums in diese Kleinstadt. Als ich den Absender auf dem Kuvert las, riss ich in fieberhafter Neugier den Umschlag auf und hastete über die langersehnten Zeilen:

Einstellung

Sehr geehrter Herr!

Ich freue mich, Ihnen mitteilen zu können, dass sie mit Wirkung vom 10.September dem Eleonore-Mahler-Gymnasium in Romanstadt zur Unterrichtserteilung im Rahmen Ihrer Lehrbefähigung zugewiesen und dort zum Studienrat z. A. ernannt werden. Sie werden gebeten, den Dienst zum vorgesehenen Zeitpunkt anzutreten.

Hochachtungsvoll
I.A.
gez. Dr. Böhning (Ministerialdirektor)

Ein unbeschreibliches Glücksgefühl durchströmte mich. Nach Jahren des Lernens und unzähliger Prüfungen war ich endlich frei, frei von dem Zwang hetzender Termine und beklemmender Bewährungen, frei für eine neue Zukunft, in der ich mich mit all meinem Wissen selbst verwirklichen konnte. Beflügelt nahm ich meinen Autoatlas zur Hand - er hatte mir schon auf so manchen Reisen den rechten Weg gewiesen - um mich auf die Suche nach dem mir unbekannten Ort zu begeben. Mit der entsprechenden Information aus dem Städteverzeichnis versehen, suchte ich mit unruhigem Finger die angegebene Seite ab, und dieser blieb dann unvermittelt an einem kleinen schwarzen Punkt stehen. Noch erfreut darüber, dass es die Stadt wirklich gab, orientierte ich mich am näheren und weiteren Umfeld - und plötzlich machte sich Enttäuschung bei mir breit. Nein, das war nicht die Gegend, die ich mir ausgewählt hatte. Im Gegenteil, es war genau einer der Landstriche, die ich mit der Markierung der Ziffer "4" versehen hatte und damit als möglichen Einsatzort ausgeklammert zu haben glaubte. Hatten wir doch zum Ende unserer Seminarausbildung einen "Wunschzettel" vorgelegt bekommen, auf dem wir - eine unserer ersten selbständigen Amtshandlungen im letzten Ausbildungsabschnitt - Städte und Regierungsbezirke favorisierend oder ausschließend mit den Ziffern 1 - 4 markieren konnten.

Eine Zeit lang starrte ich ungläubig auf den kleinen schwarzen Punkt der Seite 56 und fühlte mich wie ein kleiner Junge, der an seinem Geburtstag mit schon hocherfreutem Herzen das runde Päckchen aufreißt, um endlich den heißersehnten Fußball aus Leder in den Händen zu halten, und dem sein ganzes Glück an einem billigeren Plastikball zerbricht. Eine innere Unruhe begann sich langsam in mir festzufressen. Ich musste irgend etwas unternehmen.

Mit flauen Beinen schlüpfte ich in meinen Trainingsanzug, um mich bei einem Waldlauf von der drückenden Last freizuschnaufen. Vielleicht hatte das Ganze doch auch sein Gutes. - Aber je länger ich lief, desto intensiver kreisten meine Gedanken um diesen Betrug. Ich fühlte mich verraten. Mein Unmut wuchs mit jedem Meter, und schließlich reifte in mir der Entschluss, morgen Böhning anzurufen. Fast erleichtert lenkte ich meine müden Beine nach Hause.

Unter der Dusche schon begann ich arglos vor mich hinzusummen. Möglicherweise war dies alles nur ein Versehen. Mit der neuen Hoffnung regte sich auch der Appetit, und der Schinken, der für zwei Tage reichen sollte, verlor sich zügig auf vier Scheiben Brot. Ich goss ein zweites Glas Saft ein und machte es mir vor dem Fernsehapparat bequem. Der Abend fing mich weich auf.

Doch in der Nacht kroch wieder das alte Gespenst aus den beweihräucherten Ritzen des Bewusstseins hervor. Die Ungläubigkeit an die eigene Hoffnung schlich im Zimmer umher. Ich konnte nur wenig Schlaf finden und war am nächsten Morgen trotz bleierner Müdigkeit schon früh auf den Beinen. Nach einem ausgiebigen Frühstück machte ich mich auf den Weg zur Post. Ich hasse es, ein vermutlich längeres Gespräch von einer Telephonzelle aus zu führen, da mich der Blick auf das klickende Zählwerk und das Kramen nach Kleingeld stets nervös macht.

Doch dieses Mal spürte ich auch in der Telephonkabine eine beklemmende Nervosität. Den Notizzettel mit der Telephonnummer, die ich aus Sicherheitsgründen übermäßig groß geschrieben hatte, legte ich betont langsam auf das kleine Pult vor mir, schnaufte noch einmal durch und begann zu wählen.

Nach sechsmaligem Tuten knackte es in der Leitung, dann dröhnte eine freundliche, aber energische Stimme an mein Ohr: "Ministerium für Unterricht und Kultur, Lehmann".

In erstaunlich ruhigem Ton meldete ich mich ebenso freundlich, doch etwas zaghafter: "Toberg, Kronreuth. Könnte ich bitte Herrn Dr. Böhning sprechen?"

"Einen Moment. Ich verbinde." tönte es beinahe schon lakonisch zurück, und mit einem klickenden Knopfdruck machte sich meine Vermittlerin für neue Aufgaben frei.

"Dr. Böhning", unterbrach plötzlich eine sonore Stimme das kurze Schweigen in der Leitung.

"Toberg, Kronreuth", wiederholte ich mich. "Herr Dr. Böhning, ich habe gerade mein Einstellungsschreiben erhalten, mit dem ich dem "Eleonore-Mahler-Gymnasium" in Romanstadt zugewiesen wurde. Dieser Ort befindet sich jedoch in einem Regierungsbezirk, den ich als unerwünscht angekreuzt habe. Es kann doch wohl nicht angehen, dass die Wunschliste in keiner Weise berücksichtigt wird."

"Sehen Sie, Herr Toberg", schnitt Dr. Böhning in die kurze Pause, "es standen in den von Ihnen angegebenen Bereichen keine Stellen für Ihre Fächerverbindung zur Verfügung."

Schon in ihrem Ton verriet sich diese Behauptung als Unwahrheit.

11

Sie war geradezu eine Verhöhnung. Mein empfindlicher Nerv war getroffen und zeigte auch sofort Wirkung. Ich kann nicht behaupten, dass ich ein Wahrheitsfanatiker bin. Aber angesichts einer solchen Ausrede kam in mir beträchtlicher Unmut hoch. Unter diesem Druck platzte es - unwilliger als ich es eigentlich beabsichtigte - aus mir heraus.

"Herr Dr. Böhning" - meine Stimme nahm jetzt einen trotzig ironischen Ton an - "Sie erwarten von mir sicherlich nicht, dass ich Ihre Aussage für bare Münze nehme. Meine Fächerverbindung ist relativ selten und dürfte somit viele Einsatzmöglichkeiten offenlassen. Ich kann es nicht glauben, dass in drei Regierungsbezirken, die ich zur Wahl stellte, keine Planstelle für meine Fächerverbindung frei sein sollte. Es müssen also andere Gründe eine Rolle spielen."

"Herr Toberg", versuchte mich Böhning zu beschwichtigen, obgleich seine Stimme schon erste Ungehaltenheit verriet, "Sie sind doch als Junggeselle sehr flexibel, und außerdem sind Kräfte wie Sie an solchen Gymnasien sehr gefragt. Sehen Sie es als eine Aufgabe! Ich wünsche Ihnen jedenfalls dazu alles Gute. Aufwiederhören."

"Aufwiederhören", hörte ich mich überrascht und konsterniert zugleich in das Klicken am anderen Ende der Leitung stottern, obwohl ich gerade noch einen Einwand auf den Lippen hatte.

Mit einem harten Druck, als ob er einrasten müsste, legte ich den Hörer auf die Gabel. "Das ist doch ein ... " entfuhr es mir fast ein bisschen zu laut in der Erregung, und ich drehte mich verlegen um, um mich zu vergewissern, dass diese Amtsbeleidigung auch ja keinen Zeugen hatte. Verärgert stieß ich die Kabinentür auf, versuchte aber trotzdem meinen Zorn gegenüber dem Schalterbeamten zu verbergen. Dies schien mir nicht ganz gelungen zu sein. Denn er schaute kurz vorwurfvoll auf, als ich die fälligen Gebühren für das Gespräch - nach seiner täglich geübten Empfindung wohl etwas zu geräuschvoll - in den Drehteller fallen ließ. Mit stampfendem Schritt verließ ich die Schalterhalle - und war für den Rest des Tages ungenießbar.

Aber auch bei mir heilte die Zeit die geschlagenen Wunden, und ich fügte mich dem mir verordneten Schicksal. Schließlich kam sogar wieder Neugierde auf.

Nach drei Tagen machte ich mich mit dem Einstellungsschreiben in meiner abgegriffenen, aber innig geliebten Aktentasche auf den Weg zu der verheißungsvollen Stätte, die - laut Böhning - schon meiner harrte. Nachdem ich mich in der Kleinstadt durchgefragt hatte, stand ich endlich vor ihr. Trotz aller Vorfreude fühlte ich mich unsicher, als ich so unmittelbar mit meiner Zukunft konfrontiert wurde. Sie war ein L-förmiger alter Kasten, der nach außen hin nicht gerade attraktiv wirkte. Den Eingang bildete ein mächtiges Bogenportal mit zwei schweren Eichenflügeln. Bei dem Versuch, die Tür aufzudrücken, stemmte sich mir ein automatischer Türschließer anachronistisch entgegen, als wollte er mir den Eintritt in die heiligen Hallen verwehren. Während ich den ersten Treppenabsatz hinaufging, fiel die Tür, die sich zeitlupenartig bewegte, mit einem letzten Ruck dumpf ins Schloss. Der vibrierende Schall wurde von der Eingangshalle, die sich in zwei Gänge verzweigte, kurz eingefangen, ehe er sich über die gegenüberliegende breite Steintreppe nach oben verlor. Ich erklomm langsam die Stufen und ertappte mich dabei, wie ich mich schüchtern in dem weitausladenden Treppenhaus umschaute. Als meine Schritte von dem teilweise ausgewetzten Stein auf den Dielenboden überwechselten, erschrak ich vor dem polternden Hacken meiner Absätze, das in der absoluten Stille aufdringlich wirkte. Auf der Suche nach dem Sekretariat lief ich nun mehr über die Sohlen, als ob ich befürchtete, vorzeitig entdeckt zu werden. Dann stieß ich auf das gesuchte Schildchen. Noch zögerte ich kurz, klopfte aber dann doch entschlossen an die Tür. Auf ein deutlich vernehmbares "Herein!" hin drückte ich dagegen, aber sie war verschlossen. So dachte ich zumindest. Doch ich schien nicht der erste zu sein, der sich auf diese Weise selbst den Zugang versperrt hatte, denn plötzlich ertönte von drinnen ein schon beinahe mechanisches "Bitte ziehen!". Leicht verwirrt folgte ich der Anweisung. Und da wurde auch mir die gezielte Mechanik der Tür klar. Ich trat ein und hatte die Klinke der wieder verschlossenen Tür gerade losgelassen, als mein Weg auch schon nach zwei Schritten an einer Barriere endete. Öffnete sich die Tür nach innen, würde ein ahnungsloser Kunde hoffnungslos in die Zange genommen werden.

Zwei Schreibtische waren künstlich quer in den Weg gestellt worden. Nicht nur die Enge, sondern auch die altmodische und kärgliche Ausstattung des Raumes überraschte mich. Neben den bereits erwähnten, funktionell gestellten Schreibtischen befanden sich zwei Aktenschränke mit Rolltüren, die sich genau gegenüber standen und deren Öffnungen wie aufgesperrte Mäuler jegliche Papierflut verschlangen.

"Bitte schön?" unterbrach die eine der Sekretärinnen ihre Arbeit und wandte leicht ihren Kopf in meine Richtung.

"Mein Name ist Toberg" wies ich mich aus, ohne dies allerdings dokumentarisch belegen zu müssen, und trug dann mein Anliegen vor:

"Ich wurde mit Wirkung vom 10. September Ihrer Schule als Studienrat z. A. zugewiesen. Ich wollte mich vor Dienstantritt dem Direktor vorstellen."

"Sind Sie angemeldet?" fragte mein Gegenüber nach.

"Nein" gestand ich, wobei mich das seltsame Gefühl beschlich, etwas versäumt zu haben. Mir kam plötzlich zu Bewusstsein, dass ich nun zum "System" gehörte, ein Umstand, der die Einhaltung gewisser Spielregeln erforderte.

"Moment, bitte!" bat mich die Sekretärin um ein wenig Geduld, und ich beneidete sie, mit welch geübtem Griff sie das Telephon mit einer Hand bediente und mit ausgestrecktem Zeigefinger unfehlbar eine einstellige Nummer wählte. "Herr Oberstudiendirektor, ein Herr Toberg wünscht Sie zu sprechen. Er möchte sich als Neuzuweisung vorstellen" flüsterte sie halblaut in die Sprechmuschel, als ob es ein Geheimnis zu bewahren galt. Ihre unausgesprochene Anfrage musste wohl mit einem positiven Bescheid bedacht worden sein, denn noch während sie den Hörer zurücklegte, gab sie mir mit einem Kopfnicken zu verstehen: "Sie können jetzt hineingehen!"

Ich wandte mich dem rechteckigen Einlass zu und klopfte höflich an die Tür in der Annahme, damit das "System" geknackt zu haben. Da erklang hinter mir die vertraute Stimme meiner Sekretärin "Sie brauchen nicht anklopfen!" Dies hat mich, der ich bereits von Kindheit an mein 'Sesam öffne dich' hatte lernen müssen, äußerst verwundert. Aber natürlich waren meine Erfahrungen mit meinem neuen Umfeld noch sehr bescheiden. Denn auch diese scheinbare Unhöflichkeit hatte ihre Bewandtnis. Kaum nämlich hatte ich die Tür geöffnet, als ich verdutzt vor einer Polstergarnitur stand. Sie war nicht, wie man es erwarten sollte, horizontal gestellt, sondern verlor sich vertikal hinter dem Türrahmen. Jetzt wurde mir klar, dass man zu einem Herrn Oberstudiendirektor nicht durch einen von einem Maurer vorgesehenen Durchlass Zugang findet, sondern durch eine gepolsterte Doppeltür eingeschleust wird. Hier können Geheimnisse nur durch verschwiegene Kanäle nach außen dringen. Nachdem ich diese Doppelsicherung überwunden hatte, verharrte ich kurz und trötete mit einer leichten Verbeugung mein "Grüß Gott!" Die Natur selbst hatte mich mit einer ziemlich lautstarken Stimme bedacht, die - bei allem Segen - in solchen Situationen eher aufdringlich erscheinen mochte.

"Grüß Gott!" klang es in einem frischen Ton von der Fensterseite des Raumes. "Bitte nehmen Sie Platz." Eine über den Schreibtisch ausgestreckte Hand wies in pflichtbewusster Geste auf einen Stuhl davor.

"Ich heiße Sie herzlich willkommen", begann der Mann hinter dem wuchtigen Mobiliar seine Amtshandlung. Und vielleicht um eine versöhnliche Note einfließen zu lassen, fügte er hinzu: "Wir liegen zwar ein wenig abseits, aber ich bin sicher, es wird Ihnen bei uns gefallen." Um das Persönliche nicht zu kurz kommen zu lassen, fragte er noch: "Wandern Sie gerne?", und als ich bejahte, pries er mit detaillierten Angaben einige mir noch unbekannte Schätze der Natur in der nächsten Umgebung. Dabei hellten sich seine Gesichtszüge auf wie die eines Verkäufers, der eine Chance wittert, einem interessierten Kunden einen Ladenhüter anzudrehen. "... Sie werden sehen, manche Blumen blühen im Verborgenen", versuchte er mit aufmunterndem Lächeln seine poetische Ader zu Wort kommen zu lassen. - "Zuerst muss ich Sie vereidigen", leitete er nach einer kurzen Pause zum formalen Teil über.

Während er in einer Schublade die erforderlichen Unterlagen heraussuchte, ließ ich meinen Blick zwanglos durch das Zimmer schweifen. Auch hier dominierte die Schlichtheit. Schräg vor mir thronte eine Art Panzerschrank, der dem gerahmten Bild daneben beinahe den Atem zu nehmen schien. Auf dem Schreibtisch befand sich außer einem kärglich bestückten Utensilienständer zwischen dem Telephon und einer gedrungenen Schreibtischlampe nur noch ein großes kantiges Exemplar eines zartschimmernden Rosenquarzes. Ob dieses Stück Natur als Briefbeschwerer diente oder eine innige Bindung zur Heimat verkörpern sollte, ließ sich an Hand der Lage nicht eindeutig bestimmen. An der rechten Seite reihten sich zwei raumhohe Aktenschränke. Daneben schloss sich eine schräg in das Zimmer plazierte Stellage an, die einen unregelmäßig durchbrochenen Wandteppich in seiner Form hielt. Dieses Werkstück, in dessen linke untere Ecke "9b" eingewebt war, strahlte in seiner Abstraktheit und Farbigkeit einen Hauch von Moderne aus. Hier manifestierte sich anscheinend täglich der Kontakt des Herrn Oberstudiendirektors zu seiner Schule.

"Wenn Sie bitte dieses Blatt an sich nehmen und mir nachsprechen wollen", riss mich die Stimme des Schulleiters aus meinen Betrachtungen. "Ich schwöre", begann er, und ich folgte in angemessenem Abstand seinen formelhaft vorgetragenen Worten, "Treue dem Grundgesetz für die Bundesrepublik Deutschland und der Verfassung des Freistaates, Gehorsam den Gesetzen und gewissenhafte Erfüllung meiner Amtspflichten, so wahr mir Gott helfe."

Nachdem ich den Amtseid abgelegt und noch einige weitere Dokumente unterzeichnet hatte, verabschiedete mich mein neuer Vorgesetzter, nicht ohne mir zur näheren Information den letzten Jahresbericht der Schule ausgehändigt zu haben. Mit einem vernehmlichen "Auf Wiedersehen" schleuste ich mich hinaus, warf den Sekretärinnen ein ebensolches zu - und beschloss, da noch Zeit blieb, vor dem Mittagessen einen kurzen Besichtigungsbummel zu unternehmen.

Das neue Leben

Der Termin der ersten Lehrerkonferenz des neuen Schuljahres - sie findet traditionsgemäß am letzten Ferientag statt - rückte immer näher. Noch am Tage meiner Vorstellung hatte ich ein kleines Appartement in einem Dorf, das vier Kilometer von Romanstadt entfernt lag, gemietet und mich damit in den allmorgendlichen Heereszug der Pendler eingereiht. Auch hatte ich mich in der Zwischenzeit häuslich eingelebt und fieberte nur noch dem Tag meines Neubeginns entgegen. Natürlich war ich auf das Kollegium gespannt, ob es sich mehr aus jüngeren Lehrern rekrutierte oder schon sehr überaltert war. Letzteres fürchtete ich ein wenig, da ich an der Seminarschule die Erfahrung gemacht hatte, dass ein Großteil der älteren Kollegen erstaunliche, gelegentlich sogar überhebliche Berührungsängste gegenüber Referendaren gezeigt hatten. Natürlich hatte ich den mir ausgehändigten Jahresbericht durchgeblättert und vor allem das Lehrerphoto angesehen - Solche statischen Ablichtungen dienen in der Regel dazu, auch Außenstehenden einen Einblick in die hierarchischen Strukturen einer staatlichen Anstalt zu gewähren und ihnen die Gelegenheit zu geben, sich an Hand des äußeren Erscheinungsbildes ein Vorurteil über die gesellschaftlichen, fachlichen und pädagogischen Qualitäten des jeweiligen Lehrers zu bilden. - Das grobe Raster des Druckes ließ jedoch in diesem Fall nur eine vage Schätzung zu.

Als es endlich so weit war, gingen mir auf dem Weg zur Konferenz die wildesten Gedanken durch den Kopf. Um 14.45 Uhr Ortszeit - diese Angabe erscheint mir notwendig, da hier vieles anders zu laufen schien - bog ich in die enge Straße, die um das Schulgebäude führte. Vor mir stauten sich die Wagen einiger Parkplatzsuchenden - die Vermutung, dass es sich hierbei um meine neuen Kollegen handelte, erwies sich im Nachhinein als zutreffend. Jetzt zeigte sich der Vorteil eines Kleinwagens. Durch einen geschickten Schlenker in eine knapp bemessene Parklücke ersparte ich mir jegliches weitere Suchen. Es herrschte schon ein reges Kommen - die Konferenz war für 15.00 Uhr angesetzt.

Als ich das Gebäude zum zweiten Mal betrat, hielt ich mit entschlossener Kraft - ich kannte nun auch die Tücke des Portals - zwei mir nachfolgenden Herrn zuvorkommend die Tür offen. Mit fragender Neugier im Blick und einem dankenden Kopfnicken passierten sie mich, wobei sie vornehme Zurückhaltung von einer Kontakt suchenden Äußerung noch abzuhalten schien. Ich schloss mich ihnen unauffällig an, um sicher zu gehen, ohne lästiges Fragen den Weg zum Lehrerzimmer zu finden.

Diese Vorsichtsmaßnahme erwies sich als überflüssig, denn eine weit offenstehende Tür am Ende des Ganges im ersten Obergeschoss ließ keinen Zweifel über die Richtigkeit des Tagungsortes. Als ich näher kam, verunsicherte mich das schallende Gelächter einer kleinen Gruppe, die sich vor dem Lehrerzimmer in amüsanter Vertrautheit unterhielt. Ich drückte mich mit einem kurzen Gruß daran vorbei und stand an der Schwelle zu einem Raum, der jetzt schon überfüllt schien. Die bedrückende Enge war vor allem dadurch bedingt, dass Tische parallel zu den Wänden in einem langgezogenen Rechteck aufgestellt waren, wobei der Raum in der Mitte ungenutzt blieb. Die Luft war von den zahlreichen Rauchern schon übermäßig beansprucht, welcher Umstand der herzlichen Atmosphäre keinen Abbruch zu tun schien. In fluktuierenden Gruppen tauschte man Ferienerlebnisse aus. Gelegentlich drangen Wortfetzen an mein Ohr, die auf Erkundigungen nach Erholung und Befinden schließen ließen. Ich suchte mir einen Stuhl, der noch keine Besitzansprüche durch eine auf den Tisch gelegte Aktentasche andeutete. Interessiert beobachtete ich von meinem Platz aus das Geschehen um mich. Das eine oder andere Gesicht auf dem Lehrerphoto im Jahresbericht glaubte ich sogar wiederzuerkennen. Während ich noch einen graumelierten Herrn zu taxieren versuchte, wurde meine Aufmerksamkeit durch eine Hand, die sich mir seitlich entgegenstreckte, abgelenkt. Verwundert blickte ich mich um und sah in ein freundlich lächelndes Gesicht, das von einem schwarzen Wuschelkopf eingerahmt war. Ein dünner Schnauzer, der sich durch das Lächeln zu einem feinen Strich zog, zierte die Oberlippe.

"Grüß Gott, Sie sind neu", begrüßte es mich halb fragend, halb feststellend. "Mein Name ist Ritter."

"Toberg", erwiderte ich den freundlichen Kontakt und ergriff herzlich die dargebotene Rechte, die in einem festlich wirkenden dunkelblauen Anzug steckte.

"Wir sehen uns später wohl noch", deutete er auf eine weitere Begegnung hin und ging zum nächsten Kollegen, um die Begrüßung Reih um fortzusetzen und sich dann einen der letzten Plätze zu sichern. Dieses Zeremoniell wurde - jetzt allerdings unter Zeitdruck - von drei Herrn wiederholt, die gerade noch rechtzeitig eingetroffen waren. Bis auf zwei Stühle an der einen Stirnseite des Rechtecks waren nun alle Plätze besetzt. Um 15.02 Uhr zog das Direktorenduo ein. Langsam ebbte das Stimmengewirr ab.

"Liebe Kolleginnen und Kollegen", eröffnete der Schulleiter die Konferenz und rückte dabei seine Unterlagen zurecht. "Ich begrüße Sie zur ersten Lehrerkonferenz des neuen Schuljahres und hoffe, dass Sie alle gut erholt aus den Ferien zurückgekommen sind. Über Termin und Ort wurden Sie rechtzeitig durch Anschlag informiert, die Tagesordnung ist Ihnen allen bekannt. Wünscht jemand eine Änderung oder Ergänzung der Tagesordnung?" Er blickte fragend in die Runde, die jedoch in Schweigen verharrte. Zu oft hatte sich diese Einleitung wiederholt. "Wenn dies nicht der Fall ist, darf ich zum ersten Tagesordnungspunkt übergehen."

In diesem Moment beugte sich der Mann zu seiner Linken zu ihm hinüber und flüsterte ihm etwas ins Ohr.

"Ja!" unterbrach der Oberstudiendirektor seine Ausführungen und hob dabei Achtung gebietend seinen Stift, "beinahe hätte ich es vergessen. Wir benötigen natürlich noch einen Schriftführer. Wer übernimmt bitte das Protokoll?"

Dies ist der Zeitpunkt, wo jeder Beamte ein unangenehmes Kribbeln im Magen verspürt. Ein Protokoll zu schreiben ist eine der Tätigkeiten, denen ein Beamter, so weit möglich, aus dem Wege zu gehen versucht. Folglich machte sich eine gespannte Unruhe breit. Jetzt hing ein Unheil erwartendes Schweigen im Raum. Wohl wissend um die Gefühle seiner Untergebenen, spielte ein verschmitztes Lächeln um die Lippen des Vorsitzenden. Dann sprach er sein Verdikt. Sein scheinbar ziellos suchender Blick war an der rechten hinteren Ecke hängen geblieben.

"Herr Kollege Ritter", schnitt es in die Stille, übernehmen Sie bitte diese Aufgabe. Wenn ich mich recht entsinne, haben Sie noch kein großes Protokoll geschrieben. Sie dürfen auch hier nach vorne kommen, um direkt an der Quelle zu sitzen", ermunterte er den Betroffenen unter Hinweis auf dieses Privileg.

"Herr Kollege Wieland", wandte sich der Oberstudiendirektor mit einem diebischen Schmunzeln an den gesetzten Herrn an der linken Ecke der Konferenzloge, der durch jahrelange Verdienste solchen Pflichten bereits entwachsen war, "wenn Sie bitte mit Herrn Kollegen Ritter den Platz tauschen würden."

Letzterer, begleitet von einem fast unhörbaren Aufschnaufen und dem sicheren Mitgefühl der übrigen Kollegen, erhob sich langsam, und es war schwer auszumachen, ob diese zeitlupenartige Bewegung einen leisen Protest bekunden sollte oder ob sie ihren Ursprung darin hatte, dass Kollege Ritter von dieser Entscheidung zu unerwartet getroffen wurde und sie noch nicht als Faktum realisierte. Dennoch übernahm er sein Amt mit der Würde eines Auserwählten, der die Last der anderen mitträgt. Nach dieser notwendigen Unterbrechung nahm der Oberstudiendirektor seine Ausführungen wieder auf.

"Zunächst möchte ich Ihnen einige Veränderungen im Lehrkörper bekannt geben. Im Gegensatz zu den Jahren vorher haben wir diesmal einen geringeren Wechsel zu verzeichnen. Neu zugewiesen wurden uns eine Studienreferendarin und drei Studienräte z. A. Wenn ich die neuen Kolleginnen und Kollegen bitten darf, sich jeweils zu erheben und sich kurz vorzustellen."

Jede Neuvorstellung wurde von einer lautstarken Akklamation der Stammbesetzung durch Klopfen auf die Tische begleitet.

In den folgenden zwei Stunden wurden die noch anstehenden Tagesordnungspunkte, wie ministerielle Erlasse, Unterrichtsverteilung, Klassleitung, Bücherausgabe etc., abgehandelt. Nachdem der Schulleiter die Konferenz für beendet erklärt hatte, erhob sich an der mir gegenüberliegenden Tischreihe ein rundlich genährter Mann - er mochte etwa Ende dreißig sein - und bat um Aufmerksamkeit.

"Ich möchte die Kolleginnen und Kollegen darauf hinweisen, dass wir uns traditionsgemäß zu einem gemütlichen Beisammensein im "Bürgerstübl" treffen. Auch die neuen Kollegen sind herzlich eingeladen. Wenn Sie Lust haben, können Sie sich mir gleich anschließen."

Ich vertraute mich seiner Führung an, da ich eine solche gesellige Runde für eine gute Gelegenheit hielt, erste Kontakte zu knüpfen. Auf dem Weg zum Lokal erfuhr ich, dass mein Begleiter Uli Keller hieß und Vorsitzender des Personalrates war. "Wenn Sie irgend welche Probleme schulischer Art haben, können Sie gerne auf mich zukommen", bot er, ohne ins Floskelhafte zu verfallen, ehrlich seine Hilfe an. Zu diesem Zeitpunkt ahnten wir beide noch nicht, dass uns das

Schicksal schon sehr bald näher zusammenführen sollte.

Erste Kontakte

Im Nebenzimmer des Lokals waren - wohl aufgrund telephonischer Voranmeldung - mehrere Tische zu einem Hufeisen zusammengestellt worden. Kleine Blumenarrangements zierten die weißen Tischdecken. Ein erstaunlich großer Teil des Kollegiums hatte sich bereits eingefunden. Auch der Oberstudiendirektor hatte sich schon unter Aufgabe seiner präsidialen Stellung zwanglos eingereiht. "Ist hier noch frei?" versuchte ich die eine Reihe aufzuschließen und wandte mich damit an den Herrn, der während der Konferenz dem Oberstudiendirektor hilfreich soufflierend zur Seite gesessen hatte. Jetzt, da ich ihm so direkt gegenüberstand, machte er in seinem dunkelgrünen Anzug und mit den schon zahlreichen grauen Strähnen in dem noch dichten Haupthaar einen Intellektuellen, knigge-geprägten Eindruck auf mich. Das geschickt drapierte Tuch in der Brusttasche des Zweireihers ließ die sorgende Hand der Gattin vermuten.

"Ja, bitte schön", reagierte der Angesprochene mit einer leichten Verbeugung. Die schüchterne, jedoch zu hastig geratene Handbewegung, die seine Worte begleitete, verriet eine nicht erwartete Unsicherheit. Vielleicht entsprang dieses Unbehagen der Befürchtung, neben dem Neuen die sonst gepflegte Wortkargheit durchbrechen zu müssen. Ich setzte mich beinahe gleichzeitig mit Herrn Keller, der noch schnell mit einem geübten Griff das Jackett von seinen Zugfalten über dem kleinen Spitzbauch befreite.

"Ich muss mich für die kommenden Aufgaben gleich einmal freimachen", kommentierte er lachend sein Handeln.

"Na, Uli, womit fängst du *heute* an?" stichelte prompt eine Stimme von gegenüber.

"Ein Kulturkörper braucht eben mehr als nur flüssige Nahrung", warf Keller den zugespielten Ball zurück. "Wissen Sie", klärte er mich auf und sprach dabei doch so laut, dass es alle hören konnten, "das ist 'Bandi', unser Asket. Er versucht schon seit Jahren, seinem diätgestressten Körper zu einer guten Figur zu verhelfen. Aber bisher ist nur der Knochenbau sichtbar geworden."

Heiteres Gelächter erfüllte die Runde, ohne dabei jedoch in irgend einer Weise verletzend zu wirken. Es handelte sich hierbei offensichtlich um eine eingespielte Kontroverse. Kellers Essgewohnheiten schienen in der Tat sehr ausgeprägt zu sein. Auch durch diverse andere spitze Bemerkungen ließ er sich nicht in seinen Lebensgenüssen beirren. Im Laufe des Abends verzehrte er in Reihenfolge Leberknödelsuppe, eine große Portion Schweinshaxe und - nach einem Zwischenspiel von einem Schnäpschen und drei Zigarillos - ein Eisomelette mit einem Kännchen Kaffee.

In eine dieser Essenszeremonien, während deren Keller nur sehr begrenzte Gesprächsbereitschaft zeigte, machte mein bereits erwähnter rechter Tischnachbar einen ersten zaghaften Versuch - mehr von höflicher Pflicht gedrängt als aus innerem Bedürfnis - eine kleine Unterhaltung mit mir in Gang zu bringen. In Wiederaufnahme meiner Aussage in der Lehrerkonferenz stellte er fest: "Sie kommen aus dem Seminar in Neuberg. Da wird es für Sie hier natürlich eine große Umstellung sein. Hoffentlich sind Sie nicht allzu sehr enttäuscht."

Ich gestand ihm meine anfängliche Abneigung, bekräftigte aber dann auch, dass ich mich in den letzten vierzehn Tagen schon etwas eingelebt hatte. "Der Kontakt zu einem Freund, den ich von meiner Studienzeit her kenne, hat mir vieles erleichtert", fügte ich erläuternd hinzu.

Mein Gesprächspartner nickte bestätigend: "Ich meine, es lässt sich auch hier ganz gut leben. Und im Gegensatz zu manchen Großstadtschulen stellen unsere Schülerinnen überhaupt kein Problem dar. In dieser Hinsicht hat die "Provinz" auch wieder ihre Vorteile."

Nachdem so das erste Eis gebrochen war, unterhielten wir uns noch über schulische und private Angelegenheiten. Wie bei mir selbst, so glaubte ich auch bei Dr. Lewald, so war der Name meines Gesprächspartners, eine gewisse Erleichterung darüber zu verspüren, dass sich beiderseitige Vorurteile, die anfänglich vielleicht bestanden hatten, stark relativiert hatten. Es entwickelte sich schließlich eine gelockerte Atmosphäre, wenngleich seine oft gewählte Ausdrucksweise gelegentlich allzu förmlich wirkte. Unter Umständen empfand ich dies aber nur deshalb so, weil ich selbst in dieser Art der Sprache zu wenig geschult war.

Auch in anderen Gesprächen, die sich mit Kollegen an meinem Tisch ergaben, spürte ich eine Herzlichkeit und freundliche Aufnahme, die mir nach dem allgemeinen Aufbruch die Gewissheit gaben, am nächsten Tag nicht mehr als Fremder die Schule betreten zu müssen.

Aller Anfang ist schwer

Welche Niedrigkeit begingst du nicht, um
die Niedrigkeit auszutilgen?
Könntest du die Welt endlich verändern, wofür
wärest du dir zu gut?
Wer bist du?
Versinke in Schmutz
Umarme den Schlächter, aber
Ändere die Welt: sie braucht es!

(Bert Brecht)

Am darauffolgenden Morgen stand ich schon beim ersten Ton meines Radioweckers auf, obwohl ich sonst immer noch ein, zwei Mal die Intervalltaste drückte. Ich wollte auf jeden Fall rechtzeitig in der Schule sein.

Als ich dort ankam, herrschte bereits morgendlicher Hochbetrieb. Auf den Gängen drängten sich unzählige Schülerinnen. Ich schlängelte mich an den offenstehenden Klassenzimmern vorbei.

"Das ist ein Neuer", hörte ich eines der Mädchen hinter mir tuscheln, während ich dem Lehrerzimmer zustrebte. Kurz vor acht Uhr machte ich mich, mit den notwendigen Formularen eines neuen Schuljahres ausgestattet, auf den Weg zu meiner Klasse, nachdem mir ein Kollege auf meine Frage hin noch schnell eine grobe Orientierung mit auf diesen Weg gegeben hatte.

Als ich in den Gang einbog, in dem sich das Klassenzimmer meiner 9a befinden musste, sah ich zwei Köpfe, die ihre Identität nur bis zur Nasenspitze entblößten, blitzschnell aus dem Rahmen der vorletzten Tür verschwinden und hörte eine Stimme aufgeregt rufen: "Er kommt!" Ich vermutete schon, dass damit 'der Neue' gemeint war, und wurde beim Nähertreten durch das Türschild, das Titel und Name des Klassleiters auswies, bestätigt. In diesem Moment schreckte mich ein schepperndes Klingeln hoch. Es war die Schulglocke, die den offiziellen Unterrichtsbeginn einläutete. Ich sollte mich in meiner kurzen Dienstzeit in dieser Schule nie an dieses durchdringende Rasseln gewöhnen.

Mit einem elanvollen Schwung, wie er Junglehrern noch zu eigen ist, schloss ich die Tür hinter mir und ging mit festen Schritten auf das Lehrerpult zu. Ein kritischer und erfahrener Beobachter hätte sicherlich erkannt, dass mein betont selbstsicheres Auftreten auch ein Teil Staffage war, denn in Wirklichkeit war ich nicht weniger neugierig und aufgeregt als die Schülerinnen. Doch der Rat meines Seminarlehrers begleitete mich von diesem Tag an durch meine berufliche Laufbahn. Er hatte uns, bevor wir in die Freiheit entlassen wurden, ans Herz gelegt: "*Sie werden mit ihrem Ruf fünfunddreißig Jahre leben müssen. Sorgen Sie selbst dafür, dass es ein guter Ruf wird! Sie tragen die Verantwortung für viele Schülergenerationen!*"

Meine Schülerinnen hatten sich inzwischen zur Begrüßung geräuschvoll von ihren Plätzen erhoben. Ich legte meine Aktentasche auf den braunen kastenförmigen Tisch vor der Tafel, sah auf - und blickte in sechsunddreißig Mädchengesichter. Diesem Phänomen stand ich nicht völlig unvorbereitet gegenüber. Hatte ich doch ziemlich früh erfahren, dass ich an einem Mädchengymnasium unterrichten würde. Damals hatte ich mir auch keine weiteren Gedanken darüber gemacht. Doch die unübersehbare Fülle an Zöpfen, Schwänzen, Ponys, Bubi- und Krausköpfen und Kränzen brannte diese Tatsache überdeutlich in mein Bewusstsein. Der ungewohnte Anblick löste Sekunden eines überlangen Schweigens aus. Allgemeines Grinsen antwortete in die Stille. Mit einem schnellen "Guten Morgen!" versuchte ich meine längst ertappte Verdutztheit zu verbergen und wurde dabei von sechsunddreißig breiten Gesichtern angesteckt.

"Guten Morgen!", schallte es zurück.

"Betet ihr zu Beginn?", erstickte ich jegliche Pause im Keim.

"Ja!", kam es vereinzelt aus der Klasse.

Ich nickte auffordernd. Ein indistinguiertes Gemurmel, aus dem gelegentlich verständliche Worte wie Losabschnitte aus einer Trommel fielen, deutete an, dass auch die Kirche ihre liebe Mühe mit der heutigen Jugend hatte. Und doch schien sich unerwartet eine Art Hoffnung auf ein Endziel in dem anschwellenden und auch deutlicher vernehmbaren "Im Namen des Vaters, des Sohnes und des heiligen Geistes, Amen" Bahn zu brechen. Ob dieses Endziel einer theologischen Verwurzelung entsprang oder mehr der weltlichen Erwartung auf einen ruhigen Sitzplatz zuzurechnen war, konnte nur der Allmächtige mit klopfendem Herzen feststellen.

Die Spannung auf das Neue hatte mich so unter Druck gesetzt, dass ich die nun ablaufenden Formalitäten für zunächst wesentliche Teile meiner beruflichen Tätigkeit erachtete, wie wenn es galt, pädagogisch unabdingbare Werte zu vermitteln. Natürlich will ein junger Lehrer gleich zu Beginn als wichtig anerkannt werden. Wer sonst sollte noch in beispielhafter Selbsthingabe das im Pfuhl versinkende Weltgebäude der Moral auf seine Schultern laden? Wieder und wieder hatte ich in besinnlichen Phasen kritisch hinterfragend die verschiedenen Möglichkeiten einer pluralistischen Gesellschaft durchgespielt:

Kann das *Theater* eine solche Aufgabe leisten? -

Es scheint selbst in der ernstesten Form doch nur der Unterhaltung, im günstigsten Falle einer *ephemeren* Katharsis zu dienen. Denn wo konnte das Schauspiel durch seine hautnahe und live erlebte Welt den Zuschauer über das Glas Wein danach und die sich anschließende Plauderei hinaus in seinem Innersten wachrütteln und sichtbare und beständige Impulse setzen? Ist der Betrachter in der Lage oder überhaupt bereit, das Vibrieren der Bretter, die von menschlichem Handeln in Schwingung versetzt werden, mit seinen zusehends erschlaffenden Lebensfasern aufzunehmen und fruchtbar nach Hause zu tragen? Der Zweifel ist zu groß, als dass man Vertrauen auf eine Entwicklung in diese Kunst setzen könnte. Der Lack der modernen Gesellschaft, der wie ein schützender Firnis über ihren Sinnen liegt, verwehrt jeden Einfluss auf die unkontrollierbare Moral der Natur.

Und das *Kabarett*, das in seiner Blüte mit spitzer Zunge und beißendem Spott die kleinen und die großen Fehler der Menschen geißelt? -

Wir lehnen uns modebewusst und strömungsunterworfen in den nostalgischen Kaffeehausstühlen zurück, die Beine lässig gekreuzt, die eine Hand am Zug der Zeit, der in mehr oder weniger regelmäßigen Abständen seine Lebenszeichen in die intellektgeschwängerte Luft kringelt, die andere Hand am Puls des Chic - Cinzano, Bacardi, Champagner. Und über allem thront der Geist, sensibel, elektrisiert - aber nicht geerdet. Wir schütten unsere Schadenfreude über andere aus und merken nicht, dass uns die Ironie schon längst am Rocke zupft. Wer ist schon bereit, die Fehler der anderen an sich selbst zu entdecken? Das Kabarett ist tot! Es dient dem Zuschauer nur noch als Versatzstück eines Pseudo-Jetset, bestenfalls zum Small Talk geeignet, um Freizeitlücken zu füllen. Tiefsinniger Inhalt ergießt sich als Oberflächenwasser in die öffentliche Kanalisation, um als geistiger Klärschlamm endgelagert zu werden.

Schließlich die *Literatur*? -

Die Zeit der Butler ist vorbei. Das Wort wird nicht serviert, man muss es sich erschließen. Und Krusten aufzubrechen ist ein hartes Werk. Wer nimmt sich noch die Zeit, hat noch die Kraft? Der Literat -

ein Rufer in der Wüste? Es gab Zeiten, da haben Worte und Musik Steine gerührt. Haben wir uns schon aufgegeben? Kommt die Vitalitätsspritze für den gealterten, verhornten und abgehärmten Patienten zu spät? Dann müssen wir der Jugend eine Chance geben! Hier sah ich meine Aufgabe, meine ganze Verantwortung. Hier nahm ich mich selbst ernst. Die gleichmäßig gleichgültigen Schwingungen auf der anderen, abgeklärten Seite erreichten meinen Seismographen nicht. Sie trugen für mich keine Botschaft. Die kräftigen Ausschläge meiner angestauten Energie gehorchten noch nicht der Routine. Doch ohne das Pendant auf der Gegenseite musste meine Seriosität zwangsläufig ins naiv Komische kippen.

Ein mitleidiger Blick von sechsunddreißig Augenpaaren streckte die Hände nach mir aus, um mich weich aufzufangen. Doch der Gedanke, mich fallenzulassen, war noch nicht einmal im Keim geboren. Stattdessen ließ ich mich von meinem missionarischen Drang mitreißen und begann in fließendem Übergang mit der Wissensvermittlung. Erst jetzt bemerkte ich, dass ich der Erwartung der Schülerinnen einen zu schweren Brocken in den Schoß geworfen hatte. Sie, die eben noch lässig das Sprungtuch aufgehalten hatten, schnellten unter der plötzlich auftretenden Spannung hoch und protestierten lautstark gegen die rücksichtslose Missachtung althergebrachter Gepflogenheiten. Darauf seien sie nicht eingestellt, tönte es uni sono, und außerdem hätten sie noch keine Bücher. Ein triumphierender Blick leuchtete aus ihren Gesichtern. Doch dieser Glanz wich banger Sorge, als ich betont langsam in meine Aktentasche griff und das Lehrbuch hervorholte.

Sondierungsgespräche

"Kommen Sie mit Ihren neuen Aufgaben zurecht?", eröffnete ein Kollege wieder einmal die Gesprächsrunde.

"Die Arbeit an der Schule macht Spaß", antwortete ich mit aufrichtiger Überzeugung. Ich spürte, wie stets, wenn er diese Frage stellte, ein neugierig zweifelnder Ton mitschwang.

"Wieso?", bohrte ich dieses Mal nach, "Mache ich einen unzufriedenen Eindruck?"

"Nein, nein!", versicherte er. "Ich dachte nur, weil die Schülerinnen so stöhnen".

"Ich habe in den letzten Wochen den Eindruck gewonnen", versuchte ich mich zu verteidigen, "dass dies bei ihnen schon fast eine Gewohnheit ist. Klappern gehört zum Handwerk. Manche wollen anscheinend nicht aus ihrem Dornröschenschlaf geweckt werden. Haben sich die Schülerinnen bei Ihnen beschwert?"

"Beschwert nicht direkt. Sie meinen nur, dass sie so viel pauken müssen. Wortschatz und so", gab der Kollege seine Information weiter.

Wir saßen wieder einmal im Stadtcafe und wurden dem weitverbreiteten Vorurteil gerecht, dass Lehrer außerhalb ihrer Unterrichtszeit nur sporadisch ihrer Arbeit nachgingen. Eine kleine Gruppe jüngerer Kollegen hatte sich zwecks gemeinsamer Freizeitgestaltung nach einiger Zeit zusammengeschlossen. Sportliche Aktivitäten, Ausflüge etc. mündeten hie und da in gemütliches Beisammensein und Stammtischgespräche. Auf diese Weise wollten wir ein wenig Distanz zu unserem beruflichen Umfeld gewinnen.

"Bei vielen Mädchen", nahm Kollege Gero das Thema wieder auf, "hat sich nämlich die Ansicht festgesetzt, an dieser Schule bräuchten sie nicht einmal das Notwendigste lernen. Das Traurige ist, dass sie in dieser Haltung noch bestätigt werden. Und wir sollen dann in den Schulaufgaben Leistungen abprüfen! Nur, wer wagt es hier noch, Leistung zu verlangen. Hier zählt doch nur ein schön aussehender Notenschnitt. Ich habe gerade wieder eine miserable Schulaufgabe vorliegen. Aber meine Schnitte werden in Zukunft auch an dieser Schönheitskonkurrenz teilnehmen. Ich habe mir in den letzten paar Jahren genug anhören müssen."

Geros massige Schultern waren in Aufruhr geraten und wippten unruhig über dem Tisch. Seine sonst so gemütliche Gelassenheit war mit diesem Thema auf eine Mine getreten, die ihm die ganze Bitterkeit und Resignation auf die Zunge spülte.

"Wer bestätigt die Schülerinnen?", wollte ich seinen rätselhaften Satz interpretiert haben.

Jetzt war Geros Fahrt nicht mehr zu bremsen. "Na wer?" ER in seinem Elfenbeinturm. Und dann gibt es natürlich noch seine Chargen, die den HERRN um jeden Preis übertreffen wollen. Sie suggerieren den Mädchen unablässig, dass sie von Natur aus fleißiger sind als Jungen und dass sie mit Sicherheit das Abitur bestehen werden. Ist es da noch verwunderlich, wenn man uns draußen ein "Pudding-Abitur" vorwirft, weil sich unsere feinen Damen durch geschicktes Taktieren aus der Schlinge zu ziehen verstehen?"

"Ich denke, das Abitur wird zentral gestellt. Da müssen doch alle Farbe bekennen", wandte ich ein.

"Darin liegt ja gerade das Problem!", unterbrach mich Gero engagiert. "Jetzt heißt es für manche Kollegen inventiv zu sein. Der pädagogisch versierte Lehrer zeigt sich vor allem darin, welche Geschicklichkeit und Einfühlung er bei der Korrektur walten lässt - im Sinne seines HERRN, versteht sich. Denn in Zeiten der Not besteigt mit schicksalhafter Bestimmtheit unser Herr Oberstudiendirektor das Mahnkatheder, um hinter verhohlener Hand, aber mit prophetischem Weitblick das Zauberwort und die moralische Richtschnur "LANDESDURCHSCHNITT" den Kollegen in das Gewissen zu streuen." - Gero machte eine kurze Schnaufpause, vielleicht auch nur, um meine Reaktion auf seine Worte abzuwarten.

"Gestern habe ich eine Stegreifaufgabe mit einem 4,6er-Schnitt herausgeben müssen", unterbrach ich Geros Warten, der noch seinen eigenen Worten nachzuhängen schien, und wollte ihm damit meine noch intakte Berufsauffassung unter Beweis stellen.

Plötzlich hallte sein schallendes Lachen durch das ganze Café, obgleich wir in unserem Stammseparet saßen. Was sich an den Paravents, die den sich anschließenden größeren Raum in kleinere Sitzecken aufteilten, brach, war nicht das heitere Auflachen eines gelösten Gefühls, sondern klang in seiner rauen Schärfe wie das selbstironische Lachen eines Schiffbrüchigen, der eben die herannahende Rettung als Fata Morgana entlarvt hat. Ich glaubte sogar eine Spur von Schadenfreude herauszuhören. Auch die anderen Kollegen am Tisch starrten mich ungläubig, ja beinahe mitleidig an.

"Weiß das schon der ALTE?", bellte Gero hinterher.

"Nein! Sollte er das wohl wissen?", fragte ich gänzlich verunsichert.

"Das brauchst du ihm nicht selbst zu sagen. Da würdest du dem Löwen freiwillig in den Rachen springen. Aber du musst dir keine Gewissensbisse machen, ein Versäumnis begangen zu haben. In solchen Fällen sitzt bei bestimmten Eltern der Telephonhörer locker auf der Gabel. Es wird nicht lange dauern, und Frau Nickelmaier - mit "ai" bitte! - wird dem Herrn Oberstudiendirektor über die unpädagogischen Verhaltensweisen des Herrn Toberg Bericht erstatten." Mit beinahe schon masochistischen Zügen verspritzte Gero seinen Sarkasmus auf mein unverletztes Berufsethos.

"Die Frau Nickelmaier interessiert mich nicht", antwortete ich nun doch etwas gereizt. So schnell wollte ich mir mein Selbstbewusstsein nicht nehmen lassen. "Wenn sie etwas zu kritisieren hat, wird sie sich hoffentlich persönlich an mich wenden."

In diesen Worten witterte Gero in gespielter Manier eine unerhörte Selbstanmaßung und ein skrupelloses Sichhinwegsetzen über elterliche Fürsorge. Er schien seinen Lebensmut und seine Souveränität wiedergewonnen zu haben. Jedoch kam mir der leise Verdacht, dass er diese heitere Gelöstheit auf meine Kosten zum Besten gab. Er sah in mir, davon war ich jetzt überzeugt, einen potentiellen Leidensgenossen. Durch diese Gemeinsamkeit glaubte er sich unerwartet aus seiner beruflichen Verlorenheit herausgerissen. In diesem Augenblick nahm für ihn das Leben wieder das Profil an, das man ihm anscheinend schon so glatt geschliffen hatte. Er wirkte wie ein zerknitterter Luftballon, in den gerade jemand Luft hinein pustete und der mit seiner Farbigkeit wieder Raum beanspruchte. Das momentane Glücksgefühl versperrte ihm den Blick dafür, dass er in Wahrheit nur das Negativ des augenblicklichen, eigenen lebensfrohen Bildes abgab.

"Unser Don Quijote", warnte Gero mit ironischer Väterlichkeit und ließ seinen Blick vielsagend zwischen mir und den anderen Kolleginnen und Kollegen hin und her wandern, "täte gut daran, sorgfältig über seine Dulcinea zu wachen! Es werden sich bald viele Hände nach ihr ausstrecken. Und zwar nicht, um sie zu umwerben, sondern um sie in dunklen Verließen schmachten zu lassen. Eigene Gedanken und Vorstellungen sind romantische Subjektivitäten und als solche ein Luxus, den man sich im Zeitalter einer neuen Sachlichkeit nicht leisten kann und darf. Allein die verordnete und übergeordnete Subjektivität hat eine Existenzberechtigung. Wer geistig irrt, bleibt nicht lange allein. Viele Helfer sind schnell zur Stelle und führen den Verirrten zurück auf den Weg des Guten. Doch ihre Missionare und Bewährungshelfer heißen nicht Augustinus, Benedikt oder Beda. Auf einer Rüstung tragen sie das Kreuz des Christentums. Hat es doch schon den größten aller Menschen zum Wohle der gesamten Menschheit in die Knie gezwungen."

Gero sah mich bereits neben sich an einem Kreuze hängen, und diese Vorstellung musste auf ihn tröstend, ja sogar erlösend wirken. Für einen Augenblick war er von seinem eigenen Martyrium herabgestiegen. Und doch schwebte in seinen Ausführungen eine unausgesprochene Unsicherheit. Seine eigene Ungläubigkeit ließ ihn nur halbherzig nach einer neuen Zukunft greifen. In seinem Innersten war Gero vielleicht doch zu sehr Realist, als dass er nicht erkannt hätte, dass die Zeit seiner Ideale abgelaufen war. Für ihn galt es jetzt nur noch, die letzte Frist hinauszuschieben und sich am Rand des Schicksals langsam aufzureiben.

Jutta hatte mit dem untrüglichen Instinkt einer Frau erfasst, dass die Stimmung umzukippen drohte, und schaltete sich abrupt in das Gespräch ein: "Hört endlich auf mit der Schule! Damit haben wir jeden Tag genug zu tun. Wenigstens hier möchte ich mir den Kopf für andere Dinge freihalten. Wie sieht es bei euch nächste Woche am 1.Mai aus? Heimfahren lohnt sich nicht. Am Freitag ist ja wieder Schule. Habt ihr Lust mit zum Burgberg zu wandern?"

Bis auf Richard, der diesen Tag mit seiner Familie bereits verplant hatte, schlossen sich alle dem Vorschlag an. Selbst Gero, der kein Freund von langen Märschen war, zeigte sich willig, nachdem er sich vergewissert hatte, dass das Ziel auf keinen Fall weiter als zehn Kilometer von dem angegebenen Wanderparkplatz entfernt sei. Seine Bange Frage, ob sich dort auch ein Wirtshaus befand, musste allerdings verneint werden. Kaum war Geros Frage verklungen, hatte Jutta, die in solchen spontanen Situationen ein verblüffendes Organisationstalent entwickelte, auch schon ein Picknick arrangiert. Gero, der bereits im Voraus stöhnte, und mir war die Aufgabe zugefallen, für die Getränke zu sorgen, während Birgit und Jutta Jochen als Küchengehilfen für Brote, Salate etc. verpflichteten und ihm gleichzeitig freundlich lächelnd andeuteten, dass ein Kavalier all dieses auch tragen müsste. Essbesteck, so Jutta mit einem wohlwollend ironischen Blick auf Jochen, sollte jeder selbst mitbringen.

"Oh Gott! Ich muss jetzt gehen", begründete Jutta ihre plötzliche Eile. "Um Dreiviertel hab ich noch zwei Stunden differenzierten Sport. Birgit, zahl bitte meinen Kaffee! Ich geb dir das Geld morgen in der Pause." Mit einem angehängten "Servus" auf den Lippen verabschiedete sie sich hastig.

Die erste Audienz oder: Die Chance

Nur zwei Tage dauerte die Karenzzeit, die mir der Informationsfluss, der, wie Gero selbstsicher bereits orakelt hatte, schon längst im Gange war, zubilligte. Kurz vor Ende der zweiten Stunde, als ich gerade mit unterstreichenden Gesten die Besonderheiten und Schwierigkeiten des "Ablativus absolutus", einer grammatikalischen Erscheinung der lateinischen Sprache, - Sollten Sie, lieber Leser, jemals damit in Berührung gekommen sein, können Sie dieses Phänomen jetzt sicherlich mit viel Verständnis, vielleicht sogar mit einer gewissen Befriedigung, aus der Distanz des Absolvierten betrachten - meinen Schülerinnen nahezubringen versuchte, klopfte es an der Tür. Auf mein "Herein!" öffnete sich diese einen Spalt und eine Hand winkte mich zu sich. Ich machte von der Mitte des Klassenzimmers zwei, drei Schritte auf die Öffnung zu und erkannte erst jetzt Frau Leipolt, eine unserer Sekretärinnen, die sich so im Halbschatten der Tür hielt, dass ihre Person von den Schülerinnen kaum eingesehen werden konnte. Ich musste ihr bis hinaus auf den Gang folgen, damit sie die Tür schließen konnte. Dann erst gab sie mit verlegen vorgebeugtem Oberkörper und einem geheimnisvollen Blick in den Augen ihre Botschaft an mich weiter.

"Herr Toberg, Sie möchten bitte in der Pause zum Herrn Oberstudiendirektor kommen." Mit einem pflichtgemäß freundlichen Lächeln drehte sie ab.

Als ich das Klassenzimmer wieder betrat, schauten mich die Mädchen spannungsgeladen an. Sie warteten gewiss nicht darauf, dass ich ihnen die geheimnisvolle Zwiesprache mit Frau Leipolt ausplauderte! Lauerten sie etwa auf eine verräterische Reaktion meinerseits? Nein! Es gab nichts zu verraten. Denn bevor ich noch den Platz vor der Tafel erreicht hatte, tönte ein verstohlenes und doch für jedermann hörbares "Haben sie ein Rendezvous mit unserem Direktor?" aus einer der hinteren Reihen. Die Frage lauerte auf eine Bestätigung, deren Gewissheit unausgesprochen im Raum stehen blieb. Mit leicht errötetem Kopf wandte ich die Aufmerksamkeit aller wieder dem Ablativus absolutus zu und wurde ein Opfer der lateinischen Phrase "consentit, cum tacet". Nach wenigen Minuten trennte das durchdringende Rasseln der Schulglocke unsere Wege.

Während die Mädchen tuschelnd und gelöst in die Pause trabten, begab ich mich mit leicht erhöhtem Pulsschlag zu meinem Interview. Plötzlich kamen in mir undefinierbare Schuldgefühle hoch. Obwohl ich mir denken konnte, worum es sich handeln würde, kreuzten immer wieder andere, von der Phantasie gespeiste Möglichkeiten diesen Gedanken. In der höheren Etage war schon alles vorbereitet, nur der rote Teppich fehlte im Protokoll. Warum? Das sollte ich bald erfahren: er wäre beim Kniefall zwar weich, aber hinderlich gewesen und hätte eine reibungslose, schnelle Kriechbewegung unterbunden. Alle Uhren standen auf Empfang und ich wurde beim Betreten des Sekretariats wie ein vorprogrammierter Querschläger sofort in das Direktorat umgeleitet, wo mein Gesprächspartner bereits ungeduldig zu warten schien. Denn als ich mich ohne sichtbare Voranmeldung durch die Doppeltür geschleust hatte, erwiderte der Herr Oberstudiendirektor mein "Grüß Gott!" mit einem halb freudigen, halb strafenden "Da sind Sie ja! Bitte nehmen Sie Platz." - Die übliche Handbewegung.

"Es sind Klagen gekommen wegen einer Stegreifaufgabe in der Klasse 9a. Die Aufgabe sei zu schwer gewesen und die Schülerinnen hätten kaum Zeit zum Schreiben gehabt. - Wie war denn der Schnitt?"

"4,6", gab ich wahrheitsgemäß Auskunft.

"Herr Kollege! Sie werden mir wohl zustimmen, dass dieser Durchschnitt nicht das wahre Gesamtbild einer Klasse widerspiegeln kann!"

"Ich weiß zwar nicht, was Sie unter 'Gesamtbild' verstehen, aber eines weiß ich, dass die Schülerinnen ihren Wortschatz, der zur Wiederholung aufgegeben war, nicht ordentlich genug gelernt hatten. Daher kann auch von Schwierigkeit gar keine Rede sein. Und was das Zeitproblem betrifft, so muss den Schülerinnen klar werden, dass sie bei einer Wortschatzabfrage nicht lange über die Bedeutung eines Wortes nachdenken können."

Ich war mir der Berechtigung meiner Argumentation sehr sicher. Das musste auch der Herr Oberstudiendirektor gespürt haben, denn er reagierte ganz anders, als es Gero vorausgesagt hatte.

"Sehen Sie, Herr Kollege", versuchte er mit väterlichem Wohlwollen oder gekonnt zurückgehaltenem Unwillen meine Argumente in eine moderatere Bahn zu lenken, "Sie sind noch jung und müssen auch erst die Erfahrung sammeln, mit jungen Menschen adäquat umzugehen. Glauben Sie mir", bemühte er sich, eine gemeinsame Basis herzustellen, "als ich anfing, erging es mir genau so." Damit glaubte er, die ersten Pinselstriche gesetzt zu haben und überließ es anscheinend mir, wie ich sein "*kollegiales*" Verhalten interpretieren solle. Ganz gleich, ob er, auf alle dienstliche Distanz verzichtend, sich zu mir herab begeben oder ob er mich "*kollegial*" auf sein Podest gehoben hatte, der Steigbügel baumelte vor meinem Schuhwerk. Ich brauchte nur noch hineinzuschlupfen.

"Geben Sie der Klasse noch einmal eine Chance!"

In seinen Worten wippte meine darin eingeschlossene eigene Chance auf der Waagschale auf und ab. Der Herr Oberstudiendirektor erhob sich von seinem Sitz und deutete damit das Ende unserer Unterhaltung an. Wie das mit der "Chance" wirklich gemeint war, hatte ich damals noch nicht begriffen.

Die programmierte Diskrepanz

"Die meisten Menschen wollen nicht eher schwimmen, als bis sie es können.
Ist das nicht witzig? Natürlich wollen sie nicht schwimmen! Sie sind ja für
den Boden geboren, nicht für das Wasser. Und natürlich wollen sie nicht
denken; sie sind ja fürs Leben geschaffen, nicht fürs Denken! **Ja, und wer**
denkt, wer das Denken zur Hauptsache macht, der kann es darin zwar weit
bringen, aber er hat doch eben den Boden mit dem Wasser vertauscht, und
einmal wird er ersaufen. *"*

(Hermann Hesse)

Als die ersten Schulaufgaben geschrieben waren, zeichneten sich
unterschiedliche Entwicklungen in meinen zwei Unterrichtsfächern
ab. Das Fach Englisch schien sich normal zu entwickeln, da sich auch
zu meinen Erfahrungen an der Seminarschule keine sichtbare Diskrepanz ergab. Aber im Fach Latein zeigte der Pegel auffallend oft nach
unten - dies ist übrigens kein Argument *gegen* Latein. Mit dieser Situation schien die Schule, die ".. *solche Kräfte braucht wie Sie*", nicht
leicht fertig zu werden. Schon bald war eine permanente Konfrontation nicht mehr zu umgehen, wollte ich meinen Überzeugungen und
der Verantwortung, die man mir übertragen hatte, gerecht werden.

Nun ist man als Beamter, und besonders als Lehrer, an bestimmte
Regeln gebunden. Eine dieser subjektivierbaren Bestimmungen an
unserer Schule besagte, dass jeder Lehrer eine Schulaufgabe mit einem höheren Notendurchschnitt als 4,00 dem Herrn Oberstudiendirektor vorzulegen habe, wobei jeder Betroffene gut beraten sei (so
eine Insider-Erfahrung), mit stichhaltigen Argumenten die Arena zu
betreten. Die Stichhaltigkeit eines Argumentes allerdings wird erst
dadurch bezeugt, das der Herr Oberstudiendirektor entkräftet erliegt.
Nur muss man wissen, dass nach den Erfahrungen vieler Lehrer die
Oberstudiendirektoren zur germanischen Rasse gehören und noch
niemand herausgefunden hat, wo ihnen das Blatt bei ihrem Unver-
letzlichkeitsbad hingefallen ist.

Unter diesen Voraussetzungen ergaben sich nach einigen Schulaufgaben zwangsläufig wiederholte Anhörungsverfahren. Dieses Mal
wurde nicht die Sekretärin als Vermittlerin für eine Aussprache bemüht. Als ich eines Morgens in der Pause den gewohnten Blick in
mein Dienstfach warf, lehnte ein unscheinbarer Zettel an einer Ver-

bandszeitschrift, die schon längere Zeit darauf wartete, gelesen zu werden. Trotz, oder gerade wegen der betonten Unaufdringlichkeit wirkte das kleine Stück Papier unheilverkündend, da ich mir auch ziemlich sicher war, worum es sich dabei handelte. Gestern hatte ich eine Schulaufgabe, die dem geforderten Limit nicht gerecht werden konnte, dem Herrn Oberstudiendirektor, wie verordnet, zur Begutachtung vorgelegt. Ich zog das Papier aus dem Fach und las: "Bitte kommen Sie in der Pause sofort in das Direktorat." Damit wurde ein Ritual eingeleitet, das sich in den folgenden Jahren zum Unmut aller Beteiligten mehrfach wiederholen sollte. Also trat ich meinen Canossa-Gang an. Im Sekretariat musste ich kurz verweilen, bis ein Kollege, der schneller war als ich, das Direktorat verließ und mir mit einem erleichterten Lächeln die Tür offenhielt.

"Herr Direktor, Sie wollten mich sprechen", eröffnete ich den Dialog noch im Türrahmen und zog die beiden Schleusen dicht.

"Herr Kollege" - schon an dem Ton dieser ersten beiden Worte ließ sich der augenblickliche Stand des Stimmungsbarometers unüberhörbar ablesen - "Sie liegen jetzt schon wieder mit einer Schulaufgabe über dem zulässigen Grenzwert. Ich muss Ihnen sagen, dass Sie der einzige Lehrer an dieser Schule sind, der in dieser Häufigkeit Schülerarbeiten vorlegen muss."

Dies war der Punkt, an dem die *kollegiale*, sprich *soziale* Ausgrenzung begann. Die Weiche auf das Abstellgleis war schon umgelegt. Jetzt kam es nur noch darauf an, mit welcher Geschwindigkeit und Wucht man auf den Prellbock, der den Abtrünnigen am Ende erwartete, auffuhr. Aber auch ich hatte meine Grundprinzipien, die ich sogar gegen ein *System* zu verteidigen entschlossen war.

"Das mag für den Augenblick zutreffen", begann ich meine Advokatenrolle. "Aber Sie wissen genau, dass ich nicht der *erste* bin, dem dies so ergeht. Es hat also den Anschein, dass es nicht ein lehrerspezifisches Problem ist, das hier zu Tage tritt."

"Was wollen Sie damit sagen?" Der Direktor zog lauernd die Augenbrauen hoch. Er wirkte wie elektrisiert. Sein Alarmsystem hatte sich eingeschaltet. "Manche Kollegen hatten ihre Anfangsschwierigkeiten. Das mag sein." versuchte er den Lauf des Schwungrades abzufangen. "Aber sie haben dazugelernt. Bisher habe ich auch Ihnen mit wohlwollender Rücksicht zu verstehen zu geben versucht, dass es so nicht weitergehen kann. Sie scheinen aber nicht lernfähig zu sein. Doch meine Geduld ist langsam zu Ende."

Die Stimmung begann sich hochzuschaukeln. Brehmer war mit einem Schlag klar geworden, das ich meinen Platz im Kollegium gefunden hatte. Er sah, dass ich gut informiert war. Diese Chance war dahin. Also musste er den anderen Weg gehen. Den Weg der Unfähigkeit.

"Wenn Sie ein solch schlechtes Ergebnis in einer Schulaufgabe erzielen, dann kann die Arbeit nicht ausreichend vorbereitet sein. Unsere Schülerinnen sind weder dumm noch faul. Wie also bitte erklären Sie sich das miserable Abschneiden?"

Damit war der Sündenbock gekürt. Die Diskussion war eigentlich zu Ende. Was folgte, waren nur noch spastische Zuckungen einer einseitig rational geführten Argumentation im Kampf mit einer übergeordneten Weisheit.

"Wenn Sie den Text ansehen und die auftretenden Fehler vergleichen, werden Sie feststellen, dass die Ursache weniger im Grammatikalischen liegt, sondern hauptsächlich im fehlenden Wortschatz und in Verwechselungen, die auf oberflächliches Lesen zurückzuführen sind."

Dieses Faktum zwang Brehmer dazu, genaue Fehleranalyse zu betreiben, falls er dies nicht schon bei der kritischen Begutachtung getan hatte.

Er hatte. Denn er ließ mein Argument völlig außer Acht, wohl wissend, dass er sich damit auf schwindendes Terrain begeben würde.

"Mädchen sind willig und lernen fleißig. Es sei denn, man überfordert sie." Damit schloss er den zweiten argumentativen Rundumschlag ab. Doch ich gab mich noch nicht geschlagen.

"Ist es eine Überforderung unserer Schülerinnen, wenn sie den vom Lehrbuch vorgegebenen Stoff lernen müssen wie andere Schüler an anderen Gymnasien?"

Brehmer beugte sich in das Klingeln des Pausenendes in seinem Sessel nach vorn. "Wollen sie mich belehren, wie ich die Richtlinien zu beachten habe? Glauben Sie Grünschnabel etwa, Sie wüssten schon alles?"

Bisher hatte sich Brehmer noch beherrscht, doch jetzt trieb ihn seine Hilflosigkeit in die Lautstärke. Er pochte auf seine Erfahrung und wich gezielt auf das Allgemeine und Nichtssagende aus.

"Herr Direktor, es geht hier nicht um Besserwisserei", machte ich einen letzten Versuch, meine Schulaufgabe und Bewertung zu rechtfertigen, "aber Sie können nicht die Augen vor den Tatsachen verschließen."

"Dass die Mädchen nicht gelernt haben, nehme ich Ihnen nicht ab." Brehmer schnaufte durch. Die Aussprache war zu Ende.

"Geben Sie die Schulaufgabe heraus." Er wischte sie mit einer unwilligen Handbewegung über seinen Schreibtisch. "Allerdings erwarte ich von Ihnen, dass Sie den Mädchen eine Chance geben, dies wieder gutzumachen. Die nächste Schulaufgabe mit so einem schlechten Schnitt lasse ich Ihnen nicht mehr durchgehen. - Und schreiben Sie die Noten nicht vorher schon auf die Blätter! - Sie können jetzt gehen."

Ich nahm mein Schicksalsbündel unter den Arm und verabschiedete mich durch die Tür. Zeit zum Nachdenken blieb mir nicht. Die Klasse 7c wartete auf ihr Programm.

Ein aufschlussreicher Ausflug

Dicke Wolken drückten schwer auf die Stadt. Der Himmel schien sich einen Teufel um die Erwartungen der Ausflugshungrigen am 1.Mai zu kümmern. Ich musste plötzlich schmunzeln, denn ich stellte mir Geros Gesicht bei seinem ersten Blick nach draußen vor. Die Wettervorhersage hatte jedoch Besserung gelobt. Also bestand noch Hoffnung auf einen zumindest trockenen Tag. Ein Blick auf den Wecker drängte zur Eile. Ich musste ja noch Gero abholen. Als unwilliger Selbstfahrer ließ er sich gerne chauffieren, da brauchte er nicht seine Biere zu zählen. Ich verstaute meine Sporttasche - sie diente als Allzweckbehälter und konnte auch bequem zum Rucksack umfunktioniert werden - auf dem Rücksitz meines Kleinwagens. Brotzeitbretter und Besteck (doppelte Ausführung für Gero) lagen zu unterst. Ein dumpfes Klappern deutete an, dass sie auf dem Duschdas und der Kakaocremedose zu liegen gekommen sein mussten. Zwei ausgediente, aber formschöne Senfgläser als Trinkgefäße hatte ich dick in Zeitungspapier eingewickelt und zusätzlich in meiner gefütterten Windjacke sicher geborgen. Im letzten Moment hatte ich noch eine Ritter-Sport, die mir Gero scherzhafter Weise bei seinem letzten Besuch verehrt hatte, zwecks gemeinsamen Verzehrs durch den Reißverschluss geschoben.

Kurze Zeit später klingelte ich Gero aus seiner Hochhauswabe. Er war natürlich noch nicht startklar. "Komm kurz rauf. Das Rasieren hat mich so lange aufgehalten. Ich Lass die Tür offen", entschuldigte er durch die Türsprechanlage seine Säumigkeit.

"Hast du schon die Nachrichten gehört?" Gero beugte seinen

Oberkörper aus dem Badezimmer, das in den für ein drei-Zimmer Appartement zu üppigen Eingangsflur mündete, als er die Wohnungstür ins Schloss rasten hörte, wobei er sich ein paar Spritzer Rasierwasser auf die glattgeschabten Wangen und um das Kinn herum tupfte.

"Nein. Ich bin heute morgen zu spät aus den Federn gekommen."

"Sie haben Schlehausen gefunden! Im Kofferraum eines Autos. Erschossen!" Er stieß einen langen Luftstrom durch die Nase und sein Kopf verschwand wieder aus dem Türrahmen. "War wohl zu erwarten nach den zwei vorhergehenden Morden", rief er hinterher, während er den Wasserhahn aufdrehte.

"Nur keiner wollte es wahrhaben, besser, zugeben. Gerade *er* verkörperte als Repräsentant der Arbeitgeber nach deren Auffassung die *ausbeutende kapitalistische Klasse.*" Ein leichter Schauer, der wie feinkörniger Sand durch meinen Körper rieselte , zwang mich zu einer kurzen Atempause. Ich hasste diese vollmundigen Phrasen, die leeren Worthülsen, die so ideologisch besetzt waren, dass die darin enthaltene Wahrheit unter dem übergestreiften Filz verborgen blieb. "Wer hier etwas anderes erwartet hatte, log sich in die eigene Tasche oder anderen etwas vor. Hoffen, ja! Um die Wahrheit zu verdrängen, das Gewissen zu beruhigen, die Ohnmacht zu verbergen. Aber erwarten? Erwarten konnte man nichts. Alle ihre Aktionen führen auf einen Punkt zu: Vernichtung!"

"Vernichtung von was?"

"Vernichtung ihrer eigenen Ziele, ihrer Ideologie. Sie begreifen es nur in ihrer Verblendung noch nicht!"

"Wieso das?" Gero machte einen ungestümen Schritt auf den Flur, um mit seinem ganzen Körper die Verständnislosigkeit, die in seiner Frage mitschwang, zu unterstreichen. - "Sie wollen das *System* vernichten! Unser schönes soziales, demokratisches, liberales, kapitalistisches System!" Geros bittere Ironie keimte kurz wieder hoch. "Weißt du, was für mich das Heroische daran ist? Dass sie konsequent sind. Konsequent bis zum letzten Schritt. Oder hängst *du* an diesem System?"

"Bist du jetzt fertig? Die anderen warten schon!"

"Heh! Du weichst mir aus!"

Ich ahnte, dass Gero auf eine Grundsatzdiskussion hinaus wollte. Er zielte immer auf eine Grundsatzdiskussion ab, wenn es um Politik, Schule oder Literatur ging, auch wenn sie sich zwischen Tür und Angel abspielte. Und drängte man dann weiter, verfolgte einen der bereits geflügelte Satz: "Das müssen wir noch ausdiskutieren!" - Ich schwieg.

"Bei deinen Prinzipien kannst du dieses System gar nicht akzeptieren! Ha! Ha! Du musst ein Sympathisant sein!" Gero griff nach einem Strohhut mit breiter Krempe, der oben auf dem Garderobenschrank lag.

"Wozu willst du den mitnehmen?" fragte ich ablenkend. Ich wollte Gero jetzt keine Antwort geben.

"Wenn ich nach dem Picknick im Gras meine Siesta halte, brauche ich einen Gesichtsschutz." Gero hatte anscheinend schon eine feste Vorstellung vom Ablauf unseres Ausflugs.

"Hast du an die Getränke gedacht?" prüfte ich Geros Verlässlichkeit.

Ein breites Grinsen schwappte über sein rundes Gesicht. Er formte seine Fingerspitzen zu einer Pyramide, führte sie an die Lippen und ließ sie mit einem schmatzenden Geräusch wegschnellen. "Ich habe einen Edeltropfen erstanden. Einen echten Beaujolais! Sonderangebot bei PLUS. - Ich konnte es auch nicht recht glauben", erstickte er sofort meinen zweifelnden Blick, "aber es ist in der Tat ein originaler Beaujolais. Ich habe am Sonntag Abend schon eine Selbstprobe vorgenommen. Absolut echter Geschmack!" Er öffnete den Garderobenschrank und hob eine blaue handliche Tragetasche heraus. "Die Damen werden Augen machen. Aber", er sah mich mit einem bedeutungsschwangeren Blick an, "das Geheimnis wird erst beim Picknick gelüftet!"

"Hast du auch Mineralwasser oder etwas ähnliches drin?", fragte ich sicherheitshalber und dachte dabei an Birgits strikte Abstinenz.

Gero machte gerade einen Schritt auf die Tür zu. Er hielt mitten in dieser Bewegung inne und schaute mich ungläubig, beinahe vorwurfsvoll an. "Das meinst du jetzt aber nicht im Ernst? Zu einem Picknick gehört ein Rotwein!", belehrte er mich schmunzelnd und löste seine nur Sekunden währende statuenhafte Haltung in eine fließende Vorwärtsbewegung auf. Nun war wirklich Eile geboten. Wir nahmen den Fahrstuhl (Gero war jeder Treppenschritt einer zu viel - obwohl ich zu seiner Verteidigung anführen muss, dass er trotz der ausgeprägten Bewegungsarmut in keiner Weise zu Dickleibigkeit neigte, da er, wozu er sich immer wieder veranlasst sah, seinem Körper in unregelmäßigen Abständen die harte Prüfung einer Nulldiät auferlegte.).

Jutta, Birgit und Jochen warteten schon ungeduldig am Kleinen Marktplatz, den wir als Treffpunkt vereinbart hatten, da er im

Schnittpunkt beider Parteien lag. Birgit, die neben Juttas Auto stand und mit den Fingern demonstrativ auf das Blechdach trommelte, begrüßte uns, als Gero lässig das Beifahrerfenster heruntergekurbelt hatte, mit einem "Schön, dass ihr da seid!" Dabei warf sie Gero einen provokant ironischen Blick zu, womit der Schuldige den Judaskuss erhalten hatte.

Gero kannte Birgits feine Spitzen, besaß aber oft den Humor, den Ball zurückzuspielen. "Wir wollten euch nur genügend Zeit geben, auch wirklich alles einzupacken."

"Prima, dass du an dich denkst!" Birgit konnte sich diesen zweiten Dämpfer nicht verkneifen.

"Ich habe auch an *euch* gedacht!", konterte Gero vielsagend, gab jedoch sein Geheimnis nicht preis, obgleich die Versuchung dazu gerade in diesem Augenblick groß gewesen sein musste.

"Fahrt hinter uns her!", gab Jutta vom Fahrersitz her ihre Anweisung durch die offene Tür und beendete damit jeden weiteren Disput.

Wir verließen die Stadt über die Ausfallstraße nach Osten, die als breite Allee angelegt war. Sie diente als Ein- und Auslassventil für den werktäglichen Stoßverkehr. Die Großräumigkeit der Fahr- und Gehspuren, die im Gegensatz zur Enge der Stadt befreiend wirkte, hatte schon vielen Fahrern ein unfreiwilliges Bußgeld eingebracht. Es war inzwischen halb zehn geworden. Entweder war die Ausflugswelle schon abgeebbt oder sie hatte noch gar nicht begonnen. In zufälligen Zweier- oder Dreiergruppen rollten Autos sporadisch über den Asphalt. Jutta zog uns in erlaubtem Stadttempo durch die auslaufende Siedlung. Gero suchte eine bequemere Sitzposition und ließ über den Stellhebel die Rückenlehne um eine Stufe nach hinten rasten. Er blickte scheinbar gelangweilt auf die vorbeischwimmenden Fassaden alter und renovierter Häuser, die zum Ende hin von einem Neubaugebiet fortgesetzt wurden.

"Ich wundere mich immer wieder, wo die Leute bei diesen Baupreisen das Geld für solche Häuser hernehmen?" bemerkte Gero monologisch sinnend und ließ seinen Blick schräg aus dem Seitenfenster über die teilweise noch unvollständigen Ziegelwände gleiten. "Ein Königreich für ein Heim." -

"Würdest du einen Terroristen decken, wenn er bei dir Unterschlupf suchen wollte?" Gero schaute immer noch schräg aus dem Fenster. Die Stadt lag jetzt hinter uns.

Die Frage traf mich völlig unvorbereitet. Wie Brecher klatschten die Worte in meine Gehörgänge. Die Verbindung nach oben riss für einen Moment ab. Ein unkontrollierter Reflex jagte einen Ruck durch meinen rechten Fuß, wodurch das Auto in einem leicht verzögerten Schub nach vorne gerissen wurde. Erst jetzt wandte Gero lauernd, herausfordernd seinen Kopf in meine Richtung.

"Nein!" Es war ein entschiedenes Nein, das merkte auch Gero.

"Warum nicht?" bohrte er verwundert nach. "Du kennst doch ihre Ziele - und du kennst das System!"

"Ja, ich kenne ihre Ziele. Aber ich lehne jegliche Gewalt ab. Mord ist schon gar kein probates Mittel. Auch gegen dieses System nicht."

"Glaubst du wirklich, du kannst die unmenschlichen Riegel dieses Systems mit wohlgemeinten Worten sprengen? Siehst du nicht, dass die friedlichen Demonstrationen bisher nichts bewirkt haben? Erst die Hausbesetzungen, die Barrikaden, die Blockaden mancher Lebensbereiche haben Bewegung in die Köpfe der Herrschenden Klasse gebracht!"

"Ich *muss* es glauben, auch wenn es im traurigen Widerspruch zur augenblicklichen Wirklichkeit steht."

"Und wie wirst du mit diesem Widerspruch fertig?"

"Historisch, Gero! Historisch! Wir lernen zu wenig aus der Geschichte. Oder siehst du irgendwo eine gewaltsame Revolution, die eine Verbesserung auf Dauer bewirken konnte? Ein Knall schafft nur im ersten Augenblick einen Freiraum für Wandel. Viele vergessen, dass es ein Vakuum ist, das nur einen scheinbaren Neuanfang ermöglicht. Denn die von allen Seiten zurückflutende Masse reißt mit splitterndem Krachen und ungewandelter Materie das verlorenen Terrain wieder an sich. Warum? Weil man ihr keine neue, auf ein im wahrsten Sinne des Wortes progressives Ziel ausgerichtete Identität mitgeben konnte. Es ist unsere Aufgabe, Gero, eine Bewusstseinsveränderung herbeizuführen. Was ist Erziehung, was ist Schule anderes? Immer wieder muss ich mir den Satz meines Seminarlehrers ins Gedächtnis rufen: "*Wenn Sie später einmal vor Ihrer Klasse stehen, vergessen Sie nie, dass Sie auch einmal jung waren und ihre strengen Lehrer anfangs sicherlich verflucht haben. Schielen Sie aber nicht nach Gefallen. Werden Sie Ihrer Verantwortung gerecht. Fordern Sie, aber loten Sie die Grenzen behutsam aus.*" Ich bin nicht bereit, auf meine Ideale zu verzichten, geschweige denn sie einem zweifelhaften System zu opfern. Wir müssen begreifen, dass das Prinzip, mit dem Marsch durch die Institutionen das System zu knacken, eine Sackgasse ist.

Wenn du dich auf das System einlässt, wirst du unweigerlich ein Teil von ihm. Der Sog in die erhabenen Niederungen ist so stark, dass du dich nicht in seinen Wirbel begeben darfst. Das System verhöhnt deine Ideale als anachronistische Staffage, es treibt dich zum Selbstbetrug. Sieh dich um! Wie viele meinen das zu sein, was sie darstellen. Sie realisieren nicht, dass sie sich selbst zu Marionetten gemacht haben - unfrei, gesichtslos, aber mit einem Titel in der Tasche. Du kannst nur deinen Idealen leben, wenn du das System tunnelst. Du lebst in ihm, aber du gräbst dir deine eigenen Wege. Sie werden dir oft Wasser in deine Kanäle schütten, um dich zu vertreiben - oder auch zu vernichten."

Gero lächelte kopfnickend. Er überlegte wohl, wieviel Wasser er schon geschluckt hatte. "Glaubst du, du hältst das durch?" Seine Frage klang ehrlich, aber resignierend. "Wie viele wirst du finden, die bereit sind, deinen Weg zu gehen? Allein wirst du aufgerieben wie ein Brösel. Der Don Quijote zwischen zwei Mühlsteinen! - Weißt du, wie sie mich immer genannt haben, wenn ich gegen Unrecht und Machtmissbrauch des Systems anrannte? 'Michael Kohlhaas, der Systemverbesserer'. Das System tastet man nicht an. Dass es in der verordneten Demokratie zu rigidem Stein kristallisiert ist, registriert man zwar, aber dieser Vorgang wird als Schicksal apostrophiert - und gegen göttlichen Willen lehnt man sich nicht auf. Er darf sich gefühllos, egoistisch, machthungrig, überheblich gebärden. Freiheit ist die Freiheit des Systems, das sich längst verselbständigt hat und genüsslich von seinen Erzeugern zehrt, die in vierjährigem Rhythmus ihren eingeforderten Samen in verlässlicher Widerspruchslosigkeit ausstoßen. Unfruchtbare Samen werden als Sandkörner wieder ausgestreut. Der 'fruchtbare', aber untragbare, weil eigenmächtig wachsende Samen wird tiefgefroren und gebunkert."

Jutta hatte die Fahrt verlangsamt und den Blinker gesetzt. Wir mussten jetzt links abbiegen. Die Richtungsänderung schien auch Geros Aufmerksamkeit in Anspruch zu nehmen, denn er verfiel in Schweigen und blickte schräg zum Wegweiser hoch: *Georgenreuth 5 km*. Darunter stand in schwarzen Buchstaben auf einem weißen Schild "*Burgberg 7 km*". In gleichmäßigem Tempo fuhren wir die schmale, leicht wellige Landstraße entlang. Gero hatte sich wieder nach vorn ausgerichtet und schien mit den Augen die Straße entlang der weißen Linien abzutasten.

"Was gibt mir das Recht und die Kraft, den Kampf aufzunehmen?" murmelte ich vor mich hin. Es war eher ein laut ausgesprochener Gedanke als eine Antwort auf Geros sarkastische Analyse. "Nachdem ich immer wieder auf Kritik gestoßen bin, habe ich mich oft selbst gefragt, ob ich den richtigen Weg eingeschlagen habe." Jetzt wandte ich mich direkt an meinen Beifahrer. "Der Alte befürchtet, dass ich ihm seine heilige Kuh schlachte. Die Gewissheit, dass ihn diese Kuh schon längst auf ihre Hörner genommen hat, kann sich gegen seinen Verdrängungstrieb nicht mehr behaupten, und er winkt noch triumphierend von der Höhe herab, wenn ihn seine heilige Schar auf ihren Hörnern hochhält, um ihm gezielt das betörende Gefühl der Erhabenheit zu vermitteln. Ich kann diesen Prozess nicht unterstützen. Er ist für beide Seiten zu bequem. Nur merken die Schülerinnen nicht, dass letzendlich auf ihre Kosten kokettiert wird. Du weißt selbst nur zu gut, dass ich im Kollegium nicht der einzige bin, der diese Auffassung vertritt. Es ist also kein spezifisch Toberg'sches Syndrom. Aber reden allein schafft keine Abhilfe. Und Widerstand schafft zwangsläufig Probleme."

Ich konnte mir ein Lachen nicht verkneifen und schaute kurz zu Gero hinüber. Er verstand die Andeutung, aber sein erwiderndes Lachen kam nicht aus der Tiefe der Überzeugung.

Vor uns schoben sich von einer Anhöhe her zwischen den frischbegrünten Bäumen Teile alten Gemäuers in das Blickfeld. Die Burgruine schien zum Greifen nahe, aber man musste vom Wanderparkplatz noch ein gutes Stück zu Fuß gehen, um die Lokalität des geschichtsträchtigen Rittersitzes begehen zu können.

Wie zu erwarten waren wir nicht die einzigen Ausflügler, die den Feiertag zu einem Ritt ins Grüne nutzten. Die geschotterten Parkbuchten waren bereits von zahlreichen Limousinen unterschiedlichster Bauart in Beschlag genommen. Das Knistern der groben Steine unter den Reifen holte Gero, der seine Gesprächigkeit abgelegt hatte, in die raue Wirklichkeit zurück. Jutta und Birgit waren schon elanvoll aus dem Wagen gestiegen und ließen sich ihre Blousons, die sie auf der hinteren Ablage verstaut hatten, von Jochen herausreichen. Er selbst raffte seinen blauen Janker in der linken Hand zusammen und kletterte etwas umständlicher aus dem Fond. Seine langen Beine machten jeglichen Versuch einer eleganten Bewegung zunichte. Gero war sich noch unschlüssig, ob er die Anfahrt für beendet ansehen sollte oder nicht, denn er machte keinerlei Anstalten auszusteigen. Mit dem linken Arm auf die offene Autotür gelehnt beugte ich den Kopf unter die Dachkante und rief zu Gero hinüber "Bitte alles aussteigen, der Zug endet hier! - Die Luft hier draußen ist herrlich!" versuchte ich ihn nachdrücklich aus der Karosse zu locken und atmete tief durch. Während ich vom Rücksitz unsere Jacken holte - die Trinkgläser, die ich sicherheitshalber noch in meine Jacke eingewickelt hatte, konnte ich nun beruhigt zu den anderen Utensilien in der Sporttasche stecken - und die hintere Tür verriegelte, bequemte sich Gero aus seinem Sitz und streckte sich erst einmal ausgiebig. Ein leichter, aber nicht unangenehmer Wind strich die Hügel herunter. Gero fröstelte künstlich, als ihm die Luft ins Haar fuhr "Bei dieser Kälte soll ich eine Energieleistung vollbringen!"

"Heute wirst du gefordert", versuchte ich ihn zu necken, "wir haben eine Marathonstrecke vor uns."

"Wenn ich oben tot zusammengebrochen bin, werde ich mich beim Rücktransport besonders schwer für euch machen!" orakelte er. Geros Humor ließ erkennen, dass er die morgendlichen Sorgen abgeschüttelt hatte.

Der Weg bereitete anfangs keinerlei Schwierigkeiten. Selbst Gero war, zu seiner eigenen Überraschung, gut zu Fuß. Als wir nach einiger Zeit an eine Weggabelung kamen, blieb Jutta stehen und deutete in die Richtung, die ein Schild mit der Aufschrift "Rundwanderweg" wies. "Hier entlang wäre eine reizvolle Alternative. Zur Burg müssten wir dann allerdings quer durch den Wald", klärte uns Jutta auf. Sie kannte die wellige Gegend inzwischen sehr gut. Verband sie doch ihre Ausflüge häufig mit Joggen.

"Ich habe lieber ein konkretes Ziel vor Augen. Ich irre doch nicht im Kreis herum, nur um zu sehen, wie rund der Hügel ist", brummte Gero und ging, ohne eine weitere Meinung abzuwarten, auf dem direkten Weg weiter. Damit war die Entscheidung gegen die Alternative getroffen.

Das letzte Teilstück zur Burg wurde zunehmend steiler. Gero musste jetzt Höchstarbeit verrichten. Seine Jacke hatte er inzwischen unter den rechten Arm geklemmt. Dunkle Flecken seines Hemdes im Bereich der Achseln machten den Schweiß sichtbar, der ihm bei dieser Anstrengung aus den Poren quoll. Trotz allem war kein Wort der Klage aus seinem Mund zu vernehmen. "So etwas muss man durchziehen" würde er jetzt in seinem üblichen Jargon antworten, falls ihm jemand eine Schnaufpause anböte.

Endlich zeichneten sich die ersten Umrisse klobiger Mauerreste gegen die Lichtflecken, die sich zwischen die Bäume schoben, ab. Eine aus dünnen Fichtenstämmen angelegte Treppe erleichterte die letzten Meter. Gero zog sich müde an dem seitlich angebrachten

Stangengeländer hoch, das ihn auf ein freies Plateau geleitete. Er schnaufte tief durch und suchte nach einem geeigneten Sitzplatz, um den Puls zu beruhigen. Ein abgetakelter Mauerrest gewährte ihm Unterstützung, doch da er für Geros Statur etwas zu hoch war, konnte sich dieser mehr stehend als sitzend nur an die Kante lehnen. "Ihr könnt euch in der Zwischenzeit schon umschauen", deutete Gero seine längere Verschnaufpause an und wischte sich den Schweiß von der Stirn.

Jutta hüpfte ausgelassen wie eine Gazelle auf und über verfallenes, teilweise restauriertes Historiengemäuer. Ihre brünetten langgewachsenen Haare schwebten bei jedem Sprung für Sekunden wie ein kurzer Schleier hinter ihrem Haupt und schlanken Hals. In ihren grazilen Bewegungen war die durchtrainierte Spannung ihres Körpers förmlich zu spüren. Ihre Designer-Jeans brachte ihre weiblichen Rundungen augenfällig zur Geltung.

"Denk an die Ahnen!" erinnerte Jochen mit einem gefälligen Blick auf Juttas Figur, aber mit mahnendem Lachen den Spring-ins-Feld an ihr kulturverletzendes Verhalten. Er hatte die missfälligen Blicke einiger Ruinenbesucher aufgefangen. Sie waren mit ihren angelesenen Erinnerungen hierher gekommen und hofften, aus den Grüften der Vergangenheit auferstandene Ritter, die zwischen den mysteriösen Gemäuern umherirrten, erblicken zu können.

"Kommt mal alle her!" erschallte plötzlich Birgits Stimme über das gesamte Ruinenfeld. Ich war mir nicht sicher, ob Gero die Aufforderung auch gehört hatte und leitete deshalb Birgits Ruf weiter: "Gero, komm mal hierher, ich glaube, Birgit hat etwas für dich gefunden!" Gero stieß sich mit dem Gesäß von dem Gestein ab und setzte sich langsam in Bewegung, wobei er immer wieder mit dem Taschentuch, das kaum mehr aufnahmefähig sein durfte, den Schweiß aus dem Gesicht rieb.

"Was gibt es denn so Aufregendes?" fragte er tonlos, als er herangetreten war.

"Schau!" rief Birgit, die sich auf einem Mauervorsprung, der einige Meter nach unten abfiel, hingesetzt hatte und ihre Beine über dem Abgrund baumeln ließ, und zeigte mit ihrem ausgestreckten rechten Arm an der Sonne vorbei nach Südwesten. "Siehst du den kleinen See dort unten? Da marschieren wir jetzt hin und genießen unser Picknick. Dann kannst du dich voll entspannen."

"Kann man da auch runter fliegen?" wollte Gero scherzhaft wissen.

"Du wirst sehen", munterte ihn Birgit auf, wobei sie sich umwandte und Gero verschmitzt schräg von unten ansah, "runterwärts geht alles doppelt so schnell. Du wirst unten richtig erholt ankommen." Sie lenkte ihren Blick wieder hinaus in die Weite des Landes. Der Burgberg war mehr bekannt wegen seiner großartigen Aussicht als wegen seiner lapiden Reste. Von dieser Stelle aus eröffnete sich dem Besucher ein ausgedehntes Panorama sanfter Hügel, waldiger Abschnitte und unregelmäßiger Ackerflecken. Wie hingestreute kleine Inseln hoben sich die maigrünen Wipfel der blattsprießenden Laubbäume aus dem dunkelgrünen Fichtenmeer. In der Ferne funkelten je nach Sonneneinfall großgebrochene Diamanten im Wechselspiel. Die zahlreichen Fischteiche hatten in dieser Gegend eine langgehegte Tradition. Brehmer hatte nicht übertrieben in seiner Schwärmerei für die liebgewonnene Heimat. "Herrlich!" stöhnte Birgit überwältigt, drehte ihr Gesicht in die Sonnenstrahlen, die eine vorbeiziehende Wolke gerade freigab, und schloss die Augen, wie wenn sie das Naturgemälde in ihrem Innersten einfangen wollte. Das gleißende Licht ließ die Blässe ihrer Haut besonders auffällig hervortreten. Ihre leicht gebogene, deutlich vorspringende Nase und das pechschwarze Haar, das sie entweder in einem Knoten oder in einem langen Zopf zusammenhielt, gaben ihrem Aussehen einen südländischen Einschlag. Dieser seltsame Kontrast hat mich seit ihrem Erscheinen an dieser Schule immer wieder fasziniert.

"Ich gehe schon einmal voraus", zerbrach Gero die Idylle und machte sich auf den Rückweg.

"Warte, Gero", erwachte jetzt auch Jutta aus ihrer Träumerei, "wir gehen hier durch den lichten Wald hinunter, dann stoßen wir auf den Rundweg!"

Nun musste sich auch Birgit von ihrem Sitz lösen, und so schritten wir unter Juttas Führung quer durch den Wald, der aber an dieser Stelle gut begehbar war und dem Spaziergänger nicht ständig sein Wurzelgeflecht um die Füße legte.

Als wir den Parkplatz wieder erreicht hatten, erklärte Birgit in kurzen Worten die weitere Reiseroute. Wir mussten einen kleinen Bogen fahren, um zu der versteckten Einfahrt des Privatweges zu gelangen. Ein rundes Schild mit entsprechender Aufschrift hielt ungebetene Gäste von diesem Areal fern. So deutete auch der begrünte Boden auf eine geringe Frequentierung hin. Nach zirka 150 Metern leichter Südwest-Krümmung versperrte uns ein großes Gatter, das aus dünnen rohen Fichtenstämmen gefertigt und mit einem Maschendraht gegen unbefugte Besucher abgedichtet war, den Zutritt. Birgit hopste aus dem Auto und mit ein paar Schritten auf das Tor zu, hob die obere Stange mit einem gekonnten Ruck über einen Sperrzapfen und zog das Gatter in weitem Radius rückwärts auf. Ein Schrei Juttas brachte den senkrechten Rahmenbalken, der unbekümmert auf den linken Scheinwerfer ihres Autos zugesaust war, gerade noch rechtzeitig zum Stehen. Birgit warf ihr einen erschrockenen, aber dann doch erleichterten Blick zu, nachdem sie die schwingende Masse im letzten Augenblick noch unter Kontrolle gebracht hatte. Jutta drehte sich nach hinten über die Rücklehne und gab mir durch heftig winkende Bewegungen zu verstehen, dass ich nach rückwärts fahren sollte. Ich winkte zurück und konnte mir ein Lachen nicht verkneifen, da der Abstand zwischen unseren Fahrzeugen mindestens drei Meter betrug und sie für ihr Manöver höchstens einen Meter benötigte. Als Juttas Scheuchbewegungen ungestümer wurden, brachte ich mein Auto doch lieber nach rückwärts in Sicherheit, während Gero etwas wie "hysterische Weiber" brummelte. Schließlich passierte der Zweierkonvoi das Grenztor ohne weitere Vorkommnisse, und Birgit arretierte das Gatter wieder hinter uns.

Auf einer breiten schattigen Grasfläche, die seitlich von einer kleinen Holzhütte begrenzt wurde, stellten wir unsere Fahrzeuge ab. Kaum standen die Räder still, kletterte Gero auch schon aus seinem Sitz. Er hatte sich anscheinend von den Strapazen gut erholt. Die Aussicht auf etwas Ess- und Trinkbares hatte in ihm die Lebensgeister wiedererweckt. Inzwischen war auch Birgit herangekommen und steuerte auf einen Baumbestand zu, unter dem eine Sitzgruppe zum Verweilen einlud. Der See, der vor dem Rastplatz in eine rundliche Kule gebettet war, strahlte mit seiner stillen Wasserfläche eine wohltuende Ruhe aus. Gero stellte die Tasche mit dem geheimnisvollen Inhalt neben die Holzbank ins Gras. Triumphierende Erwartung lag in seinem Gesicht, während er Jochen beobachtete, wie er geduldig half, die vorbereiteten Utensilien auf dem grobgezimmerten Baumstammtisch auszubreiten.

"Stört es jemanden, wenn ich mein Hemd ausziehe?" Ohne eine Antwort auf seine rein rhetorisch gemeinte Frage abzuwarten, knöpfte er sich das lästige Textil vom Leib. Sein leichter Bauchansatz drückte den Hosenbund aus der Waagerechten.

"Durst! Durst!" lechzte Jochen nach etwas Trinkbarem und wollte sich an Geros Tasche zu schaffen machen. Gero kam ihm jedoch mit einem schnellen Griff zuvor.

"Wer möchte ein Bier?" fragte er scheinheilig in die Runde.

"Du wirst doch kein Bier mitgenommen haben!" machte Jutta ihrer Empörung Luft. Jochen allerdings wäre jetzt alles recht.

"Lasst mich mal sehen, was ihr mitgebracht habt." Gero trieb sein Geduldsspiel auf die Spitze. Er lupfte kontrollierend die Tücher, mit denen die Körbchen und Schüsseln abgedeckt waren - eines nach dem anderen. "Jaaa", zog er die Spannung in die Länge, "dafür habe ich auch etwas." Jetzt schließlich öffnete er die Tasche und enthüllte das noble Getränk. Gero erntete zufriedenen Beifall. Nur Birgit rümpfte die Nase. Sie war strikte Antialkoholikerin.

"Ein Gläschen wirst du dir doch bei dieser Atmosphäre gönnen!" versuchte Gero ihr den edlen Tropfen schmackhaft zu machen.

"Ich habe *auch* an mich gedacht", gab sie Gero mit spitzer Zunge einen Dämpfer, marschierte gelassen auf Juttas Auto zu und kam wenig später mit einer Flasche Mineralwasser, die sie keck in der Hand hielt, zurück. Gero gab sich geschlagen und schenkte die Gläser der anderen voll.

Nachdem er die erste Runde, während der er von allem ein wenig probierte, beendet hatte, zog er eine der Decken, die ich vorher ausgebreitet hatte, in den Halbschatten und ließ sich darauf nieder.

"Kinder", sagte er, "für so einen Tag muss man dem Herrgott danken." Er streckte alle Viere von sich und verschränkte die Arme unter dem Nacken.

Während ich, zurückgelehnt an das stabile Querholz der Bank, meinen Blick über den ungetrübten Wasserspiegel schweifen ließ, musste ich unwillkürlich an Epikur denken, der die innere Ruhe, Ziel allen menschlichen Handelns, mit dem unbewegten Meeresspiegel verglich. Ab und zu brachte der Ruf eines Vogels oder das Zirpen einer Grille diese Spiegelfläche ins Kräuseln.

"Waren wir dort oben"? fragte Gero von seinem Liegeplatz und nickte in Blickrichtung. Er lag genau in der Schneise, die den Weiher zur Burg hin freilegte. Die vorspringenden Turm- und Gesteinsreste schwebten in gezackter Silhouette über dem Tal.

"Achthundert Jahre hat dieses Gemäuer in seinen verschiedenen Phasen hinter sich, achthundert Jahre Verzehrung in ständiger Kampf- und Verteidigungsbereitschaft. Und dann kam doch der Fall." Gero schien ins Sinnieren gekommen zu sein. "Hat es sich da gelohnt, immer wieder von neuem zu kämpfen, wenn einem letztendlich der Mörtel doch aus den Fugen fällt? - Was für ein Sisyphusleben! Man strampelt sich ab für das Nichts. Jetzt weiß ich auch, warum ich mich anfänglich sträubte, hierher zukommen." Seine Stimme hatte wieder diesen beißenden, ironischen Ton angenommen. "Ich wollte meiner Zukunft nicht begegnen. Ich fühle wie eine Ruine. - Es muss herrlich sein, als Stein zu leben!"

"Ich glaube, du hast zuviel Camus gelesen", unterbrach Jutta Geros philosophisches Zwiegespräch mit der Vergangenheit.

"Er hat in vielem verdammt recht, und man muss sich schleunigst seinen Standpunkt suchen. - Woher kennst du überhaupt Camus?" Gero wandte überrascht seinen Kopf zur Seite und schaute skeptisch zu Jutta auf.

"Ich kenne ihn halt" blieb Jutta vage und war auch nicht bereit, sich weiter zu erklären.

"Jutta, Jutta! Du wirst mir langsam unheimlich mit deiner Souveränität."

Eine unbestimmbare Unruhe trieb Gero auf die Beine, und er setzte sich wieder zu uns an den Tisch, um ein paar weitere Happen zu sich zu nehmen. Jochen andererseits wollte sich ein wenig die Beine vertreten.

"Kann man um den Weiher herumgehen?" fragte er Birgit, während er dem Ufer zutrollte.

"Ja, bleib aber bitte auf dem Trampelpfad!" belehrte sie ihn.

"Wem gehört eigentlich dieses paradiesisch Fleckchen hier?" wollte Jochen noch wissen. Er hatte auf dem schmalen Holzsteg, der zirka zwei Meter in das Wasser hinausragte, haltgemacht und ließ seinen Blick am Ufer entlang über die Bäume, Sträucher und unzähligen Blumen schweifen.

"Mein Großonkel hat sich das vor langer Zeit als Wochenendrefugium gekauft. Aber seitdem sie einen Wohnwagen haben, kommt er nicht mehr so häufig hierher. Er hat gesagt, wir können jederzeit zum See fahren und auch die Hütte benutzen. Nur Strom gibt es keinen. Aber auf der Arbeitsplatte der Kochnische steht ein Gaskocher."

"Das sollten wir eigentlich öfter nutzen", versuchte Gero zwischen zwei Bissen auf zukünftige Aktivitäten hinzuweisen. - "Na Birgit, wie schmeckt es?" stichelte Gero mit Blick auf ihr Mineralwasser.

"Hervorragend", ignorierte sie seinen Seitenhieb, machte einen kräftigen Biss und hielt genüsslich ihr üppig belegtes Baguette hoch.

Ich schaute Jochen nach, der im hüfthohen Ufergras zu versinken schien. Er wird sich jetzt ein geeignetes Plätzchen suchen, um für ein paar Minuten einsame Stille zu genießen. "Müssen wir morgen wirklich in die Schule?" tönte es ungläubig vom gegenüberliegenden Ufer herüber. Jochen verschwand nach diesem Seufzer gänzlich im Gras.

Birgit legte enttäuscht ihr Baguette auf den Tisch. "Jetzt muss der mich an die Schule erinnern!" Ihre Stimmung war plötzlich auf den Nullpunkt gesunken.

"Ist etwas Besonderes morgen?" fragte ich besorgt und neugierig zugleich. Birgit schien etwas zu bedrücken.

"Gestern lag ein Zettel in meinem Fach. Ich soll morgen in der Pause zum Chef kommen. Ich habe keine Ahnung, was er will."

"Es wird schon nichts Schlimmes sein." versuchte ich sie zu beruhigen. Aber ich sprach ganz gegen meine Überzeugung. Denn die Erfahrung hatte gelehrt, dass ein Zettel nur in "dringenden" Angelegenheiten eingesetzt wird. Dabei trägt die angestrebte schwebende Ungewissheit auch angenehm zur Verunsicherung der Betroffenen bei. Bei Nichtigkeiten greift Brehmer gewöhnlich zum Gespräch zwischen Tür und Angel. Aber Birgit war Referendarin, und als solche war sie von guten Noten und einem wohlwollenden Gutachten der Zweigschule abhängig. Da machte sich ein Zettelchen als erstes Schleifpapier mit Feinkörnung immer gut. Diese Methode hatte sich anscheinend bewährt.

"Hast du dich vielleicht in einer der letzten Schul- oder Stegreifaufgaben pädagogisch nicht bewährt?" spielte Gero den advocatus diaboli.

"In der letzten Stegreifaufgabe in Geschichte waren zwar einige schlechte Arbeiten dabei, aber aufs Ganze gesehen waren die Leistungen gut." Birgit versuchte sich schon ernsthaft zu verteidigen.

"C'est la vie!" Mit diesem Schlussakkord ergriff Gero seinen Strohhut, den er an einem morschen Ast aufgehängt hatte, rutschte zurück auf die Decke und legte sich die Kopfbedeckung auf das Gesicht als Schutz gegen die Sonnenstrahlen, die spielerisch durch die wiegenden Zweige flimmerten .

Jutta und Birgit räumten Besteck und Überreste in die Körbe und deckten die Tücher darüber. Dann spazierten sie los, und Jutta schien Birgit noch einmal zu beruhigen. Aber ich konnte keine Einzelheiten mehr vernehmen, denn ihr Gespräch verlor sich zum See hin. Ich legte mich neben Gero auf den Bauch und döste gesättigt im Halbschatten vor mich hin.

Das Pärchen

Als ich am nächsten Morgen um den Treppenabsatz bog, fiel mein Blick sogleich auf ein Pärchen, das sich im Foyer des ersten Stockes angeregt unterhielt. Ich schaute überrascht auf die Uhr, denn Brehmer war um diese Morgenzeit selten bereits im Gebäude. Birgit hatte Frühaufsicht. Das hatte sie gestern am See noch angedeutet, als wir die Heimreise antraten. Wie eine Felsgruppe in der Brandung standen die beiden in der Flut der hereinströmenden Schülerinnen. Ich grüßte unbeachtet und strebte gedankenversunken dem Lehrerzimmer zu.

Wenig später betrat Jochen den Raum. "Hast du Birgit gesehen?" fragte er besorgt. "Es sieht aus, als ob der Alte sie wegen irgend einer Angelegenheit ganz schön in die Zange nimmt. Sie wirkte sehr verunsichert."

"Wenn der Alte so früh im Haus ist, muss das eine besondere Bewandtnis haben. Und ich dachte, er wollte Birgit erst in der Pause sprechen. Aber jetzt zieht er die Schau coram publico ab. Da steckt Methode dahinter. Fragt sich nur welche?" Ich stand auf und nahm meine Tasche in die Hand. Die Uhr an der Stirnseite des Raumes klickte auf zwei Minuten vor acht. Es war Zeit für den Unterricht. Als ich auf den Flur hinaustrat, sah ich am anderen Ende Birgit einsam und vom Chef verlassen ihre Wache halten. Als ich auf gleicher Höhe mit ihr war, zog ich fragend die Augenbrauen nach oben. Birgit tippte ihren Zeigefinger an die Schläfe, eine Aussage, die einerseits eindeutig genug war, andererseits keine präzisen Schlüsse zuließ.

In der Pause warteten wir - Jochen hatte auf dem Weg zum Lehrerzimmer Jutta über das mysteriöse Zwiegespräch informiert - gespannt auf Birgits Erscheinen. Dann kam sie, mit gebremster Wut im Bauch, warf ihre Tasche auf den Tisch, setzte sich, stützte den Kopf auf die rechte Hand und japste zu mir herüber "Hast du mal 'ne Zigarette für mich?"

Im ersten Moment war ich perplex, denn Birgit war nur Gelegenheitsraucherin, d.h. ab und zu animierte sie die ausgelassene Stimmung bei Festen oder geselligen Zusammenkünften dazu, eine Zigarette zu genießen, oder sie 'musste' in Gewitterstimmung im wahrsten Sinne des Wortes Dampf ablassen.

Ich hielt Birgit meine "Krone" hin und gab ihr Feuer. Sie nahm einen tiefen hastigen Zug. Keiner stellte eine Frage, aber sie wusste, worauf jeder wartete.

"So ein Idiot!" fauchte sie. "Der glaubt wohl, ich lasse mich unter Druck setzen. Weißt du noch, was ich gestern über die Geschichtsex gesagt habe? Sie ist nicht schlecht ausgefallen. Aber ein paar Fünfer und Sechser waren dabei. Ruft doch die Mutter von der Tröster Sonja beim Chef an, er solle einmal überprüfen, ob die Referendarin nicht zu schwere Fragen gestellt habe. Außerdem sei die Korrektur übermäßig streng. Und er kommt doch glatt daher und legt mir nahe, 'die Korrektur nochmals zu überprüfen. Vielleicht hätte ich in der einen oder anderen Frage die Erwartungen zu hoch gesteckt'. Als ich ihm erklärte, dass ich die Stegreifaufgabe dem Sigi vorher gezeigt hätte, wand er sich und druckste herum, dass Herr Baumert - ihr Betreuungslehrer - die Leistungen der Schülerinnen vielleicht auch überschätzt hätte. Ich wies ihn weiter darauf hin, dass die anderen gut gearbeitet und nur diejenigen, die offensichtlich nichts gelernt hatten, die Noten 5 und 6 erhalten hätten. Jetzt merkte er, dass ihm die Argumente ausgingen. 'Noten 5 und 6 in einem Lernfach sind bei Mädchen fast ausgeschlossen.'- Birgit ahmte in schnippischem Ton Brehmers Schnaufen nach, das ihn befiel, wenn er argumentativ den Boden unter den Füßen verlor. - 'Es geht doch nicht an, dass eine Schülerin wegen Geschichte bei einer Referendarin durchfällt.' "

"Das ist der wahre Grund. Er will nicht, dass jemand durchfällt. Es ist immer wieder die gleiche Masche: Sanften Druck ausüben. Mich hat er neulich auch kommen lassen wegen meiner Mathe-Schulaufgabe. Der Schnitt hat gepasst, aber es waren IHM zuviel Fünfer und Sechser dabei. Ich soll in der nächsten Schulaufgabe auch den schwächeren Schülerinnen eine Chance geben. Der fragt nie 'Sind es Leichtsinnsfehler oder Verständnisfehler oder nicht gelernte Formeln'. Das will er gar nicht hören, und wenn du ihm diese Argumente vorlegst, kommt der dezente Hinweis auf den pädagogischen Versager."

Hans Ritter, der aufgrund unserer zusammengesteckten Köpfe einen "Fall" witterte, hatte sich zu uns gesellt und sich mit beiden Händen gegenüber Jutta auf den Tisch gestützt. In aufgebrachtem Ton hatte er sowohl seinem Unmut Luft gemacht, wie er auch fortfahrend seine Entschlossenheit Birgit gegenüber zum Ausdruck brachte: "Lass dich ja nicht unterkriegen!"

"Ich sehe gar nicht ein, weshalb ich der Sonja eine Sonderbehandlung zukommen lassen soll. Ich wüsste nicht, wo da der Fehler bei mir liegt." Birgit hatte sich zum Widerstand entschlossen, denn ihre Stimme klang wieder gefasster.

"Jetzt musst du dich allerdings auf ein Dauerfeuer einstellen. Er wird schon aus Prestigegründen hartnäckig sein Prinzip 'Steter Tropfen - oder wenn's ein bisschen mehr sein soll - höhlt den Stein' verfechten." Ritters Intonation verlieh seinen Worten prophetischen Charakter.

Von diesem Tag an konnte das Kollegium in unregelmäßigen Intervallen allerorten beobachten, wie sich Birgit und Oberstudiendirektor Brehmer in angeregten Zwiegesprächen unterhielten. Dieser Gedankenaustausch erreichte - wie uns Birgit später mitteilte - seinen Höhepunkt, als Oberstudiendirektor Brehmer die *Frau Kollegin* per Botin zu einer dienstlichen Privataudienz in das Direktorat bat. In dem vertraulichen Gespräch zog Oberstudiendirektor Brehmer alle Register seiner Überredungskünste - das Wohl der Familie Tröster lag ihm dabei anscheinend besonders am Herzen. Als Birgits harte Oberfläche unter den warmherzigen Worten ihres Chefs keinerlei Aufweichungserscheinungen zeigte, gab ihr Oberstudiendirektor Brehmer fürsorgend zu verstehen, dass sie doch ihre Zukunft nicht ganz außer Acht lassen solle, gerade in der heutigen Situation, wo doch eine Anstellung keineswegs gesichert erscheine. Birgit war jedoch nicht die Frau, die sich mit windigen Argumenten und versteckten Drohungen kaufen ließ. Sie wusste - und Brehmer wusste dies auch - dass sie sich aufgrund ihrer ausgezeichneten Examina kaum Sorgen um eine Anstellung zu machen brauchte. Als ihm Birgit diese Tatsache mit einer gewissen Genugtuung (das räumte sie später ein) und unzulässigem Selbstbewusstsein vor Augen führte, spürte sie, wie Brehmer hilflos in ein unendliches Loch zu fallen drohte. Doch das Schicksal warf in dieser ausweglosen Lage seinem Günstling einen Rettungsanker zu. Wie ein deus ex machina stand plötzlich Frau Schnarrenberg, eine der Sekretärinnen, in der Tür. Sie entschuldigte sich mit hühnerartigen Kopfbewegungen für die Unterbrechung, aber Herr Oberstudiendirektor möchte die beiden Schreiben unterzeichnen, da sie noch heute mit der Post weggeschickt werden müssten. Mit diesen Hinweisen legte sie eine Schriftenmappe geöffnet auf den Schreibtisch. Nach Erledigung seiner Pflicht klappte Oberstudiendirektor Brehmer die Mappe zusammen und reichte sie Frau Schnarrenberg. Als diese schon beinahe zur Tür enteilt war, stoppte Brehmer ihren Bewegungsdrang mit den Worten: "Ach! Frau Schnarrenberg! Sind die Gutachten für die Referendare schon geschrieben?"

"Nein, Herr Oberstudiendirektor!" Frau Schnarrenbergs Stimme klang überrascht und verunsichert. Hatte sie etwa in ihrem Diensteifer diese Anweisung überhört? "Aber wir wollten dies heute Nachmittag erledigen, wenn wir etwas Luft haben", fügte sie sicherheitshalber schnell hinzu. Es war nicht festzustellen, ob sie dies als eine Schutzbehauptung in den Raum stellte oder ob der Zeitplan bereits so geregelt war.

"Stellen Sie die Gutachten noch zurück! Es muss das eine oder andere noch besprochen und bedacht werden. Ich werde Ihnen dann Bescheid geben." Brehmer gab sich alle Mühe, seinen Worten den Anschein von Routine zu verleihen. Birgit allerdings entging die gezielte brutale Drohung nicht und sie wusste nun endgültig, wie der Hase lief. Brehmers Augen durchzuckte ein triumphales Leuchten, und sein inneres Lachen über seine eigene Gewitztheit muss ihn noch in seinen Zehen gekitzelt haben.

Als Birgit den Ort der Unterredung verließ, war sie ruhiger als sonst in diesen Bearbeitungsgesprächen. Die letzten Zweifel, dass sie vielleicht ungerecht gegenüber Sonja sein könnte, waren ausgeräumt. Brehmer ging es nicht um Gerechtigkeit. Dazu fehlten ihm die Argumente. Warum hat er die anderen 5er und 6er der Stegreifaufgabe nur pauschal in Betracht gezogen und behandelte Sonja als Sonderfall? Frau Tröster war eine Dame der Gesellschaft und pflegte viele offizielle Beziehungen. Folglich könnte sie als Multiplikator der Schule und vor allem dem Schulleiter Menschlichkeit absprechen. Ihr mütterlich egoistisches Interesse wäre dabei allzu verständlich. Doch darf man sich diesem in einem solchen Fall unterwerfen? Brehmer wollte und durfte keineswegs als der Falke im Hühnerstall erscheinen. Die Einmaligkeit seines Mädchengymnasiums in näherer und weiterer Umgebung wies ihm die Richtung. Als Hahn im Korb und Glucke in Notfällen hatte er seinen Bruttrieb zu solchem Exzess gesteigert, dass er seinen Küken ein Leben ohne Anstrengung ermöglichen, in ihnen aber nicht die Fähigkeit entwickeln wollte, Schwierigkeiten im Leben zu sehen, geschweige denn zu bewältigen. Birgit konnte und wollte dieser Blindheit nicht folgen. Doch Keller, der schon in vielen Auseinandersetzungen in Fach- und Personalangelegenheiten erprobt war, machte ihr klar, dass die Endabrechnung in den bevorstehenden Notenkonferenzen stattfinden würde.

Das Tribunal

"Wer so eigensinnig ist, weder seine Vernunft noch seine Redlichkeit noch schließlich seinen Takt irgendeiner widersinnigen, törichten Konvention der Gesellschaft zu beugen, wer niemals nachgibt, wenn seine Interessen Nachgiebigkeit verlangen, steht schließlich hilflos da, ohne einen anderen Freund als das Abstraktum "Tugend", bei dem man verhungert."

(Chamfort)

Notenkonferenzen haben an unserer Schule zwei unterschiedliche Gesichter. Bei Schülern mit den Noten 1 - 4 im Zeugnis werden sowohl die Schülerinnen als auch ihre Klassenlehrer mit Wohlwollen behandelt. Bei Besprechung und Begutachtung des Notenbogens seitens des Herrn Oberstudiendirektor vor dem versammelten Klassenkollegium fließt die eine oder andere mehr oder weniger wichtige Bemerkung über die jeweils zur Diskussion stehende Schülerin ein. Oberstudiendirektor Brehmer macht dabei einen lockeren und jovialen Eindruck, denn es ist eine für alle Beteiligten erfreuliche Angelegenheit, wenn sich die Schülerinnen aus der Gefahrenzone herausmanövriert haben. Dies ist insoweit verständlich und Anlass zur Freude.

Dass die Angelegenheit bei Schülerinnen mit 5 und 6 im Zeugnis ernsten Charakter bekommt, steht in der Natur der Sache. Doch dass Dr Jekyll und Mr Hyde jetzt ihre Sternstunde erleben, kann durch vielfache gleichgeartete Vorkommnisse belegt werden. Denn nun geht es um die Durchfallquoten der gesamten Schule, die zwecks Statistik nach oben an das Kulturministerium weitergeleitet werden müssen. Auch hier hat sich ein Landesdurchschnittswert eingepegelt, der jährlich mit erhobenem Zeigefinger an die Schulen verschickt wird und den man besser nicht allzu sehr über- oder unterschreiten sollte. Eine dienstliche Nachfrage wäre dann zu befürchten. Und Oberstudiendirektoren fürchten sich nach oben gar nicht gerne - und nach unten kennen sie sowieso keinerlei Furcht.

So war auch Birgit eines der Opfer, das auf dem Altar des Direktorenschreibtisches seine Existenzberechtigung als Lehrer verlieren sollte. Natürlich war sie vorgewarnt. Aber was Sie heute erlebte, ließ sie an aller Menschenachtung zweifeln.

Oberstudiendirektor Brehmer betrat mit mehreren Aktenordnern, die die Notenbögen der Schülerinnen verschiedener Klassen enthielten, den Silentium-Raum, der den Lehrern, die ungestört Korrektur- oder Verwaltungsarbeiten verrichten wollten, als Ruheoase, zu Notenkonferenzen dem Herrn Oberstudiendirektor als Besprechungs- und Exekutionsort diente. Nachdem er an der Stirnseite mehrerer zusammengestellter Tische Platz genommen und die Ordner seitlich zurechtgelegt hatte, blickte er prüfend in die Runde, ob auch alle Kollegen der Klasse 9a, die jetzt zur Besprechung anstand, anwesend wären. Er schaute dabei abwechselnd auf die Lehrerliste, die dem Ordner beigeheftet war, und den abzuhakenden Lehrer. Seltsamerweise machte er bei den Namen Toberg (Latein), Pollak (Mathematik) und Kollman (Geschichte) jeweils eine kurze Pause und fragte scheinheiligerweise nochmals nach, ob die aufgerufenen Kollegen auch wirklich anwesend waren: "Herr Kollege Toberg? - Herr Kollege Toberg?" Dabei neigte er sich gekünstelt zur Seite, so als ob er *Herrn Kollegen Toberg* erst jetzt sehen könnte, obwohl sich dieser keineswegs versteckte. "Ach ja!" stellte er dann dessen Anwesenheit fest. Kurz darauf wiederholte sich das Spielchen - die Namen der Lehrer wurden in einer vom Notenbogen vorgegebenen Reihenfolge der Fächer vorgelesen - : "Herr Kollege Pollak? - Herr Kollege Pollak?". Erneute Seitenbewegung des Herrn Oberstudiendirektors - *Herr Kollege Pollak* saß neben *Herrn Kollegen Toberg* - "Ach ja!" - Erneute Pause - Die Kollegen der Fächer Physik, Chemie, Biologie wurden jetzt einmalig aufgerufen. Dann folgte *„Frau Kollegin Kollman?"* - mit Seitenbewegung, aber einmaligem Aufruf. Hier erschien Herrn Oberstudiendirektor Brehmer eine allzu lange Kontaktsuche zu gewagt. Die Spannung hatte einen Punkt erreicht, den sie im Verlauf dieser Klassenkonferenz nicht mehr unterschreiten sollte.

Die Besprechung der einzelnen Schülerinnen begann mit "Bergmann Sabine". Nach Überprüfung zeigte sich als Besonderheit nur, dass sie wegen einer natürlichen Kreislaufschwäche teilweise vom Sportunterricht befreit war. Der einschlägige Paragraph der GSO wurde zur Aufnahme in das Protokoll - dieses Mal war Herr Kollege Ritter verschont geblieben - von der Sportlehrerin bestätigt. Die Reihe setzte sich fort mit Brunner Helma, Eckert Verena, Ellmann Kathrin, Enzler Sabine, Franke Stephanie, Fritz Maria - Hier entstand erstmals eine Kunstpause. Brehmer tat so, als ob er erst jetzt etwas Auffälliges entdeckt hätte, obschon jeder im Raum wusste, dass er sich mit den Notenbögen bereits vor der Konferenz intensivst beschäftigt hatte, stets auf der Suche nach korrigierbaren 'Versehen'.

"Wer hat Mathematik in der Klasse?" fragte Brehmer lauernd in die Runde. Sein Blick blieb dabei an einem bestimmten Punkt des bedruckten Papiers haften.

"Ich", meldete sich Kollege Pollak artig, wohlwissend, dass er jetzt auf den Prüfstand musste.

"Ist das richtig, dass hier in Mathematik eine 5 steht?" begann Brehmer sein schleichendes Verhör. "Die Note fällt zu den anderen Fächern doch gewaltig ab. Das erscheint ungewöhnlich. Ich kenne die Maria als ein fleißiges Mädchen. Haben Sie ihr genügend Unterstützung angeboten? Ich kann mir vorstellen, dass sie gezielte Hinweise umsetzen kann. In der mündlichen Note scheint mir die Schülerin etwas schlecht weggekommen zu sein. Können Sie bitte einmal die einzelnen mündlichen Noten vorlesen!"

Brehmers subtile Sezierarbeit hatte begonnen. Pollak wurde verständlicherweise nervös. Nicht dass seine Noten nicht korrekt wären; er war noch ein jüngerer, aber gewissenhafter Kollege. Doch seine Kompetenz und Seriosität wurden in diesem Augenblick gezielt angezweifelt. Er kam sich vor den anderen Kollegen bloßgestellt vor, dass er sich am liebsten in einem empörten Wortschwall rechtfertigt hätte. Doch er wusste bereits aus früherer Erfahrung, dass Oberstudiendirektor Brehmer solche 'Hitzköpfe' auflaufen ließ: "Herr Kollege! Ich will nicht Ihre Note anzweifeln. Ich habe nur ein berechtigtes Interesse daran zu erfahren, wie sich die Gesamtnote der Schülerin errechnet. Es scheint mir nicht ganz einleuchtend, dass eine Schülerin eine vielleicht schlechte schriftliche Leistung nicht durch eine entsprechende mündliche ausgleichen konnte. Wenn dies nicht der Fall ist, haben Sie meiner Meinung nach der Schülerin nicht die erforderliche Aufmerksamkeit geschenkt. Bitte geben Sie vor allem den weniger guten Schülerinnen immer wieder eine Chance. Wir wollen doch nicht, dass uns die Eltern vorwerfen, wir kümmerten uns zu wenig um die uns anvertrauten Kinder!" -

"Drei, fünf, vier, vier, fünf", gab Pollak wunschgemäß Auskunft. "Dazu noch drei Stegreifaufgaben: vier, vier, fünf."

Brehmer hatte sich die Noten notiert und begann zu rechnen. 4,25. Er kontrollierte das Ergebnis mit dem Notenbogen.

"Herr Kollege Pollak, eine so schlechte mündliche Note können Sie mir gegenüber in Zukunft nicht mehr rechtfertigen. Das nimmt Ihnen kein Mensch ab, dass eine Schülerin mündlich so schlecht arbeitet! Ich erwarte von Ihnen diesbezüglich größeres Engagement!" Brehmer blätterte demonstrativ den Notenbogen um, um zu zeigen, dass dieser 'Fall' abgeschlossen war.

"Funkel Ramona - Gebauer Judit - Gerhardt Jutta - Gerlind Anemarie - ; Wer hat Mathematik in der Klasse? - Ach ja, Herr Kollege Pollak. - Herr Kollege Pollak, die Anemarie Gerlind scheint auch eine schwache Mathematikschülerin zu sein?" Brehmers Ironie war kaum zu überhören. Kollege Pollak nahm es mit einem gequälten Lächeln zur Kenntnis.

"Grabert Astrid - Wer hat Latein in der Klasse?"

"Ich", meldete ich mich zu Wort.

"Ach ja - Herr Kollege Toberg. - Herr Kollege Toberg, mir ist bei der Durchsicht der bisherigen Noten aufgefallen, dass eine nicht unerhebliche Anzahl von Schülerinnen die Note 4-Komma in Latein als Zeugnisnote stehen hat. Die Astrid Gerlind hat gar eine 5,36. - Also Herr Kollege" - Oberstudiendirektor Brehmer lehnte sich in seinem Stuhl zurück und nahm seine Lesebrille ab - "eine 5,36 muss wohl ihre Ursachen haben. Wie erklären Sie sich ein solches Notenbild? Die Schülerin muss ja nach Ihrer Auffassung gar nichts können. Können Sie wirklich soweit gehen zu behaupten, dass die Schülerin Astrid Gerlind in Latein nichts gelernt hat?"

Brehmers provozierende Frage kam nicht unerwartet, denn ich hatte hinreichend Gelegenheit gehabt, seinen Jargon zu studieren.

"Ob sie etwas gelernt hat, weiß ich nicht," antwortete ich nüchtern. "Ich muss nur feststellen, dass sie eine Übersetzung in Latein nicht besser bewältigen kann, als sie dies in diesem Schuljahr getan hat. Wenn Sie sich die Arbeiten genau angesehen haben - und ich gehe davon aus, dass dies geschehen ist, denn Sie sind der Fachbetreuer - werden Sie festgestellt haben, dass ein Großteil der Fehler auf erhebliche Lücken im Wortschatz zurückzuführen ist. Und ein sicherer Wortschatz ist eine reine Lernsache."

"Glauben Sie nicht auch, dass man Schüler mit der *Art* des Wortschatzes in einer Schulaufgabe überfordern kann?"

"Wenn man ein exotisches Vokabular verwendet, sicherlich. Sie werden nicht behaupten können, dass ich in dieser Hinsicht den Hang zu Exotischem habe. Meine Schulaufgaben stützen sich nachweislich auf allgemein gängigen Stoff." Diesen Hinweis erachtete ich als notwendig, obgleich ich in Einzelbesprechungen Oberstudiendirektor Brehmer stets auf diese Tatsache aufmerksam gemacht hatte. Auch in einer Notenkonferenz war ich nicht gewillt, mir Dinge, die ich nicht zu verantworten hatte, auf heimtückische Art in die Schuhe schieben zu lassen.

Brehmer begnügte sich mit diesem Vorgeplänkel und ging zur

nächsten Schülerin weiter - "Gruber Melanie". Kaum hatte er das Blatt glattgestrichen, da war er auch schon bei Kollegen Pollak fündig geworden.

Wie uns später ein Kollege, der dem Direktor in dieser Konferenz sehr nahe saß, mitteilte, war die Abschussliste, wie nicht anders zu erwarten, gezielt vorbereitet worden. Besagter Kollege hatte eine unscheinbare, aber regelmäßige Besonderheit bei den Notenbögen entdeckt, die zur individuellen Seelenmassage vorgemerkt waren. Jedes der in Frage kommenden Blätter war mit einem unauffälligen kleinen Eselsohr in der rechten oberen Ecke gekennzeichnet. Es genügte also schon beim Umblättern ein gezielter Blick auf diese Stelle, um Brehmers Verhöre in Gang zu setzen.

"Herzler Karin ..."

Der Reigen der Schülerinnen setzte sich fort, und zweimal noch mussten Kollege Pollak und ich Herrn Oberstudiendirektor Brehmer Rechenschaft über unsere 'zweifelhaften' Noten geben. Aber all dies rückte immer stärker in den Hintergrund, je näher wir dem Buchstaben T des Alphabets kamen. Jeder der anwesenden Kollegen wusste, dass die eigentliche Auseinandersetzung mit "Sonja Tröster" ihren Lauf nehmen würde. Birgits Feuerproben hatten sich inzwischen im gesamten Kollegium herumgesprochen, und sie hatte auch die unterschiedlichsten Ratschläge, je nach Einstellung zu Oberstudiendirektor Brehmer, erhalten...

"Tröööster Sonjaa" - Brehmer las den Namen langsamer vor als die anderen, beinahe nachdenklich, und machte eine überlange Pause, während der er den Notenbogen mit den Augen von oben bis unten und von unten bis oben abtastete. Sein eigenes Vorhaben schien ihn nervös zu machen, denn was er nun in Szene setzen wollte, erforderte ein gehöriges Maß an Unverstand, den er jetzt zusammennehmen musste.

"Das Mädchen ist gar nicht so schlecht!" - Jetzt lief seine Presse an. Er rückte seine Lesebrille zurecht und fuhr mit dem Zeigefinger nach oben zu dem ersten Fach auf dem Notenbogen. Seine Stimme war ruhig. Gefasst ruhig. "Sie hat in Religion eine 'Eins'. - Herr Pfarrer Bohl, Sie sind der Religionslehrer in der Klasse. Welchen Eindruck haben Sie von unserer Sonja?"

Pfarrer Bohl, dessen Aufmerksamkeit durch die Nennung des Faches 'Religion' bereits auf den Sprecher gelenkt war, erklärte: "Ich kann mich nicht beklagen. Sie ist eifrig und macht im Unterricht mit. In den Extemporalien hat sie gute und sehr gute Leistungen erzielt."

Brehmers Finger rutschte eine Spalte nach unten. - "Deutsch 'Drei'. - Herr Kollege Seiffert, wie ist das mit der Drei, ist es eine gute oder schlechte Drei?"

Herr Kollege Seiffert hatte seine Unterlagen schon zur Hand. "Es ist eigentlich ein guter Dreier - 2,72. Das müsste so auch im Ordner stehen."

"Ach ja, hier bei der Gesamtkommazahl!" Bremer ließ sich in keiner Weise in seinem Spiel unterbrechen, obwohl es ihm eigentlich peinlich sein musste, den Unwissenden zu spielen, wusste doch jeder der Anwesenden, dass die Gesamtnote neben der dezimallosen Zeugnisnote stand.

"Sie hat in der zweiten Schulaufgabe leider nur eine Vier bekommen. Da hat sie etwas am Thema vorbei geschrieben, aber das war wohl ein Ausrutscher. Ansonsten hat sie zwei Zweier und einen Dreier geschrieben." Kollege Seiffert wollte seine detaillierten Aufzeichnungen niemandem vorenthalten: "Im Mündlichen erhielt sie vier Mal die Drei und zwei Mal die Zwei."

"Danke, Herr Kollege Seiffert!" - Erneuter Blick auf das Papier - erneute Pause - "Wie kommt es, dass die Schülerin in den beiden modernen Fremdsprachen so unterschiedliche Leistungen aufweist, Englisch 4, Französisch 1? - Herr Kollege Bongarz, was macht ihr denn in Englisch so zu schaffen? Wenn ich mich recht entsinne, hat sie doch letztes Jahr an einem Schüleraustausch in England teilgenommen. Ist da nicht etwas abgefallen?"

Bongarz rutschte unruhig auf dem Stuhl hin und her. "Ich fürchte, sie hat das zu oberflächlich genommen. Sie macht erhebliche Leichtsinnsfehler. Auch im Mündlichen achtet sie zu wenig auf die Grammatik."

"Nun, in Französisch scheint das nicht der Fall zu sein. - Herr Kollege Beer", Brehmer setzte seine Lesebrille wieder ab und blickte zu dem Fachlehrer hinüber, "die Sonja scheint doch einen guten Einstand in Französisch vorzuweisen. Konnten Sie auch grammatikalische Schwächen feststellen?"

Brehmers Taktik zeichnete sich ganz deutlich ab. Nach Deutsch wäre das Fach Latein an der Reihe gewesen. Hier hatte ich der Schülerin allerdings als Zeugnisnote eine Fünf eintragen müssen. Doch für eine Auseinandersetzung schien es Brehmer noch zu früh. Erst wollte er die modernen Sprachen gegeneinander ausspielen, um die Isolation der 'schwarzen Schafe' besser betreiben zu können. Außerdem erhöhte sich dadurch die Spannung, und Spannung schafft innere

Unruhe, und innere Unruhe führt zu stotternden Argumenten, vor allem, wenn man unvorbereitet getroffen wird. Und diese Ungewissheit der Kollegen wollte sich Brehmer noch eine Weile erhalten. Obwohl er sonst kein Mann der Dramatik war, verstand er es, die retardierenden Momente geschickt einzusetzen. Der Deutschunterricht seinerzeit hatte doch langlebige Früchte getragen.

Beer brauchte aufgrund seiner Note keinerlei Unsicherheit aufkommen zu lassen. "Also die Sonja hat sich gut in die französische Sprache eingearbeitet. Man muss allerdings bedenken, dass es das erste Lernjahr ist, in dem die Schwierigkeiten dieser Sprache noch nicht so durchschlagen." Ob er den Nachsatz in weiser Voraussicht auf eventuelle Rückschläge anfügte, oder um den Druck, der auf Kollege Bongarz lastete, abzumildern, ließ sich nicht mit letzter Sicherheit entscheiden. Kollege Bongarz allerdings gab durch mehrmaliges bestätigendes Kopfnicken deutlich zu erkennen, wie er diese Aussage interpretierte.

Das nächste Fach, Mathematik, wurde von Brehmer schweigend übergangen. Obwohl eine 'Vier', blieb Kollege Pollak von weiteren Anfechtungen verschont. Oberstudiendirektor Brehmer hatte seine Kampfeslust an diesem Kollegen anscheinend befriedigt. Physik, da Note 'Drei', passierte unbeanstandet. Biologie und Erdkunde dagegen waren als Lernfächer wieder interessant. Beide Fachlehrer konnten eine 'Drei' vorweisen, also eine Note, mit der sie in ruhigeren Gewässern segelten. Trotzdem meinte Oberstudiendirektor Brehmer, weiterhin Wissenswertes über die Schülerin Sonja Tröster für die versammelten Kollegen in Erfahrung bringen zu müssen. Bei diesem Tribunal fungierten die Kollegen nolens volens als Opfer und Täter zugleich.

"Eine Drei ist ja keine schlechte Note, Herr Kollege Biller! Sind Sie zufrieden mit der Schülerin?" Ein leichtes Lächeln, das um Brehmers Mund spielte, deutete die Scherzhaftigkeit der Frage an. Er beabsichtigte nicht, Kollegen Biller zu nahe zu treten. Hatte er ihn doch für höhere Aufgaben ins Auge gefasst.

"In Biologie kann ich nichts aussetzen. Die Sonja zeigte durchschnittliche Leistungen. Sie könnte aber auch ein bisschen mehr leisten!" Billers Gesicht spiegelte Brehmers Lächeln wider.

"Das kann ich nur bestätigen", setzte Kollege Thomas schnell hinzu und freute sich im Stillen, dass er mit einer so kurzen Bemerkung davongekommen war, denn Oberstudiendirektor Brehmer ließ die Aussagen auf sich beruhen. Eine andere Diskrepanz drängte ihn weiter.

"*Kunsterziehung* 'Eins', *Musik* 'Zwei', aber *Sport* 'Vier'! - Frau Kollegin! Eine Vier in Sport!" - Oberstudiendirektor Brehmer verzog spaßig das Gesicht und wiegte den Kopf in gespielter Kränkung hin und her. Sport war schließlich kein Vorrückungsfach, da war Lockerheit angebracht.

"Die braucht nur ihren Hintern etwas mehr zu bewegen..."

"Aber Frau Kollegin!"

"Nein, das muss man noch sagen dürfen!" - Sie durfte. Frau Diplomsportlehrerin Obermeier nahm sich in ihren Aussagen kein Blatt vor den Mund, was die Charakterisierung ihrer Schülerinnen (wahrheitsgemäß) betraf. Außerdem lebte sie in einer Art kollegialem Hund-und-Katz Verhältnis mit Oberstudiendirektor Brehmer, welche Tatsache ihre Erklärung später findet. - "Die ist zu faul..., ja ich muss es so hart sagen", erstickte sie Brehmers Ansatz eines Einwandes gleich im Keim, "zu faul zum Laufen. Die müssen Sie mal beim Weitsprung erleben!" Frau Obermeiers Stimme unternahm dabei einen leichten Höhenflug, begleitet von einer unterstreichenden Handbewegung. "Da müssen Sie Angst haben, dass die überhaupt die Sprunggrube erreicht! Sie bräuchte nur schneller anlaufen! Aber das ist dem Fräulein wohl zu anstrengend!" Ihre Stimme war wieder auf Ausgangsniveau gelandet. "Aber in der Diskothek..." - der neue Gedanke ließ Frau Kollegin Obermeier wieder durchstarten - "entwickelt das Mädchen eine Kondition, dass man sich nur wundert...!" Ein tiefer Atemzug deutete auf eine Fortsetzung hin, die von Oberstudiendirektor Brehmer, jetzt mit einem doch hörbaren Lachen, mit den Worten unterbunden wurde: "Frau Kollegin! Das war nicht so ernst gemeint."

Doch 'Frau Kollegin' wusste aus Erfahrung, dass Vorsicht besser als Nachsicht war, und fügte abschließend hinzu: "Da muss ich mich schon rechtfertigen!" -

Oberstudiendirektor Brehmer setzte seine Lesebrille wieder auf und beugte sich über den Notenbogen der Schülerin Sonja Tröster.

"Meine Damen und Herren, wir müssen jetzt über die weitere Zukunft der Schülerin beraten." Brehmer machte eine kurze Pause und blickte demonstrativ in die Runde.

"Die Schülerin rückt nicht vor, weil sie in den Fächern Latein und Geschichte die Note 5 erhalten hat." Brehmers Sätze wurden langsamer und gedehnter.

"Wir müssen natürlich über die Ursachen reden und darüber, ob die Schülerin diese Leistungen selbst zu vertreten hat."

Mit diesem Satz gab Brehmer den Weg für die anstehende Argumentation vor. Es war jetzt nur noch die Frage, wie viele Kolleginnen und Kollegen sich dieser Vorgabe unterwerfen würden, sei es durch Zustimmung oder durch verschüchtertes Schweigen. Brehmer kannte den Habitus und die geheimen Ziele seiner Beamten sehr gut. Diese Erkenntnis machte er sich rücksichtslos zunutze. Nachdem die Weichen so gestellt waren, begann die Einzelbefragung der bisher ausgegrenzten Personen.

"Herr Kollege Toberg!" - Brehmers aufgesetzt ruhiger Ton wirkte schneidend. "Die Sonja hat sich bei Ihnen sehr verschlechtert. Sie hat letztes Jahr in Latein eine 'Drei' gehabt. Haben Sie diesen Stand bei den Schülerinnen nicht halten können?" - Brehmer wartete auf die Wirkung seiner pädagogischen Keule. Dass diese von allen Kollegen verstanden wurde, zeigte der versteckte Positionswechsel ihrer Füße, das Verschränken oder Zurücknehmen ihrer Hände oder das kurze Hin- und Herrutschen ihres Gesäßes.

Ich selbst hatte meine klare Linie, und die gezielten Herabsetzungen von seiten Brehmers, die ich im Laufe der Zeit als angelernte Primitivitäten enttarnt hatte, konnten mich nicht provozieren. Meine Aussagen war stichhaltig und konnten schwarz auf weiß nachgeprüft werden, eine Tatsache, die Brehmer grundsätzlich ignorierte. Ich blieb trotz einer nicht zu leugnenden Anspannung ruhig.

"Was die Sonja im letzten Schuljahr in Latein gehabt hat, weiß ich nicht. Ich weiß nur, dass sie bei mir in den Schulaufgaben vier Mal die Note 5 geschrieben hat. Als Fachrespizient haben Sie sicherlich auch festgestellt, dass die schlechten Noten in hohem Maße auf erhebliche Wortschatzlücken zurückzuführen sind. - Es ist in der Tat verwunderlich, wenn die Schülerin bei diesem Kenntnisstand im letzten Schuljahr eine 'Drei' in Latein gehabt hat! Es wäre außergewöhnlich, wenn eine Schülerin über die Sommerferien so viele Wörter vergessen würde, dass sie von einer 'Drei' auf eine 'Fünf' absinkt! Auch muss ich darauf hinweisen, dass die Sonja im Mündlichen nur eine Durchschnittsnote von 4,25 hat. Das zeigt doch wohl, dass sie es ebenso an persönlichem Einsatzwillen fehlen ließ..."

"Sie überfordern die Schülerinnen! Sie verlangen Leistungen, die die Schülerinnen nicht erbringen können!" platzte Brehmer ungehalten ins Wort, denn er war gegen eine solche Ausdrucksweise sehr allergisch ."Es fehlt Ihnen an pädagogischem Einfühlungsvermögen und Augenmaß! - Ich muss dies leider vor den Kollegen so deutlich sagen. - Sie kommen gerade von der Seminarschule und meinen, Sie wüssten schon alles!.."

Jetzt musste ich meinerseits Brehmer unterbrechen: "Die Schülerinnen können die Leistungen sehr wohl erbringen. Sie müssen nur dazu angehalten werden. Es ist meine Aufgabe als Lehrer, den Schülern etwas beizubringen und ihre Talente auszuschöpfen. Ich sähe es als Versäumnis meiner Pflicht an, die Fähigkeiten der Schülerinnen verkommen zu lassen. Ich bin nicht bereit, dem unberechtigten Gejammere der Schülerinnen nachzukommen, nur um Schwierigkeiten mit Ihnen aus dem Wege zu gehen! An der Seminarschule habe ich die gleichen Anforderungen gestellt, und da traten solche Schwierigkeiten in diesem Maße nicht auf. Und warum sollte ich an dieser Schule andere Anforderungen stellen?"

Oberstudiendirektor Brehmer merkte, dass er in Zugzwang geriet und im wahrsten Sinne des Wortes mit seinem Latein am Ende war. Seine Einschüchterungstaktik hatte bei mir bis jetzt versagt. - "Geben Sie mir einmal die mündlichen Einzelnoten!" schnaubte er.

"4, 3, 5, 4, 3 und drei Extemporalien mit 5", kam ich willig seiner Aufforderung nach.

Brehmers Wissensdurst war noch nicht ganz gestillt. Das ging ihm alles zu glatt. Es musste doch irgendwo eine Schwachstelle zu finden sein!

"Welcher Art waren die einzelnen Leistungsabfragen?"

So weit war Brehmer bisher noch nie gegangen. Aber vielleicht war er gewissenhafter, als ich ihn einschätzte. Nun zahlte sich die gute Seminarausbildung doch aus. Denn wir waren stets darauf hingewiesen worden, die Art der Abfrage im Notenbuch festzuhalten. Zumindest solange wir noch in der Ausbildung stünden. Als menschliches Gewohnheitstier pflegte ich den Brauch weiter. Wie nützlich Tradition sein kann, zeigte sich spätestens in diesem Augenblick.

"Die 'Vier' und die 'Drei' waren Wiederholungen, die 'Fünf' eine Wortschatzabfrage, die 'Vier' wieder eine Wiederholung und die 'Drei' eine Wortschatzabfrage. Die Extemporalien setzten sich zusammen aus Wortschatzabfrage und einer kleinen Übersetzung."

"Ihre Stegreifaufgaben fallen allgemein schlecht aus. Ich musste schon mehrere Beschwerden der Eltern entgegennehmen. Bisher habe ich Sie noch gedeckt, in der Hoffnung, dass Sie dazulernen würden. Aber wenn die Beschwerden massiert auftreten...Ich weiß nicht, ob ich dann noch hinter Ihnen stehen kann. - Sie sind der einzige Kollege an dieser Schule, der gehäuft solch schlechte Notendurchschnitte vorlegt..." Brehmers Ton wurde patzig.

"Das ist nicht richtig", musste ich mich nun doch nachdrücklicher rechtfertigen. "In meinen Stegreifaufgaben wurden auch gute Durchschnitte erzielt. Außerdem scheinen Sie zu vergessen, dass ich nur das augenblicklich letzte lockere Glied in Ihrer Kette bin."

Ob er die Andeutung verstanden hatte, blieb unklar. Denn ohne weiteren Kommentar rang er sich noch zu einem letzten prophetischen Satz durch:

"Wenn Sie weiterhin keine Einsicht zeigen, sehe ich mich gezwungen, Sie anzuweisen, die Schul- und Stegreifaufgaben mir vorher vorzulegen! - Also 'Tröster' - 'Latein' - 'Fünf'!"

Damit hatte ich bei Schülerinnen wie bei Oberstudiendirektor Brehmer meine Brandzeichen aufgedrückt bekommen: Schleifer, Knüppler, harter Hund u. Ä. -

"Geschichte! - Genau das gleiche!" - Brehmers Ton klang höchst verärgert. Diese Verstimmung hatte ihn wohl auch dazu veranlasst, ohne erkennbaren Einschnitt überzuleiten. - "Haben Sie die Schülerin noch einmal ausgefragt?" Brehmer wandte sich nun mit einem gereizten Blick Birgit zu. Die Anrede 'Frau Kollegin' brachte er anscheinend in diesem Augenblick nicht über die Lippen.

"Nein!" - Birgit wirkte zurückhaltend, aber nicht ängstlich. Sie war eher konsterniert über die bisher inszenierte Inquisition. Die Tatsache, dass der Scheiterhaufen, der jetzt angezündet wurde, für sie bestimmt war, lag offen auf der Hand.

Brehmer machte eine längere Pause, um anzudeuten, dass ihm vor soviel Unverstand die Worte fehlten. "Ich habe Sie doch gebeten, der Schülerin noch eine Chance zu geben! - Wenn jemand in einem Fach wie Geschichte durchfällt, kann ich das schlecht vor den Eltern verantworten. Vor allem, wenn die Eltern wissen, dass eine *Referendarin* in der Klasse unterrichtet hat..."

"Eine Referendarin ist eine Lehrerin wie jede andere auch!" schob ich meinen Kommentar schnell dazwischen, denn sowohl wir Kollegen als auch die Schülerinnen - ganz gegen Brehmers Auffassung - hatten Birgit in dem Schuljahr als kompetente Kollegin schätzen gelernt. Daher widerte mich Brehmers sadistisches Tribunal um so mehr an. Er hoffte, dass bei Birgit das Galilei-Syndrom eintreten würde. Eine Referendarin würde coram publico schon weichgekocht werden. Man muss die Daumenschrauben nur kräftiger anziehen. Jeder Mensch hat seine physische und psychische Schmerzgrenze. Das haben tausendfache Folterungen bewiesen.

"Ich habe Sie nicht um ihre Meinung gebeten!" stutzte Oberstudiendirektor Brehmer mich und meinen Einwand zurecht. "Sie haben also die Schülerin nicht mehr abgefragt, obwohl sie wussten, dass die Schülerin in Geschichte durchfallen würde? Befürchteten Sie, dass die Schülerin doch eine bessere Note bei einer nochmaligen mündlichen Abfrage erreichen könnte?"

Plötzlich hatte unter den Kollegen auch die Lethargie ihre Toleranz verloren: "Aber Herr Direktor!" - "Das geht doch zu weit!" "Was soll denn das?" "Das ist doch eine Unverschämtheit!" schwirrten die Empörungen allseits durch den Raum.

Brehmer hatte anscheinend selbst gemerkt, dass er hier die Grenze des Erträglichen zu weit überschritten hatte. Eine leichte Gesichtsrötung verriet, dass er in einem geheimen Winkel doch noch ein rudimentäres Gewissen pflegte. Deshalb leitete er sofort über: "Wie viele Noten haben Sie denn von der Schülerin? Eine solche Note kann nur bestehen, wenn sie absolut fundiert ist!" - Was aber ist schon eine 'absolut fundierte Note'? Eine in Beton gegossene? In Stahl geschmiedete? Oder eine von Oberstudiendirektor Brehmer gedrechselte?

"Acht", gab Birgit ruhig zur Antwort. Es war schwer, in sie hineinzusehen, aber in ihrem Inneren musste sich ein wahrer Orkan der Gefühle abspielen.

"Acht!" wiederholte Brehmer und versuchte dabei seine Überraschung über die hohe Zahl zu verbergen.

"Ja", konstatierte Birgit. "In jedem Halbjahr zwei mündliche Noten und zwei Stegreifaufgaben."

"Können Sie mir bitte die Einzelnoten sagen?" Brehmers rhetorische Aufforderungen hatten inzwischen Topos-Charakter. Haben Sie, lieber Leser, deshalb noch etwas Geduld mit der Vorliebe unseres Oberstudiendirektors für literarische Stilfiguren .

"Im ersten Halbjahr mündlich 5 und 4 und in den Stegreifaufgaben zweimal 5. Im zweiten Halbjahr mündlich 5 und 4 und in den Stegreifaufgaben 5 und 4."

"Sind die Noten gleichmäßig über das Jahr verteilt?" Brehmer gab sich noch nicht geschlagen, denn hier böte sich eine Chance, eine Note aus den Angeln zu heben. Eine absolute Gleichmäßigkeit, das wusste jeder Eingeweihte, war kaum zu erreichen. Und da war es nur eine Frage der Interpretation, wie weit man den Begriff 'gleichmäßig' dehnte.

"Die Noten sind ziemlich gleichmäßig über das Jahr verteilt." Birgit ahnte nicht, dass sie uns mit dem Wort 'ziemlich' den Schweiß in den Nacken trieb. Denn wenn Brehmer jetzt das Seziermesser ansetzte ...! Doch Brehmer erahnte die Aussichtslosigkeit eines solchen Unterfangens. Er versuchte den letzten Keil in eine andere mögliche Lücke zu treiben.

"Wann war denn die letzte mündliche Abfrage?"

"Moment!" - Birgit warf einen kurzen Blick in ihr Notenbuch. - "Am 9. Juli."

"Wann war Notenschluss?" Oberstudiendirektor Brehmer überprüfte den Termin in seinem Notizkalender, sagte aber zunächst weiter nichts. Kollege Seiffert kam ihm zuvor: "Am 15 Juli."

Oberstudiendirektor Brehmer hatte demnach von Birgit erwartet, dass sie, nachdem er sie längere Zeit zu einer weiteren mündlichen Abfrage der Schülerin Sonja Tröster gedrängt hatte, auch nach dem offiziellen Notenschluss noch die rettende Note 'einfahre'.

Brehmer machte jetzt einen leicht angeschlagenen Eindruck. Er musste sich schweren Herzens mit dem Schicksal seiner Schülerin abfinden. Für eine dramatische Rettungsaktion hätte er die geltenden Vorschriften zu offensichtlich übergehen müssen. So weit wäre ihm die Mehrheit der Klassenkonferenz nicht gefolgt. Für eine kleine Manipulation, wie er sie ursprünglich im Auge gehabt hatte, wäre vielleicht auch der eine oder andere Kollege zu gewinnen gewesen. Aber jetzt war das Kind in den Brunnen gefallen.

"Sie sind sehr hart, Frau Kollegin!" Brehmer resignierte unwillig, mit einem letzten Aufbäumen. "Hoffentlich bereuen Sie es nicht einmal! - Die nächste Klasse bitte!"

Ein Jahr der Entscheidungen

Ein Ausflug

Es war Montag, 8. September, 15.00 Uhr. Oberstudiendirektor Brehmer eröffnete wie gewohnt die allgemeine Lehrerkonferenz zum neuen Schuljahr. Die Klassen waren vom Oberstudiendirektor den jeweiligen Lehrkräften zur Unterrichtung zugeteilt worden. Hatte mir Oberstudiendirektor Brehmer im Vorjahr die Jahrgangsstufen 7, 8, 9 anvertraut, so versuchte er es diesmal mit den Jahrgangsstufen 9, 10, 11. Oberstudiendirektor Brehmer scheute sichtlich keine Mühe, mir jegliche Chance einzuräumen, um meinen Standort an dieser Schule doch noch zu finden.

Birgit hatte uns verlassen und war turnusgemäß an ihre Seminarschule zurückgekehrt. Doch die Erinnerung an sie wurde durch vergleichbare Vorkommnisse noch lange Zeit in uns wachgehalten. Bei fünf Abgängen waren unserem Gymnasium drei neue Kollegen und eine Kollegin zugewiesen worden: Studienrat z. A. Dr. Wolfgang Lambert, Studienrat z. A. Heinrich Hohl, Studienrat z. A. Clemens Neurer und Hauswirtschaftslehrerin Amelie Kirchberg.

Amelie war ein zierliches schwarzhaariges Persönchen. Durch ihre Aufgeschlossenheit knüpfte sie sehr schnell Kontakt zu den meisten Kollegen. Sie war es, die eines Tages die großartige Idee vortrug, für interessierte Kollegen ein monatliches Festessen in der Schulküche zu organisieren. Schnell entwickelte sich dieses kulinarische Treffen zu einer beständigen Einrichtung für interessierte Lehrkräfte an unserer Schule.

Die Geburtsstunde dieser Festtafel ging zurück auf einen Ausflug, den der Personalrat für das Lehrerkollegium organisiert hatte. Studienrat Keller und Crew wurden ihrem Ruf als Vergnügungsausschuss bestens gerecht. Das allgemein begrüßte Ziel war Südtirol. An einem Freitag im frühen Oktober - Oberstudiendirektor Brehmer hatte verbotenerweise, aber traditionsgemäß souverän den Unterricht mit der fünften Stunde für beendet erklärt - setzte sich unser Bus in Richtung Süden in Bewegung. Die Stimmung war gelöst, und selbst der Schulleiter, der solche Geselligkeiten nie ausließ, wandelte sich, das sei nicht verschwiegen, zum freien Menschen. Eine kleine Gruppe von Kollegen hatte sich im hinteren Teil des Busses zu einer Kartenrunde zusammengefunden, Kiebitzer inbegriffen. Der scheidende Tag führte uns immer näher an den Höhepunkt des Abends heran: Wir wollten ein urechtes südtiroler Törgelen erleben.

Zu früher Abendstunde wurden wir oberhalb von Brixen von der gesamten Bauernfamilie, bei der wir angemeldet waren, herzlich begrüßt. Es wurde zwar ein wenig eng in der privaten Wirtsstube, aber dieser Umstand sollte der Geselligkeit nur dienlich sein. Die mit dem astreichen Holz der Zirbelkiefer ausgestalteten Wände und die ebenso getäfelte Decke taten ein Übriges, um gemütliche Trinkatmosphäre zu schaffen. Durstig und hungrig wie wir waren, konnte es keiner erwarten, dass endlich aufgetragen würde. Doch der Wirtsbauer, der die Tücken und Gefahren eines solchen Mahles und auch die Anfälligkeit seiner geschätzten Flachlandgäste wohl kannte, gab zu Beginn erst einige Ratschläge zum Besten. Unterdessen deckten seine Kinder, fünf an der Zahl, artig die Bestecke und die Gläser. Dann folgten der neue Wein, den der Bauer selbst rundum eingoss, und die heißen Maronen beinahe gleichzeitig. Nahezu jedes vollgeschenkte Glas bedachte der Wirtsbauer, dem der Schalk schon zum Ärmel herausschaute, mit einem sinnigen Spruch oder einer witzigen Bemerkung. Nachdem auch das letzte Glas gefüllt worden war, wurde mit einem allgemeinen Toast auf Gastgeber und Gäste das traditionelle Törgelen offiziell eröffnet. Die Körbchen mit den immer noch heißen Kastanien leerten sich zusehends. Da aber ein größerer Verzehr davon bei allen ein erhöhtes Durstgefühl weckte, fand auch der junge Wein schnelle Abnehmer. So war es auch unmöglich, bei dem ständigen Nachschenken die Kontrolle über das eigene Quantum zu bewahren. Die leeren Körbchen wurden von den Kindern wieder eingesammelt und in der Küche verstaut. Es dauerte nicht lange, da wurde die Tür von einem Fuß aufgestoßen, und der Bauer drückte sich seitlich in den Raum, in jeder Hand ein rundes Holzbrett, das mit Tiroler Schinken und zwei kleinen Gurken gänzlich bedeckt war. Diese Prozession wiederholte sich in mehrmaligem Rhythmus, wobei auch die Kinder je ein Gedeck auftrugen. Spaßige und stichelnde Bemerkungen flogen jetzt quer durch den Raum, und beinahe jeder war aktiv oder passiv an diesem Austausch beteiligt. Selbst Oberstudiendirektor Brehmer hatte sich in das Spiel eingereiht und artikulierte und gestikulierte wie ein Mensch unter Menschen. Gerade nahm er seinen Stellvertreter, der sich standesgemäß neben seinen Herrn gesetzt hatte, mit einem Seitenhieb aufs Korn. Dieser blieb die Antwort nicht schuldig. Dass sie ins Schwarze traf, konnte man nur aus dem hellen Lachen der unmittelbar Umsitzenden schließen, da die Worte wegen des herrschenden Geräuschpegels nicht bis in unsere Ecke drangen. Die Anstrengung das Mahles - oder war es auch der ungewohnt reichliche Genuss des Weines? - trieb einigen Kollegen schon die ersten Schweißtropfen auf die Stirn. Manche bliesen bereits aus Mund und Nüstern, um damit jedermann kundzutun, dass sie früher als erwartet ihren Sättigungsgrad erreicht hatten und den Rest, der noch die Bretter zierte, nur unter größter persönlicher Überwindung vernichten könnten. Doch auch dieser Rückstau wurde mit einem erneuten Gläschen Wein aufgelöst. Die Stimmung wurde merklich ausgelassener. Der Wein begann jetzt seine verzögerte Wirkung zu entfalten. Die Krüge und Gläser, die sich als Verzierung auf einem Bord, das unterhalb der Decke um alle vier Wände der Stube lief, eng aneinander reihten, schienen sich eins ins Fäustchen zu lachen. Da kam ein Liedchen, für mich überraschenderweise angestimmt von Oberstudiendirektor Brehmer, dessen rosiges rundes Gesicht und heitere Freude ihn als einen wackeren Gefolgsmann des Gottes Bacchus auswiesen, gerade recht. So sangen alle zusammen ihr "Trink, trink, Brüderlein, trink..!" Damit war der Damm endgültig gebrochen und mehrere Lieder machten an diesem Abend noch ihre Runde, wobei 'Belle', unser Musiklehrer, die Stimmung mit dem Hausakkordeon so richtig anheizte. Studienrätinnen und Studienräte z. A., Studienrätinnen und -räte (ohne 'z. A.'), Oberstudienrätinnen und Oberstudienräte, Studiendirektorinnen und -direktoren, und Oberstudiendirektor trugen ohne Unterschied zu der unvergesslichen Atmosphäre hoch oben am Berg über Brixen bei. Die Tiere von Orwells 'Animal Farm' hätten ihre wahre Freude an diesen Gesellen gehabt. Trotz allem muss dem Gerücht, dass Kollegium hätte sich einer 'Cena Trimalchionis', zu deutsch einem wahren Fress- und Saufgelage hingegeben, entschieden widersprochen werden!

Hier in Brixen also hob Amelie das Schulfestessen aus der Taufe.

Das gescheiterte Experiment

Am Montag blies uns der Alltag wieder ins Gesicht. Ich musste eine Lektüreschulaufgabe für die 11. Klasse entwerfen - Sallust stand zur Zeit auf dem Lehrplan. Sie war für die folgende Woche festgesetzt. In der Schule selbst wurde mir eine Überraschung zuteil, ja es kündigte sich nahezu ein Gesinnungswandel an. Als ich am Donnerstag nach einem Stundenwechsel über den Gang zum anderen Klassenzimmer schlenderte, kamen mir aus einer offenen Tür zwei Mädchen nachgelaufen und riefen meinen Namen. Offensichtlich wollten sie mich schnell etwas fragen oder mir etwas mitteilen. Ich hielt inne und wartete auf sie. Jetzt erkannte ich Miriam und Gudrun aus der letztjährigen 7c, die ich damals in Latein unterrichtet hatte. Miriam fasste sich als erste.

"Ich habe in der Lateinschulaufgabe eine Zwei!" verkündete sie freudestrahlend.

"Und ich eine Drei!" freute sich Gudrun mit ihr. "Wir haben aber auch in den Ferien zusammen Wortschatz wiederholt. Es hätte ja sein können, dass wir Sie dieses Jahr wieder bekommen würden. Wir hatten natürlich ein bisschen Bammel. Sie haben uns aber auch ganz schön getriezt! Doch es hat sich gelohnt. Es macht jetzt auch viel mehr Spaß!"

Man konnte beiden die Erleichterung ansehen. Ich erinnerte mich, dass Gudrun letztes Jahr knapp am Durchfallen vorbeigeschrammt war. Sie war eine meiner 4-Komma Schülerinnen. "Das freut mich für euch!" erwiderte ich wahrheitsgemäß. "Ihr seht, dass manchmal ein wenig Druck gar nicht schadet. Ich habe euch schon letztes Jahr gesagt, ihr werdet es euch selber danken, wenn ihr gleich ordentlich mitlernt."

"Das sagen Sie so einfach!" Gudrun drehte die Augen nach oben. "Ihr müsst es nur einfach tun!" stapelte ich etwas hoch und musste dabei schmunzeln. "Macht also weiter so!"

"Ja!" tönten sie unisono und verschwanden in Richtung Klassenzimer, an dessen Tür der nächste Lehrer schon auf sie wartete. Während sie sich entfernten, tuschelten und kicherten sie noch miteinander. Vielleicht waren sie über ihre eigene Courage erstaunt.

Es wäre vermessen zu leugnen, dass mich dieser Vorfall nicht berührt hätte. Mein inneres Gefühl hatte mich nicht betrogen. Die Schülerinnen haben begriffen, dass mein 'strenges' Verhalten nicht selbstsüchtiger Sadismus war, den ein prestigeheischender Junglehrer zu seiner Selbstbestätigung und Selbstbehauptung benötigte. Die Frage war nur, ob sich diese Erkenntnis auch in der Chefetage durchsetzen würde. Gedankenversunken wandte ich mich dem Zimmer der 11a zu.

Diese kleine Gruppe von acht Mädchen war ein Erbe von Oberstudiendirektor Brehmer. Ich erwähne dies 'sine ira et studio' und trotz der Gefahr, hier als Racheengel missverstanden zu werden. Dennoch gilt es zu hinterfragen, ob die Anforderungen, die ein Leiter einer Schule an seine Kollegen (?) stellt, auch für ihn selbst Gültigkeit besitzen. Wollte man sarkastisch sein, so könnte man dies nach all dem, was bisher an dieser Schule geschehen ist, uneingeschränkt bejahen. Denn der Zeiger des Maßstabs von Oberstudiendirektor Brehmer schien sich keineswegs nach der allgemeinen Bildungsuhr zu drehen. So zwang mich die Nachholarbeit, die hier zu leisten war, erneut dazu, den Schülerinnen ungewohnte Anstrengungen abzuverlangen, wollten sie das in dieser Jahrgangsstufe geforderte Niveau annähernd erreichen. Überraschenderweise zeigten die Schülerinnen ein hohes Maß an Vernunft, denn das Gejammere hielt sich ob der Erkenntnis der eigenen Unzulänglichkeit in Grenzen. Ob die Klagen der Schülerinnen, dass ihnen wegen wiederholter Verhinderung von Oberstudiendirektor Brehmer zahlreiche Stunden ausgefallen waren und dass sie im letzten Jahr durch überwiegende Eigenübersetzungen des Lateinlehrers - ein Kavalier nimmt einer Dame alle Mühen ab! - den durch Anekdoten und Charmeurunterricht aufgelockerten Überhang des Unterrichtsstoffes wettgemacht hatten, zurecht bestanden, kann und will ich an dieser Stelle nicht entscheiden. Daher sahen sowohl die Schülerinnen als auch ich der ersten Schulaufgabe mit gemischten Gefühlen entgegen.

Das Ergebnis war dann auch nicht befriedigend. Mit einem Notendurchschnitt von 4,26 musste ich wohl oder übel meinen Canossagang antreten, wobei die wahre Begründung, die in meinem Hinterkopf herum spukte, notgedrungen unausgesprochen bleiben musste. Brehmers Reaktion konnte ich mir an den fünf Fingern abzählen. So geschah es auch. Er schnaufte, tobte. Dann beruhigte er sich etwas. Seine anfänglich gezeigte väterliche Haltung wich einer dienstlichen Strenge.

"Ich weise Sie an, diese Schulaufgabe zu wiederholen. Und damit sie auch das richtige Maß hat - Sie sehen, dass Sie mit solchen Aufgaben unüberwindliche Schwierigkeiten haben - , gebe ich Ihnen eine Aufgabe, die ich einmal in dieser Jahrgangsstufe gehalten habe." Und dabei kramte er einige Zeit in einem seiner Schreibtischschübe herum. Schließlich legte er mir eine Angabe auf den Tisch. "Nehmen Sie diese! - Sie informieren die Klasse von der Wiederholung der Schulaufgabe und arbeiten jetzt eine Woche den Stoff mit den Schülerinnen durch."

Ich nahm den Zettel in die Hand und wollte den lateinischen Text durchlesen.

"Sie können jetzt gehen!" unterband Oberstudiendirektor Brehmer mein Vorhaben.

Ich informierte die Klasse wie angewiesen. Die Schülerinnen hatten es schon kommen sehen. Sie hofften also auf Besserung. Aber nach Durchsicht der Vorlage, die mir Oberstudiendirektor Brehmer hatte zukommen lassen, konnte ich ihnen insgeheim nicht allzu große Hoffnungen machen. Entweder hatte Brehmer früher anspruchsvollere Vorstellungen von seinem Lateinunterricht gehabt und den eigenen Wandel, den er offensichtlich vollzogen hatte, nicht registriert oder er wollte mich absichtlich kompromittieren. Letzteres schloss ich aus, da ich überzeugt war, dass er seine Schülerinnen nicht wegen einer Konfrontation mit mir auf dem Notenaltar opfern würde.

Die Schulaufgabe wurde gehalten. Als die Schülerinnen danach ihren steigenden Unmut an mir auslassen wollten, sah ich mich gezwungen, ihnen den wahren Sachverhalt zu erklären. Die (Kurs-)-Korrektur brachte eine für Oberstudiendirektor Brehmer peinliche Übereinstimmung. Mit 4,16 Notendurchschnitt - bei gleichem Korrekturschlüssel - konnte ich meine Schuldlosigkeit anhand der Fehlerquellen bestätigen. Die nochmals notwendig gewordene Audienz verlief ganz ruhig. Wie ein windloses Segel nahm Oberstudiendirektor Brehmer sein gescheitertes Experiment uneingestanden zur Kenntnis.

"Geben Sie die Schulaufgabe heraus!" war sein einziger Kommentar, nachdem er einen Blick auf einige Schülerarbeiten geworfen hatte, und wischte sie mir unwillig über den Schreibtisch zu.

Ich war mir im Klaren darüber, dass ich an Boden gewonnen hatte. Von Woche zu Woche konnte ich feststellen, dass meine Art zu unterrichten zwar bei einer Reihe von Schülerinnen ein nervöses Bauchkribbeln verursachte, aber von ihnen immer positiver beurteilt wurde. Diese für mich wichtige Rückkopplung erfolgte nicht nur über die Schüler, sondern jetzt auch über die Eltern, die im ersten Jahr um das Fortkommen ihrer Kinder noch gebangt hatten. Diese wachsende Zustimmung, die die einstige Ablehnung in den Hintergrund drängte, stärkte mein Bestreben, an meiner Linie festzuhalten. Doch ich sollte einen hohen Preis dafür bezahlen.

Das Prinzip der Chance

Allmählich sickerten weitere Fehden auch anderer Kollegen bis ins Lehrerzimmer durch. Da das Kollegium wie ein fünftes Rad am Wagen behandelt wurde, flossen die Informationen von oben nach unten - entgegen allen Naturgesetzen - spärlich, spät und träge. Die Nymphen saßen näher an der Quelle als die Lehrer. Ein kurzes Klopfen an den Stein des Weisen: und schon sprudelte ein bereitwilliger Informationsfluss aus der heiligen Gruft. Manch ein Lehrer hat sich bei ähnlichen Bestrebungen wunde Knöchel geholt. Und er rätselt noch heute, welches Geheimnis dahinter steckte, hatte er doch stets artig sein 'Sesam öffne dich' gebetet. Doch erhört wurde er nur, wenn ihm eine Schülerin die Hand führte. Die Gunst der Schülerinnen war aber nicht so leicht zu gewinnen. Macht will umworben sein, und wer sie einmal errungen hat, trennt sich nur ungern von ihr. Dieses Lebensprinzip hatten die Schülerinnen sehr schnell durchschaut und erfolgreich an dessen Umsetzung in der Schule gearbeitet. Das Eisen ihres Prinzen glühte schon längst im Fegefeuer, und während die

Hämmer geschickt das weiche Material in Form schlugen, sonnte sich dieser genüsslich unter den blendenden Streicheleinheiten, in der Meinung, selbst das agierende Zentrum zu sein.

Dass eine unbekannte Fliehkraft ihn bereits auf eine der äußeren Umlaufbahnen katapultiert hatte, das bekam Adolf hautnah zu spüren. Er hatte einer Schülerin einen Verweis erteilt, weil sie während seines Unterrichts das Jugendmagazin "BRAVO" unter der Bank gelesen hatte. Adolf allerdings hatte schon lange verspielt, seine Schwächen waren längstens ausgelotet, und Oberstudiendirektor Brehmer hatte ihm rechtzeitig durch Gefälligkeitsdienste den Schülerinnen gegenüber beide Standbeine entzogen. Adolf war, mit Verlaub gesagt, ein beinloser Krüppel. Dieser Adolf also hatte es gewagt, einer Nymphe, und unglücklicherweise einer couragierten dazu, einen Verweis zu erteilen.

Oberstudiendirektor Brehmer wiegte den Brief - alle Hin- und Verweise gingen den Weg über seine Zensur - gedankenversunken in der Hand hin und her: *'Was war doch die Petra für ein Schelm! Aber in dem Alter? Muss man da gleich einen Verweis geben?'* Brehmer fühlte mit dem Opfer. Er griff zum Telephonhörer und wies Frau Schnarrenberg an, Petra zu ihm zu holen. Wenige Minuten später erschien die Schülerin vor ihrem Direktor.

"Na Petra, was stand denn so Wichtiges in der Zeitschrift, dass dir Herr Segerer einen Verweis gab?" Brehmers väterlicher Ton war für Petra ein Signal.

"Ich habe nur in der BRAVO geblättert. Sie gehört gar nicht mir. Sie lag unter der Bank. Und deswegen gleich einen Verweis zu geben, halte ich für übertrieben." Petra wusste, wie man sich zu verteidigen hatte, um Brehmers milde Saite zum schwingen zu bringen.

"Versprichst du mir, dass du das nicht mehr tust?" Brehmer zog seine berühmte *Chance* aus der Tasche. "Bis Mindestens Weihnachten möchte ich keine Klagen mehr über dich hören. Dann wollen wir die Angelegenheit vergessen. Es bleibt aber unter uns."

Petra war stolz, nun offizieller Geheimnisträger zu sein. Beschwingt lief sie in die Klasse zurück.

Als Adolf einige Tage darauf Petra daran erinnerte, ihm doch den von ihren Eltern unterschriebenen Verweis zurückzugeben, lächelte ihn Petra mit sonnigem Gemüt an: "Ich habe doch gar keinen bekommen. Der Direktor hat ihn ausgesetzt." Kollege Adolf stand wie vom Donner gerührt auf dem Podium, das den Bereich des Lehrers vor der Klasse um ca. 15 cm rein optisch über die Schülerinnen hinaushob. Dieser Zustand war ein noch nicht bereinigtes Relikt aus vergangenen Tagen und ließ den Lehrer als ein anachronistisches Medium erscheinen. Das Grinsen und Glucksen, das sich wie eine Welle durch die Reihen ausbreitete, zeigte, dass das Geheimnis auf eine mysteriöse Weise durchgesickert sein musste. Adolf war nicht der Lehrer, der jetzt seinen Unmut, wenn auch gedämpft, zu erkennen gegeben hätte. "So, so" war sein einziger Kommentar, mit dem er die Entscheidung des Herrn Oberstudiendirektor als von Nemesis verordnet hinnahm.

Ein ähnliches Schicksal verfolgte Kollegen Pöhlmann. Er hatte in der 9b eine Physikextemporale abgehalten und bei der Korrektur zu Hause feststellen müssen, dass zwei Schülerinnen, Carmen und Inga, dabei intensivst, aber unbemerkt voneinander abgeschrieben hatten. 'Pöhli' kam also nicht daran vorbei, aufgrund der eklatanten Übereinstimmungen beiden die Note 6 wegen Unterschleif, wenn auch erst nachträglich ertappt, zu erteilen. Solche Willkürentscheidungen eines Lehrers wurden an dieser Schule natürlich nicht akzeptiert. Die betroffenen Mädchen gingen in den Widerstand. Zunächst äußerten sie, als ihnen Kollege Pöhlmann seine Entscheidung mitteilte, ihren lautstarken Protest gegenüber dem Fachlehrer. Als dieser den Schülerinnen zu verstehen gab, dass diese Entscheidung in seinem Ermessen liege und er nicht davon abrücken würde, sahen sich die Schülerinnen gezwungen, ernsthafte Maßnahmen zu ergreifen. Es sollte sich noch zeigen, in wessen Ermessen hier Entscheidungen gefällt würden! Sie suchten das schulinterne Orakel auf. Der daraufhin erfolgte Schiedsspruch von Oberstudiendirektor Brehmer war nicht geheimnisvoll, aber zunächst geheim, denn er traf Kollegen Pöhlmann unterhalb der Gürtellinie. Nach einigen Tagen klärte ein Gespräch zwischen Oberstudiendirektor Brehmer und Kollege die Sachlage. Kollege Pöhlmann erhielt den offiziellen Tiefschlag, die Anweisung, für die beiden betroffenen Schülerinnen eine gesonderte Extemporale zu erstellen, um auch ihnen eine *reelle Chance* für eine gerechte Note zu geben.

Als die Kunde von den 'seltsamen Methoden des Herrn Wanninger', wie ein inventiver Kollege Brehmers neue Kapriolen seiner Überlebenstaktik nannte, mit gewohnter Verzögerung das Kollegium erreichte, huschte bei manchen ein kaum zu interpretierendes Lächeln über das Gesicht, andere schüttelten verständnislos, aber stumm den Kopf, eine dritte Gruppe wagte es vor allen Kollegen, Brehmers

Dolchstöße mit nicht stubenreinem Vokabular zu kommentieren. Die Konsequenzen, die Brehmers Verhalten heraufbeschwor, waren verheerend. Widersetzte man sich diesem im Grunde inhumanen Gebaren, disqualifizierten sich in den Augen der Schüler und auch der Eltern die Lehrer, die sich um ehrliche Bewältigung ihrer Verantwortung bemühten, unweigerlich als Unmenschen. Solche Subjekte muss man logischerweise in engen Schranken halten, und andererseits dürfen Beförderungen ungeachtet etwaiger Leistungen und Erfolge nicht ausgesprochen werden. Verschloss man hingegen als vernünftig denkender Erwachsener und als gebildeter Akademiker die Augen vor so viel Unverstand und passte sich den verantwortungslosen Wünschen seines Vorgesetzten an, verkaufte man seinen Charakter für billig erworbene Vorteile: Kein Stress, kein Ringen um Argumente, keine Tribunale, zufriedene Schülerinnen und, was wirklich zählt, eine unversperrte Aussicht auf Karriere. Wie in anderen Bereichen, so trifft man auch in der Herde gebildeter Akademiker allerorten beide Ausprägungen von Beamten, die einen weniger, die anderen mehr.

Die Dogge

Um Abstand von diesem Beamtendasein zu gewinnen und den Geist von dem alltäglichen Ballast freizuschaufeln, hatte ich mich einer Gruppe von Hobby-Volleyballern angeschlossen. Dies war eine buntgemischte Gemeinschaft zwischen dreißig und fünfzig Jahren und fünfzig und achtzig Kilo. Im Vordergrund stand dabei das Erlebnis gemeinsamen Sports ohne professionelle Ambitionen. An einigen Abenden jedoch wurde das mannschaftliche Spiel auf seltsame Weise gestört. Ein Mann von ca. 45 Jahren schloss sich unserem Team an. Zunächst registrierte ich ihn nur als Unbekannten, der nach Feierabend seine wöchentliche Abwechslung suchte. In der Aktion jedoch zeigte sich sehr bald, dass Mannschaftsspiel nicht seine Stärke war. Bekam er nämlich den Ball zugespielt, so war sein erstes Bestreben, möglichst schnell das runde Leder über das Netz zurückzuschlagen, um einen Punkt zu erzielen. Gelang ihm dies, so freute er sich diebisch über seinen Erfolg. In seinem Eifer oder Ehrgeiz merkte er nicht, dass er das Spiel als solches ad absurdum führte und er sich den Unwillen der anderen Mitspieler, die auf ein nochmaliges Zuspiel warteten, zuzog. Wo eine Dame der Mannschaft Schwächen zeigte, sprang er beim nächsten Ball, der in ihre Richtung flog, entschlossen hinzu, um das Spielgerät noch zu erreichen und einen Punkt zu landen, bevor sie durch einen zu erwartenden Fehler die Chance zunichte machen würde. Klaus, ein engagierter Fünfziger, der als Studiendirektor diese Gruppe ins Leben gerufen hatte, versuchte durch Zurufe wie "Spielen!" oder "Eins, Zwei, Drei!" den Individualisten darauf aufmerksam zu machen, den Ball durch die Reihen laufen zu lassen. Aber der Mann schien die gutgemeinten Ratschläge nicht umsetzen zu können. So blieb es nicht aus, dass die übliche lockere und lustige Stimmung an solchen Tagen stark getrübt wurde. Diese kam erst wieder auf, nachdem sich die Gruppe nach dem Spiel zwecks Geselligkeit in einem Lokal zu einem Glas Bier oder Ähnlichem noch zusammensetzte. Auch hierbei fiel mir auf, dass sich der Mann dem geselligen Nachspiel nie anschloss.

"Ärgere dich nicht, Klaus!" sagte nach einem Spielabend Magdalene, die ihrem Tischnachbarn ansah, dass noch ein Rest Unwillen in ihm wogte.

"Ach!" winkte dieser ab, "man sollte sich darüber gar nicht mehr aufregen. Ich nehme mir das jedes Mal vor, doch wenn es dann wieder soweit ist, kommt mir die Galle hoch. Es geht mir einfach nicht in den Kopf, dass ein erwachsener Mensch nicht begreifen kann, dass eine solche Spielweise das Spiel kaputt macht. - Aber er war schon immer ein sturer Hund. Er hat bei den Schülern und Lehrern nicht umsonst den Spitznamen 'Die Dogge'."

Bei dieser Bemerkung spitzte ich die Ohren. Der Mann war anscheinend auch im Schuldienst und den eingefleischten Mitspielern kein Unbekannter. Dem Vernehmen nach musste es sich um den Direktor einer Schule handeln. Die gesamte Physiognomie des Mannes, die ich bisher nur im Unterbewusstsein wahrgenommen hatte, trat zunächst schemenhaft, dann mit immer deutlicheren Zügen aus dem Nebel des Unbekannten hervor: Sein fülliges Gesicht mit den nach unten gezogenen Mundwinkeln, die in ausgeprägten Magenfalten ausliefen und vermuten ließen, dass er seinen Gesichtszügen zum Lachen Gewalt antun musste. Seine diebische, beinahe kindliche Freude, die in ihm durchbrach, wenn er seine Gegenspieler durch einen unorthodoxen Wurf des Balles - die allgemeinen Regeln des Ballspiels wurden bei uns nicht sklavisch streng gehandhabt - überlistet hatte. Sein kompromissloses Eingreifen bei Bällen, die in seinen Sprungbereich gelangten. All dies ließ erahnen, zu welchem Biss dieser Mann fähig war, wollte man seinen Spitznamen ernst nehmen. So lange ich dieser Volleyballgruppe angehörte, begegnete ich diesem Unbekannten mit instinktiver Zurückhaltung und Distanz. Doch das

Schicksal hatte seine Weichen bereits gestellt.

Zuckerbrot und Peitsche

Das an vielen Schulen institutionalisierte Prinzip von 'Zuckerbrot und Peitsche' erfuhr seine besondere Ausprägung bei den zwei neuen Kollegen Dr. Wolfgang Lambert und Heinrich Hohl. Ihr anfänglich gemeinsamer Weg musste sich aufgrund ihrer verschiedenen Charaktere zwangsläufig trennen.

Dr. Lambert hatte schon als Assistent an der Universität gearbeitet und konnte einige Referenzen vorweisen. Er war also ein Lehrer, dem man eine gewisse Kompetenz im schulischen Bereich zutrauen durfte. Seine Neigungen hatten ihn dazu verleitet, die Fächer Latein und Französisch zu studieren. Was Latein anbetraf, so hatte er dieses Fach mit seinem Kollegen Heinrich Hohl gemeinsam. Eine andere Eigenschaft zeichnete beide aus: zu ihren Kollegen hatten sie ein freundliches Verhältnis. Während diese Freundlichkeit allerdings bei Dr. Lambert ein, wenn auch von ihm gepflegter, natürlicher Wesenszug war, durchschauten die Kritiker im Kollegium sehr schnell die berechnende Art bei Kollege Heinrich Hohl. Deshalb hatte er bald unter den Kollegen seinen Spitznamen weg. Erstaunlicherweise deckte sich dieser, zwar aus unterschiedlichen Gründen, mit dem Kosenamen, den die Schüler ihrem neuen Lehrer gegeben hatten: Samtpfötchen.

Samtpfötchen hatte keinerlei Anpassungsschwierigkeiten. Sein gestecktes Ziel war es, die Karriereleiter so schnell wie möglich nach oben zu klettern. Bei seinen Ambitionen schloss sich ein kritisches Verständnis seines Berufes aus. Wer fragt unter diesen Voraussetzungen schon nach Recht oder Unrecht, Sinn oder Unsinn bezüglich der Entscheidungen seines Vorgesetzten? Wer das Sagen hat, hat auch das Recht auf seiner Seite. Diesem Motto gab sich Kollege Hohl uneingeschränkt hin. Für diese Einsicht hatte er ja schließlich studiert. Eine höchstmögliche Flexibilität der Wirbelsäule - sie garantiert rechtzeitiges Abwinkeln selbst bis zu den unglaublichsten Verrenkungen - sicherte höchstmögliche Protektion und damit höchstmögliches Emporkommen. Solche Männer braucht das Land. Kollege Hohl dachte gar nicht daran, den eigenen Bremsklotz zu spielen, selbst wenn der Wagen in rasantem Tempo den moralischen Hang hinunterfuhr. Doch da er sich in einer verkehrten Welt befand, vermittelte das imaginäre Hinab dem Kollegen Hohl das Gefühl des realen Hinauf. Von diesem Optimismus geprägt, spielte stets ein weiches Lächeln um Kollege Hohls Gesicht. Dieses Lächeln bekam mit fortschreitenden Privilegien und Belobigungen durch Oberstudiendirektor Brehmer in den Augen der Kollegen einen zunehmend ironischen Charakter. Oberstudiendirektor Brehmer hatte endlich den Mann gefunden, der ihm von Beginn an die geforderte Loyalität bis zur Selbstaufgabe erwies. Kollege Hohl diente bereitwillig seinem Herrn als Modul, dessen positive Erhabenheit, einem anderen Kollegen in den Charakter gedrückt, diesen zum Negativ der Mutterform umstanzte. Wir wussten, es würde für jeden von uns schwerer werden, in seinem eigenen Charakter neben diesem Ideal zu bestehen.

Kollege Lambert, der als Neuer mit den Interna der Schule noch nicht so vertraut war, bot sich in dieser glücklichen Fügung als ein echter Prüfstein an. Er stieg in den Beruf ein in der irrigen Meinung, dass er sich in seinem Alter eine eigene Form und Reife erworben hätte. Dazu hatte er ein intensives Studium auf sich genommen. Doch er wurde bald eines Besseren belehrt. Nach kurzer Probezeit sah er sich unversehens den ersten Prägeversuchen ausgesetzt. Ohne dass wir uns vorher abgesprochen hatten, zeigte es sich, dass Dr. Lambert meine Felder bestellte. Dieser Übergriff, der von mangelnder Information zeugte, sollte nicht ungestraft bleiben. Denn Oberstudiendirektor Brehmer witterte einen Zwei-Fronten-Krieg, den es im Keim zu ersticken galt. Da Dr. Lambert aus härterem Material gewachsen war als Kollege Hohl, bedurfte es, das stellte Oberstudiendirektor Brehmer mit Entsetzen fest, eines scharfgeschliffenen Instruments, um das wilde Holz in Form zu schnitzen. Schon die ersten Ansätze schienen unter die Haut zu gehen, denn es war dem Kollegium aufgefallen, dass Dr. Lambert in der Schule immer häufiger nachdenklich angetroffen wurde. Er schien mit sich oder auch mit Oberstudiendirektor Brehmer zu ringen. Eine endgültige Entscheidung war längst nicht gefallen, denn Dr. Lambert hielt aus Überzeugung noch an seinen Prinzipien von einem Mindestmaß an Leistung fest. Aber der Bohrer, der irgend wann einmal bis ins Mark dringen sollte, stand von diesem Zeitpunkt an nicht mehr still. Brehmers Versuchen, die Widerspenstigkeit seines Gegenüber auszuhöhlen, war wenig Erfolg beschieden. Kollege Lamberts entwaffnende Höflichkeit, die dieser bis zur gezielten Gekünsteltheit gegenüber Oberstudiendirektor Brehmer selbst unter Beisein von Kollegen übersteigerte, machte den ständig geschlagenen Stachel zur stumpfen Waffe. Das Patt, das sich auf diese Weise ergab, hatte lange Bestand, zumindest bis zum Halbjahr. Denn dann übertrug Oberstudiendirektor Brehmer seine Variante, die er bereits an mir erprobt hatte, auch auf Kollegen Lambert. Um die Schülerinnen nicht allzu sehr zu gefährden, wurde Dr. Lambert für die zweite Schuljahreshälfte einer anderen Klasse zugewiesen, während ein milderer Kollege dessen überbeanspruchte Gruppe übernahm. Für diese vertrauensvolle Aufgabe bot sich Kollege Hohl an, der seine Hand stets hilfreich ausgestreckt hielt, immer bereit, dem Herrn Oberstudiendirektor einen festen Stand zu gewährleisten oder auch einmal selbst in den baumelnden Steigbügel zu treten. Mit dem notwendigen Wechsel wollte Oberstudiendirektor Brehmer den Flurschaden so gering wie möglich halten und die geschockten Schülerinnen wieder einer menschenwürdigen Lebensart zuführen. Auf diese Weise wurden manche Klassen mit einem rhythmischen Auf und Ab der Noten in Schwung gehalten.

Wie die Jungfrau zum Kind

Bei solchen Gepflogenheiten eines Schulleiters sieht man sich als Involvierter mit der Frage konfrontiert, was die eigentliche Triebfeder zu derartigem Handeln sein könnte. War es wirklich die in der Berührung mit der vielgepriesenen Antike erworbene Grundhaltung eines neuen Humanismus? War diese Humanität in der Tat so zu verstehen, dass man dem Lernenden, gleich in welcher Sparte, keinerlei Mühe und Anstrengung zumuten darf, selbst wenn das hochgesteckte Ziel zwar nicht erreicht, aber nach außen lautstark als solches verkündet und mit ihm geworben wird? Hat Brehmer etwa eine veröffentlichte Testpersiflage als bare Münze genommen:

"Herauskommt, dass kleine Mädchen gescheit sind. Bis zu 10 Jahren. Sagen jedenfalls die großen, die in der 'Psychologie heute' schreiben. Schon im Kindergarten, hat man erforscht, bleiben die Mädchen lieber unter sich. Die Jungen sind ihnen zu aggressiv. Und sie sind egoistisch. Koedukative Erziehung sollte verboten werden. Schließlich kann es nicht den Mädchen aufgebürdet werden, dass sie sozusagen den Jungen menschliches Verhalten beibringen sollen. Diesen Egoisten!

Und später natürlich erst recht nicht. Das kennt man ja, was aus einem egoistischen Knaben wird. Da hat es schon überhaupt keinen Sinn mehr, mit menschlichem Verhalten anfangen zu wollen. Kluge Frau lässt das. Frau setzt sich mit ihren Nachbarinnen vor die Haustür. Die Männer sollen sich verpissen. Sollen schauen, dass sie ins Kaphenion

kommen. Schön auf einen Haufen. Kalimera Sas!
Vielleicht, aber wer weiß das schon, ist die wahre Emanzipation gar nicht in Griechenland zu Hause, sondern erst im Harem? Gedicht, Gesang und Tanz. Das Internat des Kalifen! Orientalische Weisheit. Könnte man nicht einen Kontinent reservieren? Als Homeland? Terdefam? Girlland? Endlich allein? Könnte wohl Schönheit besseren Umgang haben als mit der Tugend?
Kleine Mädchen sind gescheit, große viel gescheiter. Jedenfalls hierzulande. Da haben sie doch im Abitur mit 2,37 als Durchschnittsnote die Knaben mit 2,44 ganz klar abgeschlagen." - Hier hat Brehmer wahrscheinlich abgebrochen. Doch das Folgende wäre aufschlussreich gewesen: "*Oder sollte das Kulturministerium nicht aufgepasst haben? Hat es vielleicht überproportional Aufgaben gestellt, in denen die Mädchen einfach besser sind? Ei, dass doch! Können denn die keine gerechten Aufgaben machen? Ist doch so leicht!*"[1]

Trieben ihn die Ambitionen zu seiner Selbstdarstellung, gepaart mit dem unerschütterlichen Optimismus, dass man es schon richten werde, in das Amt? Oder waren es nur die verzweifelten Schwimmversuche eines Mannes, den die ihm gestellte Aufgabe schlichtweg überforderte und dem durch seine intensive Nabelschau der Blick für das Reale verstellt war? Diese und ähnliche Zweifel nagten an meinem Gewissen, bis sich eines Tages, eher durch einen Zufall, der Schleier um dieses Geheimnis etwas lüftete.

Es geschah an einem Dienstag. Wir bereiteten in der Schulküche ein französisches Menü mit einer Reihe von Gängen vor. Amelie hatte die dafür notwendigen Einkäufe den einzelnen Gruppen zugewiesen. So hatte heute jeder sein Päckchen angeschleppt, und nun ging es an die Detailarbeit. Zu der Stammmannschaft, die sich aus Jutta, Jochen, Gero, Hans Ritter, Heinz Pollak, Martin Beer, Helmut Thomas, Dr. Lambert, mir und natürlich Amelie zusammensetzte, war diesmal auch Uli Keller gestoßen. Er hatte es sehr bedauert, nicht regelmäßig an unserer Runde teilnehmen zu können, da sich sein Stammtischabend mit diesem Termin überschnitt. Als er jedoch von dem *'Französischen Abend'* erfuhr, verzichtete er spontan auf das Treffen mit seinen Spezis. So schälten, schnitten, raspelten, rührten, toasteten, zupften, entkernten, brutzelten, dünsteten, kleckerten, wischten, deckten wir alle in entspannter Atmosphäre und geruhsamer Arbeitsteilung. Als die Vorbereitungen sich dem Ende zuneigten, übertrug Amelie den Ästheten des Tafelns, Gero und Uli, die ehrenvolle Aufgabe, den Tisch in ansprechender Weise zu decken. Gero hatte seine

Restbestände an Beaujolais für dieses Festessen zur Verfügung gestellt.

"Kann ich die Kerzen schon anstecken?" rief Uli, das Feuerzeug in der Hand haltend, von der Essecke in den Kochbereich hinüber. "Du kannst!" gab ihm Amelie das Signal. "Nehmt der Reihe nach die Französische Zwiebelsuppe von hier gleich mit! Aber passt auf, die Suppenschalen sind sehr heiß! Ihr könnt auch Topflappen von dort drüben nehmen! - Gero, schenk bitte den Wein ein!"

Wie eine Schar von Küchengehilfen stellten wir uns bei Amelie an, nahmen unsere Schalen in Empfang und defilierten im Gänsemarsch den gedeckten Tischen zu. Als alle zu Tische saßen, versuchte jeder zunächst seine Zwiebelsuppe kühl zu blasen. Uli wollte die Zeit mit einem ersten Schluck Wein überbrücken. Er erhob sein Glas mit einem Toast: "Auf Amelie und ihre Kochgesellen!"

"Amelie, du musst uns noch lange erhalten bleiben", spielte Gero komplimentierend auf ihre großartige Idee zu diesem Festmahl an.

Weitere Gänge folgten, wobei kleine Gruppen abwechselnd die wohlriechenden Töpfe und Fleischplatten auftrugen. Der Genuss am Essen stand allen Teilnehmern ins Gesicht geschrieben. Beinahe hätten sich die Gespräche gänzlich fern vom Schulalltag bewegt, hätte nicht Uli mit einer Bemerkung die raue Wirklichkeit in den Bankettsaal geholt. Es war überhaupt verwunderlich, dass wir so lange bei der Arbeit zusammen waren, ohne dass das Gespräch aus irgend einem Grund auf unseren sehr verehrten Herrn Oberstudiendirektor kam. In irgend einer Form holte er einen Teil des Kollegiums auch im Alltag immer wieder ein. Seine Allgegenwart war bedrückend, denn wir fanden kein Mittel, diesem Phänomen ein Ende zu setzen. Sooft wir uns auch die Augen rieben, er war immer noch da. Vielleicht waren wir selbst daran schuld. Warum mussten wir auch alles kritisieren. Da waren andere Kollegen schon besser dran, die mit ihrer Auffassung "Da lässt sich sowieso nichts daran ändern" für einen beruhigten Schul- und Lebensalltag sorgten.

Als wir die Gläser absetzten, witzelte Uli: "Eigentlich müssten wir auf den Alten anstoßen, der hat nämlich heute Geburtstag. Außerdem kann er in diesem Schuljahr sein Fünfjähriges feiern. Er steht seit fünf Jahren dieser Anstalt vor. - Wisst ihr übrigens, wie er Direktor dieser Schule geworden ist? Er kommt ja aus diesem Kollegium hier."

"Was, als Direktor aus dem eigenen Kollegium?" fragte ich ungläubig. Es war aus einsichtigen Gründen sehr unüblich, dass das Kulturministerium den Leiter einer Schule aus deren eigenem Kollegium ernannte.

"Das Gymnasium", begann Uli seine Enthüllung, "ist erst mit unserem Direktor staatlich geworden. Es war bis dahin eine städtische Einrichtung. Die Stadtväter aber wollten diesen finanziellen Klotz am Bein loswerden, und so entschied man sich, einen Vorstoß in Richtung staatliche Schule zu unternehmen, zumal der Augenblick günstig war, da der gegenwärtige Oberstudiendirektor in Pension ging. Also stellte man eines Tages eine Delegation, der auch Brehmer angehörte, zusammen und reiste in die Landeshauptstadt. Geleitet wurde die Abordnung vom Stadtoberhaupt und dem einflussreichen Abgeordneten Müller, ein lokales Gewächs. Dem Vernehmen nach war die Landesregierung dem Vorschlag nicht abgeneigt, aber zur Zeit stand kein Studiendirektor auf Abruf bereit, der die neue Leitung übernehmen könnte. Eine staatliche Ausschreibung würde in Anbetracht des nahe bevorstehenden neuen Schuljahres zuviel Zeit in Anspruch nehmen. Für Abgeordneten Müller war dies der Augenblick für eine spontane Entscheidung. Er schlug ohne Zögern den mitgereisten Brehmer als neuen Leiter der Schule vor. Damit, so seine Argumentation, wäre auch eine schulische Kontinuität gesichert, und nebenbei würde dieser patriotische Einsatz seinerseits sicherlich wohlwollend von der Bevölkerung aufgenommen werden. Ein gewisses Kontingent an Wählerstimmen könnte damit bestimmt gehalten werden. Eine Überlegung, der sein Parteigenosse, der Herr Kulturminister, sicherlich nicht widersprechen konnte."

Die letzten Sätze erhielten durch Ulis gezielt gesetzte Intonation ein nicht überhörbares ironisches Gewicht. Gero wollte mit lachendem Gesicht eine Bemerkung loswerden, aber Uli winkte mit einer abwehrenden Handbewegung ab.

"Pass auf!" setzte Uli seine Ausführungen fort. "Der Vorschlag wurde aus Sachzwängen heraus akzeptiert. Brehmer wurde Leiter der Schule und bald darauf zum Oberstudiendirektor befördert. Jetzt ergab sich an der Schule das Problem für Brehmer: 'Wie werde ich mit der mir gestellten Aufgabe fertig?' Das Kollegium zerfiel nämlich unversehens in zwei Gruppen: Die älteren Kolleginnen und Kollegen hatten Brehmer bisher geduzt. "Jakl" war ein Insider. Oberstudiendirektor Brehmer sah sich mit der Frage konfrontiert, ob diese Vertraulichkeit trotz seines nun erhabenen Amtes beibehalten werden könne. Die jüngeren Kolleginnen und Kollegen hingegen hatten plötzlich einen der Ihren verloren. Sollte ihnen der unerwartet selig gesprochene Kollege in Zukunft als *primus inter pares* erscheinen oder würde er als dominus von ihnen Apportierfähigkeiten fordern? Eine offizielle Verlautbarung über Verhaltensregeln hat es natürlich nicht gegeben, aber sehr bald kristallisierte es sich heraus, dass sich die endgültige Spaltung latent vollzogen hatte. Es konnte auffällig beobachtet werden, dass im Beisein von jüngeren Kollegen Oberstudiendirektor Brehmer bei seinen älteren Dienstgefährten der 'Herr Oberstudiendirektor' war. In Gang-, Tür- und anderen Gesprächen erlebte Oberstudiendirektor Brehmer die Metamorphose zum 'Jakl'. Nun meint aber der Walter einmal erkannt zu haben, dass Brehmer die allzu vertrauensvolle Kollegialität mancher Weggefährten, wie zum Beispiel die der Frau Kollegin Bluhm, etwas lästig zu werden schien. War die neuernannte Führungskraft doch in die Hoffnung gewachsen, mit der Häutung auch seines niederen Ursprungs entwachsen zu sein! Wer einmal die freie Luft einer Penthauswohnung geatmet hat, erinnert sich ungern seines früheren Schattendaseins auf den engen Dienstwegen. Doch Frau Kollegin Bluhm gegenüber blieb Brehmer allzeit der erwartete Gentleman, ohne zu verkennen, welche Privilegien sie sich aus diesem zuvorkommenden Verhalten ableitete. Davon können euch der Hans und der Manfred ein Lied singen." Uli nickte zu Hans hinüber und übertrug diesem damit unter den einstimmigen Blicken aller Zuhörer die Rolle des Erzählers. Gero nahm einen Schluck aus seinem Glas und stützte sich mit beiden Ellenbogen auf den Tisch. "Sing mal, Hans! Das alles ist ja ein hausgemachter Thriller. Warum habe ich bisher nichts davon erfahren?!"

"Gegenüber den Zugereisten soll es ein wohlgehütetes Geheimnis bleiben", erklärte Uli die Anti-Aktivitäten in der selbstgezimmerten Krypta.

"Jetzt wird mir so manches Dreiecksverhältnis klar!" rief Gero aus und lehnte sich halb erleuchtet, halb erschrocken auf seinem Stuhl zurück. "Der Brehmer, die Bluhm und der Hechel! Der Brehmer, der Bohl und der Hechel! Der Brehmer, der Tremml und der Bohl! - Mich haut es vom Socken! Die Seilschaften des Olymp! - Jetzt bin ich mir auch sicher, dass es noch Opfer nach mir geben wird." Geros Stimme klang erleichtert, doch wie ein unbeabsichtigter Nachruf. "Da hängt mancher schon am Seil und glaubt sich gesichert. Aber er vergisst, dass in den Bergen das Wetter sehr schnell umschlagen und der dienstrettende Haken sich in brüchigem Gestein unversehens lockern kann. Wer da nicht seinen Frieden mit dem Herrgott gemacht hat ...! - Man soll die Götter nicht versuchen!" Geros Lachen rollte mit einem nachklingendes Echo über den noch nicht abgeräumten Tisch. Er schnitt sich ein Stück Käse vom Brett, spießte eine Traube dazu und ließ das Duo in seinem Mund verschwinden. Sein Lachen verlor sich unter den Kaubewegungen zu einem genüsslichen Grunzen. "Was ist, Hans? Lass deinen Mitschnitt laufen!"

"Na ja", setzte Hans an, "neulich hat der Alte den Manfred und mich ins Direktorat kommen lassen. Wir hatten keine Ahnung, worum es gehen könnte. Erst druckste er herum wegen Fachschaft und älteren Kollegen, und dann kam er zur eigentlichen Sache. Die Bluhm hatte sich beklagt, dass wir sie nicht gebührend grüßen würden. Sie empfinde das als eine Missachtung ihrer Person und sie velange, dass sich die jungen Kollegen bei ihr entschuldigen sollten. Dem Manfred, der sich ebenso wie ich nicht daran erinnern konnte, die Bluhm absichtlicht nicht gegrüßt zu haben, blieb der Atem weg. *'Die Frau Kollegin meinte, das könne Konsequenzen haben'* klärte uns der Alte auf. Wir waren so konsterniert, dass wir als Studienräte zu dem Zeitpunkt noch gar nicht absehen konnten, was da mit 'Konsequenzen' gemeint war. Wir haben uns danach an den Personalrat gewandt, und der Uli hat uns erst darüber aufgeklärt, wie die Bluhm als Fachbetreuerin uns in die Mangel nehmen kann. Als wir in dem Gespräch unsere Unschuld beteuerten, wollte der Chef das Ganze verniedlichen. *'Sie wissen, alte Damen sind da etwas empfindlich. Vielleicht können sie der Frau Kollegin zu verstehen geben, dass dies nicht so gemeint war'.*"

"Und da habt ihr dem Chef zu verstehen gegeben", schaltete sich Gero ohne Vorwarnung dazwischen, "dass ihr wegen einer solch unverschämten Behauptung eine Entschuldigung von Studiendirektorin Bluhm verlangt." Geros Interjektion war so provokant gemeint, wie sie klang.

Hans war über diese Attacke leicht indigniert, ruckte auf seinem Stuhl herum und deutete aufgeregt mit dem Zeigefinger in Geros Richtung. "Du, ich war nahe daran, zu explodieren über diese gemeine Intrige! Aber zum Glück hat mir der Manfred auf den Fuß getreten, denn ich glaube, ich hätte in meiner Erregung Äußerungen von mir gegeben, die mir später als bittere Pille verordnet worden wären."

"Und? Habt ihr euch entschuldigt?" Gero ließ nicht locker. Sein beiläufiger Ton war ätzend.

"Natürlich haben wir ihr gesagt, dass das ein Missverständnis sein muss. Sie hat es auch zur Kenntnis genommen."

Gero erkannte jetzt selbst, dass genug gesagt war, und enthielt sich jedes weiteren Kommentars. Seine Hand griff nach dem halbvollen Weinglas. Als er es wieder absetzte, kam ihm die etwas verspätete Idee, das gelungene Diner auf einem Photo festzuhalten. "Hat einer von euch einen Photoapparat dabei? Ich meine, wir sollten einen solch herrgöttlichen Abend in austauschbarer Erinnerung behalten." "Mein Gott!" fuhr Amelie, wie von einer Tarantel gebissen, hoch. "Das wollte ich doch gleich am Anfang machen!" Sie sprang mit einem Satz zu ihrer halbmondförmigen Ledertasche, zog eine Pocketkamera hervor und forderte uns auf, uns ganz natürlich zu bewegen und zu bedienen. Geros spaßig hastige Vorbereitungen, eine photogene Position zu finden, wurden mitten in den Bewegungen vom Blitz durchschnitten.

Der Eklat

"Liber Her Lerer, Indem ich ier Biddgesuch an mich erhalden habe, wiel ich es beandworden hobwol inserne Bardei mit den Schuhlerern keine freide nichd hat. Inem si geschriwen ham, das ich die Nitzlichkeid der Schule bedengen sohl, so brauch ich nichd bedengen, weil ich ales weis. Ob ich ienen aufbäsern kan, weis ich nichd, weil es blos der Pichler weis und fieleicht last er ienen den Minisder Wäner gnedig sein, wen sich die Schuhlerer beigen und demietig sein wohlen. Den mir kennen keine Schuhlerer nichd braugen, die wo sich zu fiel einbilden und fileicht gar das Mäu aufreisen gengen die Obrikeid. Indem es mier einer gesagt had, das sie am Balmsonndag beim Lamplwird gesagt hawen, das mier in Baiern keine gebildeden Abgeornete nicht hawen, sondern es sind geschärte Rahmel. Fieleichd ich? Mein liber Man, bald sie so daher reden und one Reschpekt for ier Barlamend und Regirung, da isd es freilich weid gekohmen mit insernen Schuhlerer und ich bedrachde einen solchenen, der wo seine Regirung fier geschärte Rahmel bedrachded, fier einen schlechten Undertan. Auch der Schuhlerer mus seine Flicht erfielen, had inser hochwierninger Pichler gesagt...

(Ludwig Thoma)

Mit dem wonnigen Gefühl dieses Abends im Magen und der befreiten Atmosphäre in der Seele waren die Voraussetzungen geschaffen, die folgenden arbeitsreichen Wochen durchzustehen. Besonders eine Schulaufgabe lag mir schwer im Magen. Die Klasse 10a, so gern ich die natürlichen Mädchen hatte, stand vor einer weiteren Bewährungsprobe, ihre Nachlernfähigkeit in einem Härtetest unter Beweis zu stellen. So schwer es mir auch fiel, aber ich konnte mich nicht dazu durchringen, die Schulaufgabe in gezielt gesteuerter Weise mit den

Schülerinnen so vorzubereiten, dass bei der Nagelprobe eher ein Wiedererkennungsprozess ablaufen würde als ein selbständiger Leistungsnachweis. Ich habe von solchen Verzweiflungstaten auch an meiner Schule gehört, aber die Schülerinnen decken in ihrem kritischen Selbstverständnis einen solch offenen Selbstbetrug seitens eines Lehrers schonungslos unter sich und anderen gegenüber auf. Und dennoch kann es ihnen niemand verdenken, wenn sie die Schwächen des Einzelnen und des Systems brutal zu ihren Gunsten ausbeuten. Aber die Achtung dem Erzieher gegenüber ist dahin. Doch wen schien das zu interessieren? Ich war mir vollkommen im Klaren, dass ich mich mit meiner Entscheidung zur Konsequenz selbst erneut unter einen hohen Druck setzte, doch ich fühlte mich stark, schöpfte meine Kraft aus der Überzeugung und einer Einsamkeit, die sich aus dem Rückzug der Kollegen entwickelt hatte.

Es wurde Donnerstag. Der Tag hatte sich trotz aller Verdrängungsversuche in seinem Jahresrhythmus nicht aufhalten lassen. Ich fuhr etwas früher als sonst zum Dienst. Die Schulaufgabe war in den Computer getippt, die Einzelexemplare lagen bereits frisch kopiert in meiner Aktentasche.

Um 7.53 Uhr verließ ich das Lehrerzimmer Richtung Klasse 10a. Vor mir in Höhe des Sekretariats sah ich Oberstudiendirektor Brehmer stehen. Es hatte den Anschein, dass er auf jemanden wartete. Als ich mich seiner Zone näherte, schwenkte er um und lief vor mir her. Mehr aus dem Unterbewusstsein heraus registrierte ich eine undefinierbare Spannung in der Luft. Noch glaubte ich, dass er vielleicht die Aufsichten auf den Gängen kontrollieren wollte. Nahezu im Gleichschritt, mit etwa zwei Meter Abstand, bogen wir jetzt gemeinsam nach rechts in den Gang, der unter anderen auch zu meinem Klassenzimmer führte. Immer noch schritt Oberstudiendirektor Brehmer vor mir her. Wir bildeten ein groteskes, hintereinander geschaltetes Zweigespann. Ich wunderte mich langsam über seine Zielstrebigkeit, denn der Gang endete als Sackgasse, allerdings mit einem Panoramafenster an der Stirnseite, das einen wunderschönen Blick auf die hochgewachsenen Kastanienbäume der Alleestraße, die unmittelbar an der Schule vorbeiführte, freigab. Wir erreichten die vorletzte Tür. Oberstudiendirektor Brehmer steuerte immer noch gerade aus. Jetzt dachte ich doch an den Blick aus dem Fenster. Da bog mein mir vorauseilender Wegweiser unversehens an der letzten Tür nach links ab und verschwand im Klassenzimmer. Während ich mit ungebremster Energie und Geschwindigkeit die Kurve nahm, begannen meine Ge-

hirnmoleküle warmzulaufen. Ob er wusste, dass ich heute Schulaufgabe in dieser Klasse schreibe? Hatte er etwa meine Schulaufgaben
zur Chefsache erklärt? Oder wollte er nur kurz etwas ansagen? Alle
weiteren Überlegungen waren überflüssig, denn Oberstudiendirektor
Brehmer hatte bereits als Schüler in der letzten Bank - sie war nicht
von Schülerinnen besetzt. Ob er diese Tatsache tags zuvor anhand
des Sitzplans überprüft hatte? - Platz genommen und schien der
Dinge zu harren, die da kommen sollten. Ich legte meine Aktentasche
auf den Tisch und begrüßte trotz erhöhten Pulsschlags gefasst die
Klasse. Dann holte ich die Schreibblätter hervor und begann, sie an
die Schülerinnen auszuteilen. Während dieses Vorgangs erläuterte
ich in regelmäßig praktizierter Wiederholung die Beschriftung des
Schreibblattes, wobei die Ziffer der Schulaufgabe und das Datum der
jeweiligen Situation anzupassen waren. Heute: 4. Schulaufgabe aus
dem Lateinischen, heutiges Datum - 6. Juni, an den Rand Name und
Klasse. Unwillig stellte ich ein leichtes Vibrieren meiner Stimme fest.
Doch ich war fest entschlossen, mich durch dieses provozierende
Störmanöver meines Vorgesetzten nicht weiter verunsichern zu lassen.

Die Schülerinnen hatten längst das Außergewöhnliche dieser Situation erfasst. Doch auch aus ihren Gesichtern konnte ich nur Ratlosigkeit ablesen. Unauffälliges Tuscheln mit der Nachbarin und ein
scheuer Blick in die letzte Bank ließen darauf schließen, dass man
konkrete Vermutungen austauschte. Als alle den Schulaufgabenkopf
auf ihre Arbeitsblätter geschrieben hatten, forderte ich die Schülerinnen zum Schulgebet auf. Es war heute für alle vielleicht wichtiger
denn je. Oberstudiendirektor Brehmer erhob sich gentlemanlike mit
seinen Mädchen. Nur der Herr weiß, welche Gedanken und Wünsche
in dessen stillem Gebet gen Himmel schwebten.

Nun teilte ich den Schülerinnen die Textangaben aus - ich vergaß
dabei nicht, auch Oberstudiendirektor Brehmer eine Kopie auszu-
händigen; ich kannte schließlich sein Interesse an meinen Arbeiten -
und gab, als ich das letzte Blatt verdeckt auf den Tisch der letzten
Schülerin legte, den Start frei zur Bearbeitung. Ich trat zurück und
lehnte mich an das Lehrerpult. Meine Augen ließ ich von diesem Platz
aus wie Zeilendetektoren aufmerksam durch die Sitzreihen der Schülerinnen gleiten. Es herrschte absolute Stille im Klassenzimmer. Eine
bedrückende Stille. Ich fragte mich, ob die Schülerinnen der erhöhten
nervlichen Belastung einer an sich schon aufregenden Lage gewachsen sein würden. Bei meiner rastermäßigen Kontrolle entging es mei-

ner Aufmerksamkeit nicht, dass Oberstudiendirektor Brehmer den lateinischen Text meiner Schulaufgabe sehr genau studierte. Es waren etwa zehn Minuten vergangen, da erhob er sich von seinem Platz und ging durch die Bankreihen, wobei er sich bald hier, bald da über das Blatt einer Schülerin beugte. Bei zwei Schülerinnen deutete er mit dem Zeigefinger auf das Textblatt und sprach leise mit ihnen, so dass ich nichts verstehen konnte. Gegen alle Vorsätze wurde ich jetzt doch verunsichert. Hatte sich bei meiner lateinischen Angabe ein Fehler eingeschlichen, den ich trotz mehrmaliger Kontrolle übersehen hatte? Oder war eine Stelle nicht sauber gedruckt und damit schwer leserlich geworden? Ich nahm eines von den Sicherheitsexemplaren, die neben mir auf dem Pult lagen, in die Hand und wollte den Text von Anfang bis Ende noch einmal durchgehen. Ich hatte ungefähr ein drittel des Textes überprüft, da erregte das Geräusch von Schritten meine Aufmerksamkeit. Ich hob ruckartig den Kopf vom Blatt, um der Ursache auf den Grund zu gehen. Ich traute meinen Augen nicht, als ich Oberstudiendirektor Brehmer sah, wie er, verfolgt von den Blicken der Schülerinnen, schnurstracks an mir vorbei auf die Tafel zuging, ein Stück Kreide in die Hand nahm und folgende zwei Wörter an die Tafel schrieb:

ferrum capere = gladium corripere
caelestis,-e = von "caelum", Adjektiv

Ich war im ersten Moment wie vor den Kopf geschlagen, sagte aber keinen Ton, zeigte keinerlei Reaktion. Aber innerlich kochte ich. Was sollte das? Was wollte Brehmer damit beweisen? Wollte er mich vor den Schülerinnen bloßstellen? Wollte er mir coram publico unterstellen, dass ich von den Schülerinnen Unzumutbares verlangte? Wollte er meine Autorität gezielt untergraben? Wollte er *seine* Macht und *meine* Machtlosigkeit demonstrieren? Ich war ratloser als zuvor. Tappte völlig im Dunkeln. Brehmer hatte sich inzwischen wortlos wieder niedergesetzt. Die Schülerinnen blickten immer wieder, je nach Fortschritt ihrer Übersetzung, zur Tafel. Ob ihnen diese Angaben weiterhalfen, ließ sich zu diesem Zeitpunkt nicht erkennen. Die Schulaufgabe konnte ohne weitere Eingriffe beendet werden.

In dieser Intervention glaubte ich den Höhepunkt der Konfrontation zwischen mir und Oberstudiendirektor Brehmer miterlebt zu haben. Als Studienrat z. A. ahnte ich noch nicht, bis zu welchen Höhen oder Tiefen sich Oberstudiendirektoren in ihrem Machtkampf treiben lassen können.

Am folgenden Dienstag, dem Tag der nächsten Lateinstunde in der Klasse 10a, beabsichtigte ich, die korrigierte Schulaufgabe zu besprechen und an die Schülerinnen zurückzugeben. Die Pause sah mich noch als ausgeglichenen Lehrer, der bei einer Tasse Kaffe seine Entspannungszigarette genoss. Kaum war ich jedoch auf dem Weg zur nächsten Unterrichtsstunde - es war die Lateinstunde in der Klasse 10a - aus dem Lehrerzimmer in den Korridor getreten, sah ich schon am Kreuzweg die Gestalt von Oberstudiendirektor Brehmer stehen. Im Gegensatz zu ihm wusste ich, was ich mir für diese Stunde vorgenommen hatte. Sein drohender Flaschengeist konnte mich in keiner Weise einschüchtern. Seine mit jedem Schritt deutlicher werdende Physiognomie (entschuldigen Sie die menschliche Reaktion) bestärkte mich in meinem Vorsatz. Und plötzlich, ich war wieder auf etwa fünf Schritte an ihn herangekommen, übernahm er spontan mit einer Linkswende die ihm obliegende Vorreiterrolle und trabte, mit Studienrat z. A. Toberg im Schlepptau, in die Sackgasse. Jetzt wurde ich auch gewahr, dass mich Oberstudiendirektor Brehmer richtig einzuschätzen verstand. Denn die Ruhe, mit der ich seine demonstrative Selbstherrlichkeit hingenommen hatte, musste zwangsläufig wider seinen Stachel löcken. Eine Nicht-Reaktion war das Schlimmste, was ihm passieren konnte. Sie paralysierte seinen Handlungsdrang, erstickte seine Machtgelüste in dem Überdruck seines Dampfkessels, dessen Deckel er allzu gerne weggesprengt sähe. Mit welcher Genugtuung hätte er doch einen aufbrausenden Grünschnabel vor versammelter Mannschaft zur Sau gemacht und dem Möchtegernlehrer gezeigt, was eine Harke ist! Wenn doch dieser Besserwisser wenigstens vom Charakter gefallen wäre, er als Vorgesetzter hätte ihm bereitwillig die Krümel zu einem Bückling hingekehrt, hätte endlich einmal die dünkelhafte Humanität praktizieren können, die ihm seine klassische Bildung nahegebracht hatte. Also musste zur Selbsterfüllung das Eisen unter den gegebenen Umständen noch einmal ins Feuer.

Als das offenkundig untrennbare Duo das Klassenzimmer betrat, blickten die Schülerinnen zunächst uns, dann sich untereinander mit großer Verwunderung an. Sie konnten nicht glauben, dass das Szenario vom Donnerstag einen zweiten Akt benötigte.

Mit dem vertrauten Schüler in der letzten Bank, begann ich zunächst eine organisatorische Angelegenheit in der Klasse zu erledigen, leitete dann aber ohne Umschweife zur Besprechung der Schulaufgabe über. Ohne Rücksicht auf die Anwesenheit von Oberstudiendirektor Brehmer setzte ich zu meiner Klarstellung an.

"Jetzt möchte ich noch Stellung nehmen zu dem, was der Herr Direktor in der Schulaufgabenstunde an die Tafel schrieb. Wenn jemand meint, er müsste einen anderen Kollegen in einer Schulaufgabenstunde belehren, dann darf man wohl gerade von einem Direktor erwarten, dass er sich etwas sorgfältiger informiert. Ich gebe Ihnen jetzt die Stellen an, und zwar dort, wo die Wörter hätten gelernt werden sollen, unabhängig davon, dass sie wiederholt im Laufe des bisherigen Unterrichts auftraten:

"ferrum = Eisen, Schwert: LATINA I, Kap. 29/30
caelestis,-e = himmlisch: LATINA III, Kap. 111"

Dabei wies ich noch auf den Ausdruck hin "ferro ignique" = mit Feuer und Schwert: LATINA III, Kap. 29/30 und auf "caelum" = Himmel, Klima: LATINA I, Kap. 30/31, mit der Bemerkung, dass man bei bekanntem Wortschatz eine zumutbare Ableitung erwarten kann.

Dies muss die Lunte an Brehmers Pulverfass gewesen sein, denn er erhob sich mit einem Satz aus der Bank, schritt hastig auf mich zu und knurrte erregt, aber für alle verständlich: "Sie verlassen sofort das Klassenzimmer!"

Im ersten Moment fühlte ich ein Vakuum in meinem Gehirn, das jegliche Kommunikation der grauen Zellen unterband. Doch dieser Schwebezustand dauerte kaum eine Sekunde, denn in Situationen höchster Gefahr schüttet der menschliche Organismus einen Hormonschwall aus, der selbst die feinsten Kapillare in Hab-Acht Stellung versetzt.

"Herr Direktor," begann ich meinen Widerstand, "in diesem Klassenzimmer unterrichte *ich*, und wenn sie mich hinausweisen, dann bitte ich Sie, mir eine konkrete Begründung zu geben. Ich sehe bisher keinen Anlass, das Klassenzimmer zu verlassen."

Brehmer begann jetzt tief Luft zu holen, denn er merkte, dass die Situation für ihn eng zu werden drohte. Er sah die Gefahr wohl weniger von meiner Seite, als von seiten der Schülerinnen, die durch Getuschel und unterdrückte Ausrufe des Unverständnisses über diese Anweisung ihn ins Abseits zu stellen drohten. Sein Prestige stand jetzt auf dem Spiel. Er spürte, dass er sich weit aus dem Fenster gelehnt hatte, ohne die Sicherung überprüft zu haben. Er hatte wohl insgeheim gehofft, dass meine konsequente, von manchen als hart bezeichnete Unterrichtslinie, die bei einer Reihe gegenwärtig betroffener Schülerinnen verständlicherweise auch ins Kreuzfeuer der Kritik geraten war, ihm seine Schäfchen in den väterlichen Schoß zurücktreiben würde, zumal in einer solchen Situation der Waffenschau. Er hatte sich zu sehr auf die Autorität seines Amtes verlassen. Er musste erfahren, dass Titel bei einer Nagelprobe bröckeln können. Aber den Trumpf des Amtes gab er nicht so schnell aus der Hand. War es jetzt das einzige, woran er sich klammern konnte. Das Magazin fragwürdiger Argumente war längst leer geschossen. Seine Hände ballten sich zur Faust, als wollte er das entstandene Vakuum verschämt verbergen.

"Verlassen Sie sofort das Klassenzimmer!" wiederholte er hartnäckig.

"Aus welchem Grund?" fragte ich ebenso beharrlich zurück. "Lassen Sie mich die Sache erklären, dann verstehen Sie vielleicht auch meine Reaktion."

"Verlassen Sie sofort das Klassenzimmer!" Brehmers Ton wurde lauter, ohne jedoch ins Schreien zu entgleisen. Ich beobachtete ihn hart. Erste Schweißtropfen bildeten sich auf seinem geröteten runden Gesicht.

"Lassen Sie mich die Sache erklären, dann verstehen Sie vielleicht auch meine Reaktion." Wir warfen uns unnachgiebig unsere Bälle zu. Brehmer schaute an mir vorbei.

"Was gibt es da zu erklären?" sagte er monoton.

Waren die Würfel zu meinen Gunsten gefallen? Ich nahm den Faden auf.

"Herr Direktor, wenn Sie das Recht beanspruchen, in meinen Unterricht einzugreifen, dann müssen Sie mir auch fairerweise das Recht zubilligen, dazu Stellung zu nehmen. Durch Ihren Eingriff musste bei den Schülerinnen der Eindruck entstehen, dass ich in der Schulaufgabe unbekannte Wörter verlangte, und diese auch von den Prüflingen nicht abzuleiten seien. Diese Unterstellung muss ich auf das Schärfste zurückweisen. Ich meine, dass mein Anliegen legitim ist. Ich bitte Sie also, meinen Unterricht fortsetzen zu dürfen." - Mein Erklärungsversuch missglückte.

"Sie verlassen jetzt sofort das Klassenzimmer!" Brehmers Ton war nun vibrierend scharf.

"Mit welcher Begründung weisen Sie mich aus dem Klassenzimmer?" Brehmer fand den Stein des Weisen nicht. Sein Geduldsfaden riss.

"Raus!!" brüllte er. – Wenn ihm doch jetzt jemand zu Hilfe käme! Im Gedenken an Augustus blubberte in ihm vielleicht unwillkürlich der Stoßseufzer hoch *'Müller, Müller, redde mihi dictaturam!'* Ich ließ mich durch das Anschwellen der Lautstärke nicht beirren. "Ich bitte Sie, meinen Unterricht fortsetzen zu dürfen." Seinem Schrei setzte ich bewusst und mit fester Überzeugung meine Ruhe entgegen. Brehmer realisierte mit tiefstem Entsetzen, dass er auf undurchdringliches Urgestein gestoßen war, dass sich sein Bohrer leer drehte. "Kommen Sie jetzt meiner Anweisung nach, ja oder nein?!"

"Herr Direktor, ich antworte Ihnen nicht mit 'ja' oder 'nein', sondern erkläre Ihnen, dass ich deswegen das Klassenzimmer nicht verlasse, weil Sie mir keine vernünftige Begründung für Ihre Anweisung geben können."

"Wenn Sie jetzt nicht das Klassenzimmer verlassen, lasse ich Sie von der Polizei entfernen!"

Bei Brehmer musste eine Sicherung durchgebrannt sein. Er war der selbstproduzierten Hochspannung nicht mehr gewachsen. Sein Satz wirkte wie ein Erdbeben auf das gesamte Klassenzimmer. Die Schülerinnen waren, für wen sie auch immer Partei nahmen, bis ins Mark erschüttert. Das blanke Entsetzen, das den Mädchen ins Gesicht geschrieben stand, machte sich bei einigen in einem unterdrückten Schrei Luft. Nach der ersten Schrecksekunde verwies ich in Gedanken diese Aussage in das Reich des Phantastischen, nimmer Realen. Ich konnte Brehmers Drohung einfach nicht ernst nehmen. Doch da unterschätzte ich ihn. Als ich keinerlei Anstalten machte, das Klassenzimmer zu räumen, sagte Brehmer zu einer Schülerin: "Tanja, gehen Sie ins Sekretariat und sagen Sie Frau Schnarrenberg, sie solle die Polizei verständigen." Bei dem Aufruf ihres Namens war Tanja ganz verdutzt. Sie blickte nach links und nach rechts zu ihren Mitschülerinnen und fragte sie mit ihren Augen um Rat, was sie jetzt tun solle. Doch alle saßen gelähmt in ihren Bänken, einige schlugen die Hände vor das Gesicht. Eine Schülerin in einer solchen Situation mit einer solchen Weisung zu versehen, war das Erbärmlichste, was ich bis dahin bei einem Menschen an Niveaulosigkeit erlebt hatte! Tanja schob sich weisungsgebunden aus der Bank und machte sich schweren Herzens auf den Weg.

Die Waffen schwiegen auf beiden Seiten. Eine unerträgliche Stille legte sich auf das Zimmer. Ich stand mit verschränkten Armen an die Fensterbank gelehnt und blickte in banger Erwartung auf die Tür. Das

Warten wurde für alle zur Qual. Plötzlich klopfte es. Niemand sagte 'Herein!'. Dennoch sahen alle, wie sich die Klinke nach unten bewegte und die Tür einen Spalt aufgezogen wurde. Frau Schnarrenbergs Kopf erschien in der Öffnung. Mit ungläubigen Blicken suchte sie ihren Chef. Sie hatte sicherlich schon vieles erlebt, aber was jetzt auf sie zukam, übertraf all ihre Vorstellungen.

"Stimmt es, dass ich die Polizei verständigen soll?" hauchte sie zweifelnd zu Brehmer herüber. Sie hatte das Ganze zunächst für einen üblen Scherz der Schülerinnen gehalten und wollte sich doch lieber selbst von der Richtigkeit dieser Ungeheuerlichkeit überzeugen.

"Schicken Sie die Polizei hierher", wies Brehmer sie in brüstendem Ton an. Seine Haltung nahm einen bestimmenden, ja trotzigen Tenor an, wie wenn er es jetzt der Welt zeigen wolle, frei nach Catilinas *'Quoniam quidem circumventus ab inimicis praeceps agor, incendium meum ruina restinguam!'*.

Frau Schnarrenbergs Kopf verschwand, nicht ohne Tanja vorher an sich vorbei zurück ins Klassenzimmer schlupfen zu lassen. Erneut banges Warten. Es dauerte einige Zeit, bis auch die Polizei einen derartig mysteriösen Einsatz begriff. Doch dann war der unvermeidliche Augenblick gekommen. Es klopfte an der Tür. Schon der Klopfton ließ erkennen, dass dieses Mal nicht Frau Schnarrenberg Einlass begehrte. Das Klopfen verriet Entschlossenheit.

"Tanja," - Tanja wird sich in Zukunft strikt weigern, den vordersten Platz direkt neben der Tür zu besetzen - "machen Sie bitte auf!" Brehmer hatte die Kraft verlassen, selbst zu handeln. Hätte er sich jetzt von seinem Platz bewegt, hätte sein wankender Gang seine verdeckte Schwäche bloßgestellt. Tanja öffnete die Tür, und ein in Grün gekleideter Polizist betrat das Klassenzimmer, während ein zweiter im Türrahmen wartete. Das noch zweifelnde Entsetzen der Schülerinnen wurde zur Gewissheit. Das Unfassbare wurde Realität. - Anscheinend hatte der Polizist noch keine präzise Information bezüglich seines Auftrags, denn er wandte sich fragend an Oberstudiendirektor Brehmer: "Was liegt hier vor?"

"Entfernen Sie den Mann hier aus dem Klassenzimmer!"

Der Polizist glaubte nicht ganz verstanden zu haben, denn die eigenen Schulerfahrungen hatten ihn gelehrt, dass in einem Klassenzimmer einer Schule sich während des Unterrichts in der Regel Schüler und ein Lehrer oder eine Lehrerin aufhielten. Nachdem er, dies durfte man aus seiner gezielt gerichteten Frage schließen, Oberstudiendirektor Brehmer als Leiter dieser Anstalt kannte, musste es sich bei der anderen Person - sie machte als einzige noch einen erwachsenen Eindruck - um die Lehrkraft handeln. Sollte er also die Lehrkraft verhaften?? Er wollte keinen Fehler begehen. Deshalb fragte er noch einmal nach. "Wen sollen wir bitte mitnehmen?"

"Diesen Mann hier!" Brehmers leicht erhobener Zeigefinger deutete auf mich.

Der Polizist stutzte einen Moment, handelte nun aber doch nach Vorschrift. Er trat auf mich zu und bat mich: "Kommen Sie bitte mit mir mit!"

Ich machte noch einen letzten Versuch, diesen Schritt abzuwenden und fragte zurück: "Muss ich mit ihnen mitgehen?"

"Sollten Sie sich weigern", klärte er mich peinlich berührt auf, "muss ich Sie wegen Widerstands gegen die Staatsgewalt festnehmen. Bitte folgen Sie mir freiwillig!" Er drehte sich halb zum Gehen, in der Erwartung, dass ich seiner Aufforderung ohne Umstände nachkomme. Ich nahm meine Aktentasche vom Fensterbrett und folgte dem Hüter des Gesetzes zur Tür. Auf dem Gang wurde ich sogleich von dem zweiten Polizisten, dem Brehmer noch etwas zugeraunt hatte, hinten eskortiert - ich hätte ja zurück in das Klassenzimmer fliehen können - , und so schritten wir in staatlich bestimmter Ordnung den Gang entlang und aus dem Gebäude. Im Polizeiauto, das direkt vor der Türe geparkt war, durfte ich sogar allein hinten sitzen. Dieses Vertrauen beruhigte mich sehr, schienen doch meine Begleiter ihre brisante Fracht eher als einen Menschen, nicht wie andere als einen Verbrecher zu betrachten. Während der Fahrt wurde kein Wort gesprochen. Die Stille des Klassenzimmers war bis in die Blechdose gedrungen.

Auf dem Polizeirevier, zu dem ich höflichst geleitet wurde, durfte ich auf der Empfangsbank Platz nehmen. Mein Polizist holte aus einem Aktenschrank Formulare und begann mit der Aufnahme meiner Personalien. Einer seiner Kollegen, der gerade Innendienst hatte, erkundigte sich unauffällig nach dem Stand der Dinge. Die Antwort kam leise, aber für mein empfindliches Gehör dennoch verständlich: "Sein Chef hat ihn abholen lassen. Er will ihn wegen Hausfriedensbruch anklagen." Der Kollege trug die Nachricht in das Nebenzimmer weiter, aus dem das Klappern einer Schreibmaschine drang, das nun aber für einen Augenblick aussetzte.

Nachdem meine Personalien registriert waren, entschuldigte sich der Polizist, er könne mich noch nicht entlassen, da er abwarten müsse, ob der Direktor Strafanzeige wegen Hausfriedensbruch stelle. Dann müsse er nämlich ein Protokoll aufnehmen. Wiederum begann eine lange Wartezeit. Es rührte sich nichts, kein Anruf, keine Anklage. Brehmer musste sich ähnlich verlassen vorkommen wie ich. Wie wollte er sein Handeln vor den Schülerinnen rechtfertigen? Er wird sich fluchtartig aus der Verantwortung gezogen haben. Mein Blick streifte die große Wanduhr gegenüber, deren Sekundenzeiger in fließendem Rhythmus seine Runden drehte. Die Zeiger standen auf 10.04 Uhr. Der Wechsel war also vollzogen und hatte Brehmer in die Bewältigung seines Schicksals entlassen. Er war auf der Suche nach einem Halt. Von wem im Kollegium konnte er für seinen Amoklauf Verständnis oder gar Hilfe erwarten? Jeder normaldenkende Mensch würde ihn für verrückt erklären. Es blieb ihm nur der gute Rat von oben. Ja, von dort konnte er mit wohlwollender Unterstützung rechnen. Er wird mit fliegendem Schritt und klopfendem Herzen seine Zuflucht im Direktorat gesucht haben, diesmal auf direktem Wege durch den separaten Eingang vom Flur her. Er wollte nicht von den fragenden Blicken seiner Sekretärinnen verfolgt werden. Er warf sich in den Sessel hinter seinem Schreibtisch, stützte seine Ellenbogen auf die Armlehnen, faltete die Hände vor der Brust und dachte nach, dachte lange nach. Dann griff er zum Telephonhörer. Er wird jetzt Böhning anrufen. Er schildert ihm den Vorfall. Böhning wird ein entsetztes 'Was?' entfahren, dann wird er aber gefasst zuhören. Er hatte so etwas zwar noch nicht erlebt, doch in seinen Etablissements werden sich Mittel und Wege finden, einen aufmüpfigen Junglehrer drastisch in seine Schranken zu weisen. Wo kämen wir denn hin, wenn traditionelle Pfründe der Macht von kritischen Geistern in Frage gestellt würden. Brehmer wurde zusehends ruhiger. Die Geduld am anderen Ende der Leitung ließ ihn hoffen. Sie werden aus dem Erfahrungsschatz der Knebelungen schöpfen können. Einen Mann wie ihn lässt man nicht einfach wie eine heiße Kartoffel fallen. Da werden schlicht Asbesthandschuhe übergestreift. Sie halten die Hitze fern und stumpfen die Gefühle ab. Diese Aufgabe forderte die gesamte Abteilung. Der gemeinsame Feind wird sie alle zusammenschweißen. Die Macht der Institution stand auf dem Spiel. Sie durfte nicht den Hauch von Wankelmut zeigen. Da werden Gummigeschosse nicht mehr ausreichen, da muss eine scharfe Munition zum Einsatz kommen. Hatte nicht die Staatspartei mit dem Leitbild ihres abgewirtschafteten, aber gewaltfreudigen Ministerpräsidenten erst vor kurzem in einer großformatigen Werbekampagne in allen größeren und kleineren Zeitungen in grell untermalten Lettern jedem Bürger zu verstehen gegeben: **"Das Gewaltmonopol liegt allein beim Staat!"**? Dieses Prinzip galt es also auch in den kleinsten Dependancen staatlicher Institutionen zu vertreten bzw. demonstrativ durchzusetzen.

"Ich glaube wir können Sie jetzt entlassen", fuhr die Stimme des Polizeimeisters mitten in meine Gedanken. Er lehnte über der Theke, die das Gesetz vor der Allgemeinheit schützte. Ich sah auf die Uhr: 10.13 und gerade fünfundzwanzig Sekunden. "Wir haben bisher keine weitere Nachricht von Ihrem Direktor erhalten."

Böhning hatte strenge Anweisung an Brehmer gegeben, keinerlei Strafanzeige zu stellen. Jegliches Aufsehen, das in die Öffentlichkeit dringen könne, müsse unter allen Umständen vermieden werden. Brehmer müsse sich im Klaren darüber sein, dass auch sein eigener Kopf mit in der Schlinge hinge, sollte sich die Angelegenheit zu einem öffentlichen Skandal ausweiten. Brehmer musste eine Zentnerlast vom Herzen gefallen sein, als ihm Böhning Verteidigung um jeden Preis signalisierte.

"Wir fahren Sie selbstverständlich in die Schule zurück", bot der Polizist seine Hilfe an. Er ging um die Theke herum, nickte seinem Teamkollegen, der sich inzwischen der unangenehmen Aufgabe durch Flucht ins Nebenzimmer entzogen hatte, auffordernd zu, zog das Schwingtor zum Publikumsraum auf und bat mich, ihnen zu folgen.

Als sich das Polizeiauto der Schule näherte, musste meine Begleiter ein unangenehmes Gefühl beschlichen haben. Sie versetzten sich offensichtlich in meine Lage, wenn ich als pädagogisches Vorbild vor den Augen einiger Schülerinnen dem weiß-grünen Staatsgefährt entsteigen würde.

"Es ist vielleicht besser, wenn Sie hier aussteigen", wandte sich der Fahrer verständnisvoll an mich. "Oder sollen wir Sie direkt bei der Schule absetzen?"

Erst durch diese feinfühlige Rücksicht wurde ich mir der Peinlichkeit der Lage richtig bewusst. Ich nahm das Angebot dankend an. Der Wagen hielt in einer Parkbucht, und ich verabschiedete mich mit einem "Vielen Dank". Die Aktentasche klemmte ich unwillkürlich fester unter meinen Arm. An meiner Überzeugung hatte sich nichts geändert, und doch hoffte ich in diesem Augenblick, keiner Schülerin zu begegnen.

Das Lehrerzimmer war seltsamerweise menschenleer. Ich legte

meine Tasche auf einen der Tische. Da ich eine erzwungene Freistunde hatte, blieben mir noch knapp zehn Minuten bis zum nächsten Unterricht. Um mich abzulenken und wieder etwas zur Ruhe zu kommen, wanderte ich zum schwarzen Brett hinüber und studierte die Vertretungen. Plötzlich flog die Tür auf und Jutta stürzte herein. "Hi, wie geht's?" fragte sie geistesabwesend. "Mensch, ich hab' meinen Schlüsselbund liegen lassen! Ohne Schlüssel bist du hier ein armes Schwein." Sie eilte auf einen der mittleren Tische zu, auf dem ein schwarzes Lederetui lag, verstaute es in ihrer Handtasche und war mit einem "Ciao, bis später" auch schon wieder verschwunden. Da fiel mir siedend heiß ein, dass ich die nächsten zwei Unterrichtsstunden in einem nahegelegenen Nebengebäude zu halten hatte - einige Klassen waren aus Platzgründen in ein anderes Haus ausgelagert. Unverzüglich schnappte ich meine Aktentasche und machte mich auf den Weg in die Nachbarschaft.

Der Unterricht war gerade acht bis zehn Minuten fortgeschritten, da klopfte es unverhofft an der Tür. Im ersten Augenblick zuckte ich zusammen, denn nach den kurz vorhergegangenen Erlebnissen sah ich schon wieder den Arm des Gesetzes nach mir greifen. Ich öffnete selbst die Tür. Vor mir stand Frau Schnarrenberg, mit offenem Mund und einem Herzinfarkt nahe. Sie glaubte wohl Gespenster zu sehen. *"Sie sind hier?!"* stammelte sie. Offensichtlich hatte sie nicht mit meinem Erscheinungsbild gerechnet. Entweder erschien es ihr suspekt, dass ein gerade verhafteter Schwerverbrecher von der Polizei in unverantwortlicher Weise wieder auf freien Fuß gesetzt worden war, oder die gesamte Verwaltung hatte angenommen, dass ein solcher Tiefschlag selbst einen gesunden Beamten für längere Zeit dienstmatt setzen würde. "Der Herr Direktor hat mich geschickt, um die, wie er meinte, lehrerlose Klasse anzuweisen, sich ruhig zu verhalten, bis ein anderer Kollege, der nebenan unterrichtete, zwischenzeitlich nach dem Rechten sehe. - Aber ich sehe, Sie sind ja schon da."

"Es ist alles in bester Ordnung, Frau Schnarrenberg! Ich habe erst in der fünften Stunde eine Freistunde!" beruhigte ich sie betont ironisch, wobei ich ihr vielleicht ein wenig Unrecht tat, denn die Ironie galt eigentlich Oberstudiendirektor Brehmer.

An diesem Nachmittag Konnte ich keinen klaren Gedanken fassen. Die unfassfaren Ereignisse holten mich immer wieder ein. An eine konzentrierte Unterrichtsvorbereitung war nicht zu denken. Ich legte schließlich meine Unterlagen beiseite und unternahm einen Spaziergang. Zudem lockte der warme Sommertag sowieso ins Freie. Wie weit und wie lange ich auch die Natur durchstreifte, meine Gedanken widersetzten sich allen Verdrängungsversuchen und umkreisten mit penetranter Hartnäckigkeit das Unbegreifliche, auf der ständigen Suche nach dem Kern von Brehmers Fehlreaktion. Doch die Kreise blieben konzentrisch, ein undurchdringliches Bollwerk. Es gab kein Durchstoßen in das geheimnisvolle Zentrum. Vielleicht konnte mich der Kollegensport heute Abend von der unerträglichen Last freischütteln.

Es blieb eine Hoffnung. Denn kaum hatte ich die Umkleidekabine betreten, wurde ich von bereits erschienenen Kollegen bestürmt. Die Kunde von Brehmers Untat hatte sich anscheinend wie ein Lauffeuer verbreitet, und zwar nicht nur unter den Kollegen, sondern viel schneller noch unter den Schülerinnen.

"Entschuldige, Tobi!" rechtfertigte sich Jutta. "Aber als wir uns im Lehrerzimmer begegneten, hatte ich noch keine Ahnung von dem Vorfall. Ich habe das erst heute Nachmittag von Frau Deckert erfahren. Ihre Sigrid sei zu Mittag fix und fertig nach Hause gekommen. Sie habe ihr dann die Sache erzählt. Zunächst habe sie dem Ganzen skeptisch gegenübergestanden, doch als die Daniela zu ihnen herüberkam - sie wohne drei Häuser weiter - und ebenso aufgelöst diesen Vorfall bestätigte, da musste sie einfach mit mir darüber reden. - Ich kann es immer noch nicht begreifen!"

"Und die haben dich in dem Polizeiauto richtig abgeführt?" fragte Amelie ungläubig nach.

"Mir ist es ein Rätsel, wie du diesen ständigen Druck aushältst", setzte Hans erregt die Befragung fort. "Ich habe auch schon einiges mit dem Alten erlebt. Aber in diesem Fall hätte ich mir gedacht 'Du leckst mich am Arsch!' und hätte zu ihm gesagt 'Ich gehe jetzt. Übernehmen Sie bitte die Aufsicht über die Klasse!'. Hans merkte selbst, dass er in seiner mitfühlenden Gemütswallung ein wenig übertrieben hatte. - "Ich fürchte, ich hätte es nicht gesagt", gestand er aufrichtig nach einer kurzen Pause.

"Doch!" fuhr Gero dazwischen, "Ich hätte ihm beides, auch den Arsch, an den Kopf geknallt, und dann wäre ich ins Lehrerzimmer gegangen und hätte alles kurz und klein geschlagen!"

"Jetzt raste du nicht auch noch aus!" mahnte Jutta Gero zur Vernunft. Sie spürte, dass das Gero in seinem Stadium zuzutrauen wäre.

Verständlicherweise fanden die sportlichen Aktivitäten an diesem

Abend nur in verkürzter Form statt. Das Thema verlangte nach heißer Diskussion am Stammtisch.

Ein Sandkorn in den Mühlen der Bürokratie

"Was man also für Fortschritt und Sittlichkeit zu halten pflegt, ist die: a) durch Vielseitigkeit und Fülle der Kultur und b) durch die enorm gesteigerte Staatsmacht herbeigeführte Bändigung des Individuums, welche bis zur förmlichen Abdikation desselben gedeihen kann..."

(Jakob Burckhardt)

Die Digitaluhr meines Autos zeigte gerade 23.29 Uhr, als ich den Wagen vor meiner Wohnung parkte. Ich nahm meine Sporttasche vom Rücksitz, ließ die manuell verriegelte Tür ins Schloss fallen und schlich, müde von den Tagesläufen und der hitzigen Debatte, durch das Gartentor. Ich drückte den Schalter für das Außenlicht und schob den Schlüssel ins Schloss der Haustür. Da bemerkte ich im Schein der Lampe, dass an dem Sichtfenster meines Briefkastens ein blauer Umschlag lehnte. Zunächst dachte ich an eine Wurfreklame, schloss aber dann doch das Türchen auf, um das Papier zu entnehmen. Ich drehte das Kuvert auf die Vorderseite und las neben meiner Adresse mit großem Erstaunen die aufgedruckten Fettbuchstaben "**Eleonore-Maler-Gymnasium Romanstadt**". Da ich das Haus um ca. 19.45 Uhr verlassen hatte, musste die Nachricht von jemandem nach diesem Zeitpunkt persönlich eingeworfen worden sein. Ich schloss die Haustüre ab und ging in meine angemietete Zweizimmerwohnung. Mein Gefühl sagte mir, dass der Brief in einem engen Zusammenhang mit den heutigen Vorkommnissen stand. Nervosität kam in mir auf. Ich ließ meine Sporttasche im schmalen Flur fallen und holte unverzüglich den Brieföffner aus meiner Schreibtischschublade. Die Klinge fuhr hastig in die unverklebte Öffnung an der Seite und riss mit schneidendem Geräusch den Umschlag auf. Mit fiebrigen Fingern entnahm ich einen zusammengefalteten Papierbogen, klappte ihn auf und las:

Betr.: Heutiger Vorfall in der Klasse 10a

Sehr geehrter Herr Kollege! *(Ob Kollegen so miteinander umgehen?!)*

Sie werden gebeten, sich in obiger Angelegenheit am
Freitag, den 2. Juli, 12 Uhr

im Direktorat zu einer Besprechung einzufinden. Entsprechend den
schulrechtlichen Bestimmungen weise ich Sie darauf hin, dass Spannungen innerhalb der Schule bzw. des Kollegiums vertraulich zu behandeln sind, bis diese Besprechung stattgefunden hat.

Hochachtungsvoll
(Ob das ernst gemeint war?!)

Das Direktorat:

(Brehmer) (Oberstudiendirektor)

Die Mühlen der Bürokratie hatten also bei Nacht und Nebel zu
mahlen begonnen. Zuerst verhängt man natürlich eine Nachrichten-
sperre. Sie hilft Zeit zu gewinnen, um einen Schlachtplan auszuarbei-
ten. Mit welcher Blauäugigkeit in diesen Etagen gearbeitet wird, lässt
sich aus der Tatsache erkennen, dass die Schülerinnen bei den getä-
tigten Erwägungen gar nicht berücksichtigt wurden. Oder hatte
Brehmer Anweisung erhalten, Blitzkuriere als Sonderbotschafter zu
den einzelnen Schülerinnen der Klasse 10a zu schicken, um das
stümperhafte Vorgehen ihres Herrn zu vertuschen und den Mantel
des Schweigens über diese beschämende Entgleisung eines Schulleiters zu breiten. Die Kuriere mussten zumindest bei Sigrid und Daniela
gesäumt haben. Das donnernde "Halt" war - in diesem Fall wenigstens - zu spät eingetroffen. Ich musste unwillkürlich an Vergils Be-
schreibung der personifizierten FAMA denken. Doch was sich diesmal
ausbreitete, war nicht ein unsicheres Gerücht, sondern die nackte,
brutale Wahrheit. Die Last dieser Wahrheit hätte eines Atlas bedurft,
um sie auf den Schultern zu tragen. Doch zarte Jugend musste diese
Bürde des Herzens so schnell wie möglich abwerfen, um nicht von ihr
erdrückt zu werden. Wie konnte Brehmer davor die Augen verschließen, dass diese FAMA, von zartem Mädchenmund gespeist, schon
längst ihre Runden in der Stadt drehte. Oder ging man gar davon
aus, dass der Betroffene selbst wie einst Midas' Coiffeur das "Geheimnis" notgedrungen zur Binsenwahrheit werden ließ, weil er dem
Druck des Mitwissens nicht mehr gewachsen war? Damit wäre die
Falle zugeschnappt. Denn jetzt könnte man das Recht aus der Tiefe
holen und aktenkundige Verstöße sammeln. Ja, der Rechtsstaat
musste Brehmer wieder auf die Beine helfen! Da wird sich doch etwas

interpretierfähiges Kleingedrucktes ausfindig machen lassen, um im Prokrustesbett auf erforderliche Bandbreite zugeschnitten zu werden! - Ich ließ das Schreiben auf den Schreibtisch gleiten und warf mich auf die Couch. Ich brauchte Zeit, um zu verarbeiten. Die ganze Nacht stand unter diesem Stern.

Als ich am nächsten Morgen das Schulgebäude betrat, musste die Kunde von meinem Eintreffen schon vorausgeeilt sein, denn kaum hatte mich das Lehrerzimmer geschluckt, kam Frau Schnarrenberg auf mich zu und teilte mir mit, dass die vorgesehene Besprechung wegen einer anstehenden Lehrprobe für den sofortigen Zeitpunkt, 7.45 Uhr, festgesetzt sei. Ich folgte ihr also in das Direktorat, wo Oberstudiendirektor Brehmer und sein Stellvertreter, Studiendirektor Hechel, bereits auf mich warteten.

"Sie können jetzt wieder gehen!" schloss Brehmer, an Frau Schnarrenberg gewandt, weitere Zeugen von diesem Gespräch aus. Brehmer und Hechel standen wie ein Block eng beieinander. Es galt wohl, den angesagten Feind mit einer optischen Drohgebärde, wie sie aus dem Tierreich bekannt ist, so gründlich einzuschüchtern, dass er entweder freiwillig die Kehle zum Biss anbot oder in winselnder Unterwerfungsgebärde seinen Schwanz einzog. Zwei gegen einen, das konnte mich nur aufwerten!

"Ich muss (*Brehmer handelte also im Auftrag!*) Ihnen mein äußerstes Befremden über Ihr seltsames Verhalten bekunden!" begann Brehmer den Grabenkampf.

"Ich will Ihnen mein 'seltsames Verhalten', wie Sie es nennen, erklären," setzte ich zu meiner Rechtfertigung an. "Eine Ausweisung aus der Klasse ohne Angabe eines Grundes bedeutete für mich ein unbegründetes Berufsverbot, und ein Berufsverbot können Sie mir gegenüber nicht aussprechen."

"Ich sehe dies ganz anders. - (*Es hätte mich auch gewundert, wenn Brehmer die Sache wie ich gesehen hätte!*) - Ich wollte mit Ihnen die Angelegenheit nur außerhalb der Klasse besprechen." - *(Das Bürokratenteam hatte gute Arbeit geleistet. Die eigene Schwäche war erkannt worden. Der Wurm begann sich zu winden. Und hackt man ihn auseinander, winden sich gleich zwei Würmer!)*

"Das überrascht mich! Ich kann mich nämlich nicht daran erinnern, dass Sie mir gegenüber in der gestrigen Auseinandersetzung auch nur eine Andeutung in dieser Richtung gemacht hätten. Oder haben Sie mir das wirklich so mitgeteilt?" Mein aufsteigender Ton setzte

Brehmer unter Druck. Er musste sich jetzt und an dieser Stelle, in Gegenwart seines Stellvertreters, entweder zur Lüge oder zur Wahrheit bekennen.

"Ich habe das so expressis verbis nicht geäußert. Doch ich meine, dass Sie mich so hätten verstehen müssen." Noch hatte Brehmer nicht den Mut zur direkten Lüge. Doch was sind Halbwahrheiten? Seine Verlegenheitsaussage muss ihm selbst bitter auf der Zunge geschmeckt haben. Doch Hechels hilfreiche Anwesenheit milderte den unangenehmen Geschmack. "Ich habe mit dem Ministerium Kontakt aufgenommen - (*Welchen Notdienst hätte er sonst anrufen können?*) und Ihnen von Dr. Kühn im Auftrag des Ministerium folgendes mitzuteilen:" - Er nahm einen Zettel, auf dem er offensichtlich die telephonische Anweisung mitstenographiert hatte, vom Schreibtisch und las den Inhalt vor.

'Unabhängig von einer Überprüfung der Angelegenheit soll ich Ihnen mitteilen, dass Sie des Amtes enthoben werden, wenn Sie nicht wenigstens jetzt einsichtig sind. Wenn Sie glauben, weiter auf dieser Ebene verkehren zu können, brauchen Sie nicht damit zu rechnen, dass Sie mit diesen Methoden Beamter auf Lebenszeit werden.'

Die Kanone war aus dem Unterstand gefahren, die scharfe Munition geladen, das Feuer an die Lunte gelegt. Jetzt blieb nur noch die Frage, wie lange man den Glühfaden gewählt hatte. Die Wurzel dieser Existenz musste ausgebrannt werden wie ein faulendes Geschwür. Sollte sich nämlich der Gestank verbreiten, wäre die Krankheit nicht mehr zu verheimlichen.

"Heißt das, dass ich unter allen Umständen auf Ihrer Linie reiten muss?" versuchte ich Licht in das Orakel zu bringen.

"Was heißt hier *'auf meiner Linie reiten'*? Es ist nicht meine Aufgabe, das Ministerium zu interpretieren!" brauste Brehmer empört auf und versuchte durch Blickkontakt Schützenhilfe von Hechel zu erhalten.

Dieser enttäuschte die Erwartung loyaler Ergebenheit nicht: "Also das ist ja unerhört!" entfuhr es pflichtgemäß seinem grimmigen Gesicht.

"Ich verlange von Ihnen keine Interpretation!" versuchte ich mich zu erklären. "Ich wollte nur wissen, ob das Ministerium Ihnen nähere Erläuterungen dazu gegeben hat."

Meine indirekte Frage schien ihn etwas zu verwirren, denn er zuckte ratlos mit dem ganzen Körper und blickte erneut fragend zu Studiendirektor Hechel. "Nein, wir haben keine näheren Erläuterungen vom Ministerium erhalten", gab er verunsichert Auskunft.

"Mir ist völlig unverständlich," setzte ich mein Eigenplädoyer fort, "wie das Ministerium eine so gewaltige Drohung aussprechen kann, ohne mit mir auch nur ein Wort in dieser Angelegenheit gesprochen zu haben. Ich darf sehr wohl erwarten, dass sich auch eine eiligst zusammengerufene Kommission dem allgemeingültigen Rechtsgrundsatz *audiatur et altera pars*, den Sie, Herr Direktor, als Lateiner sehr gut kennen müssten, verpflichtet fühlt und sich vorher bei *beiden* Seiten über den Sachverhalt informiert."

"Ich sollte Ihnen das nur mitteilen." ignorierte Brehmer meinen Ansatz. "Sie können jetzt gehen."

Ich tat, wie angewiesen, und überließ mich meinem Schicksal. Die ministerielle Breitseite hatte mich nicht einmal so sehr aus dem Gleichgewicht geworfen, denn in meiner Naivität hielt ich strikt an meiner Überzeugung fest, war im Glauben an mich selbst noch unerschüttert. Wie hieß die Stimme des Ministeriums? Dr. Kühn. Dr. Kühn? Uli hatte den Namen einmal im Zusammenhang mit einem anderen Kollegen erwähnt. Er war, glaube ich, der zuständige Mann in der Rechtsabteilung des Ministeriums. Ich beschloss, mich heute Nachmittag an die direkte Quelle des Erlasses zu wenden und Dr. Kühn anzurufen.

Um 15.15 Uhr stand ich in der Telephonkabine der Post und wählte Kühns Nummer, die ich im Verbandsjahrbuch nachgelesen hatte. Die Verbindung kam auf üblichem Wege zustande.

"Herr Dr. Kühn?" vergewisserte ich mich, auch mit dem richtigen Mann verbunden zu sein. "Herr Dr. Kühn, Toberg. Ich rufe wegen des gestrigen Vorfalls am Eleonore-Mahler-Gymnasium an. Ich bitte Sie um einen Termin für eine persönliche Unterredung in dieser Angelegenheit. Ich meine, dass ich ein Recht auf Gehör habe."

"Herr Toberg, Herr Oberstudiendirektor Brehmer hat mich bereits von dem einmaligen Vorfall unterrichtet, und er hat, wie ich Ihrem Anruf entnehme, auch meine vorläufige Stellungnahme an Sie weitergeleitet. Es besteht keinerlei Veranlassung zu einem persönlichen Gespräch. Alles wird schriftlich überprüft werden. Sämtliche Vorwürfe werden Ihnen schriftlich zur Kenntnis gebracht, wozu Sie dann auch Stellung nehmen können. Im Übrigen muss ich mein größtes Befremden über diesen Vorfall ausdrücken, weil das Verhalten eines so

aufsässigen Beamten einmalig ist."
Der Papierkrieg war damit eingeleitet. Nach etwa vierzehn Tagen kam der erste Vorstoß von Seiten des Ministeriums:

>... *20.Juli*
Personalverhältnisse: StR z. A. Rainer Toberg (L/E)
hier: Disziplinarrechtliche Vormerkungen

Wie dem Staatsministerium für Unterricht und Kultur berichtet worden ist, hat Studienrat z. A. Toberg Maßnahmen seines unmittelbaren Dienstvorgesetzten in dessen Gegenwart vor seiner Klasse kritisiert. Er ist der daraufhin in Ausübung des Hausrechts ergangenen Weisung des Direktors, das Klassenzimmer zu verlassen, nicht gefolgt, so dass es erforderlich wurde, ihn von der Polizei abführen zu lassen. Dieses Verhalten stellt eine Missachtung des Vorgesetzten und einen Verstoß gegen das Beamtengesetz dar, wonach der Beamte verpflichtet ist, die dienstlichen Anordnungen der Vorgesetzten auszuführen, und rechtfertigt den Verdacht eines Dienstvergehens.

Der Dienstvorgesetzte hat daher die zur Aufklärung des Sachverhalts erforderlichen Vorermittlungen zu veranlassen und dabei die belastenden, entlastenden und für die Bemessung der Disziplinarmaßnahme bedeutsamen Umstände zu ermitteln...

Im vorliegenden Falle erschien es nach Auffassung des Staatsministeriums für Unterricht und Kultur zweckmäßig, den ständigen Vertreter des Direktors, Herrn Studiendirektor Hechel, mit der Durchführung der Vorermittlungen zu beauftragen.

I.A.
gez. Dr. Kühn
Ministerialrat

<

Chronologie eines Briefwechsels:

11.10. Toberg kündigt schriftliche Stellungnahme an
27.12. Ministerium: Abschluss der Vorermittlungen - Aufforderung zu abschließendem Gehör
13.01. Toberg: schriftliche Stellungnahme:
>...
Zu dem Schreiben vom 20.Juli möchte ich folgende Einwände an-

führen.

Es heißt dort. "*...hat Studienrat z. A. Toberg <u>Maßnahmen</u> seines unmittelbaren Dienstvorgesetzten in dessen Gegenwart <u>vor seiner</u> <u>Klasse kritisiert</u>.*"

Dabei ist jedoch herauszustellen, dass es sich nicht um irgendwelche Maßnahmen handelte, sondern um den Eingriff des Direktors in den Unterricht (Schulaufgabe) des Lehrers (wie schon mitgeteilt, hat Herr Brehmer nach vorheriger Befragung einiger Schülerinnen, ob sie verschiedene Wörter wussten, zwei Angaben an die Tafel geschrieben, ohne auch nur den Versuch zu unternehmen, sich bei dem Klassenlehrer zu vergewissern.) Dieser Eingriff jedoch bedeutete in meinen Augen eine Bloßstellung meiner Person, da bei den Schülerinnen der Eindruck entstehen musste, dass ich ungerechterweise unbekannte Wörter von ihnen verlangte. Nachdem dies also <u>vor der Klasse</u> geschehen war, sah ich es als mein Recht an, mich *vor der Klasse* gegenüber den Maßnahmen des Direktors zu rechtfertigen und dem aufkommenden Verdacht, unbekannte Wörter verwendet zu haben, schärfstens zurückzuweisen. Dabei sah ich die Kritik an der Maßnahme des Direktors als <u>berechtigt</u> an, da ich seinen Eingriff als <u>unberechtigt</u> klarstellen musste. (Die Wörter wurden nachweislich gelernt.)

Weiter heißt es: "*Er ist der daraufhin <u>in Ausübung des Hausrechts</u> <u>ergangenen Weisung</u> des Direktors, das Klassenzimmer zu verlassen, nicht gefolgt, so dass es <u>erforderlich</u> wurde, ihn von der Polizei abführen zu lassen.*"

Die <u>willkürliche</u> Ausübung des Hausrechts einem Lehrer gegenüber musste ich als <u>willkürliches</u> Diktat ablehnen. Herr Brehmer konnte mir, als er mich aus dem Klassenzimmer wies, keine Begründung für seine Handlungsweise geben, wie auch der Polizei zunächst kein Grund genannt worden war, warum sie mich abführen solle. Außerdem muss ich größte Zweifel daran äußern, "<u>dass es erforderlich</u> <u>wurde...</u>", mich von der Polizei abführen zu lassen, als ob ich das Verhalten eines Verbrechers, Randalierers, Schlägers o. Ä. gezeigt hätte. Ich habe Herrn Brehmer zweimal höflich gebeten, meinen Unterricht fortsetzen zu dürfen.

Den Vorwurf des Verdachts eines Dienstvergehens muss ich daher zurückweisen, da einem Beamten nicht zugemutet werden kann, <u>willkürliche</u> und <u>unbegründete</u> Anordnungen <u>kritiklos</u> hinzunehmen.

<

>
21.07.   Ministerium: Disziplinarverfügung

...

Das Staatsministerium für Unterricht und Kultur erlässt folgende
Disziplinarverfügung

I. Gegen Studienrat z. A. Rainer Toberg wird wegen eines Dienstvergehens eine Geldbuße in Höhe von 200,-- DM verhängt.

II. Er hat auch die Kosten des Verfahrens zu tragen.

III. Gebühren werden nicht erhoben, Auslagen sind nicht angefallen.
...<

Damit schien der Fall aus der Welt geschafft. Um über meine weitere Zukunft Einblick zu erhalten, fragte ich beim Ministerium an, mit
welchen Konsequenzen ich zu rechnen hätte:

>
02.08.

...

In Bezug auf das obige Schreiben bitte ich Sie, mir mitzuteilen, ob
das gegen mich verfügte Disziplinarverfahren in irgend einer Weise
Einfluss auf meine Verbeamtung hat.
...<

> ... 16.08.
Sehr geehrter Herr Toberg!

*Zur Übernahme in das Beamtenverhältnis auf Lebenszeit darf u.a.
nur berufen werden, wer sich in seiner Probezeit hinsichtlich seiner
Eignung, Befähigung und fachlichen Leistung bewährt hat. Es ist Aufgabe der vom unmittelbaren Dienstvorgesetzten zu erstellenden Pro-
bezeitbeurteilung, sich über das Vorliegen bzw. Nichtvorliegen dieser
Voraussetzungen zu äußern, und zwar aufgrund der Beobachtungen
während des gesamten Beurteilungszeitraumes. Ein Fehlverhalten,
selbst wenn es zu einer Disziplinarverfügung geführt hat, führt regelmäßig zu keiner Verlängerung der Probezeit, wenn es sich deutlich als
ein Einzelfall darstellt und im übrigen die Bewährung festgestellt werden kann.*

Hochachtungsvoll
I.A.
gez. Dr. Kühn
Ministerialrat
...<

Ich war beruhigt. Konnte ich doch meinem Beruf weiterhin mit gewohntem Engagement nachgehen, ohne um meine Existenz fürchten müssen. Meiner Verbeamtung auf Lebenszeit stand also nichts mehr im Wege, und sie war noch in diesem Schuljahr zu erwarten. Da ich mich mit der, wie ich glaubte, einseitigen Bestrafung, nicht ganz zufrieden geben konnte, legte ich Dienstaufsichtsbeschwerde gegen Oberstudiendirektor Brehmer ein.

Das Schuljahr verging, und die Akte Toberg schien im Ministerium wider aller Erwarten doch eine kleine Verzögerung in die Wege geleitet zu haben. Sollte ich schon so schnell vergessen worden sein? Oder hatte man nach dem Böllerschuss auf kleine Flamme geschaltet, um den Hammel garzukochen? - Sollte ich eine schriftliche Erinnerung wagen? Ich sollte. Also setzte ich mich an die Schreibmaschine und vertrat wieder einmal meinen Fall:

>...

Sehr geehrter Herr Dr. Kühn!

Obwohl ich jetzt drei Jahre als Beamter im Range eines Studienrat z. A. tätig bin, wurde ich bisher nicht, wie in anderen Fällen geschehen, am Ende des Schuljahres zum Beamten auf Lebenszeit ernannt. Ich bitte Sie, mir dafür eine nähere Begründung mitzuteilen.
...<

Da ich sicher gehen wollte, dass mein Brief nicht in den Aktenbergen auf ministeriellen Schreibtischen verschwand, bat ich auch meinen Berufsverband, der Sache auf den Grund zu gehen. Nach einigen Wochen bekam ich Antwort von meiner Vertretung:

>...
Die Beförderung der von Ihnen angesprochenen Kollegen erfolgte unseres Wissens zum richtigen Zeitpunkt, nämlich nach drei Jahren. Ihre Wartezeiten entsprechen den für StR z. A. geltenden Wartezeiten.

Leider ist - nach Aussage des Ministeriums - Ihr Fall wegen des Disziplinarverfahrens mit dem der oben genannten Kollegen nicht vergleichbar.

...<

Ob Dr. Kühn wirklich der Illusion erlegen war, dass ich mich an sein Schreiben vom 16.08. nicht mehr erinnern konnte? Auch ein Beamtenwort schien in zunehmendem Maße den ökonomischen Gesetzen der Inflation zu unterliegen und an Wert zu verlieren. Folglich wartete ich geduldig, bis der wohlwollende Schriftzug eines Ministerialrates auch mich in die Gilde der lebenslänglichen Beamten aufzunehmen gedachte.

Daumenschrauben

Unbeirrt von allen Unbilden setzte ich meinen einmal eingeschlagenen Weg fort. Was hatte ich jetzt noch zu verlieren? Der Moment der absoluten Freiheit war gekommen.

Brehmer und Co. allerdings hingen noch den alten Vorstellungen eines traditionellen Beamten nach. Sie projizierten ihre Beamtenziele von Titel, Funktion und Prestige auch auf mich. Doch dass diese oft so prächtig sitzende Schablone bei meiner Person kaum eine Deckungsgleichheit zuließ, mussten sie trotz intensivster Gegenbestrebungen bald zur Kenntnis nehmen.

Nach der verhängten Disziplinarstrafe wurde von allen Seiten zum großen Halali geblasen. Der Hirsch wird doch zur Strecke zu bringen sein! Man muss die Treiber nur geschickt operieren lassen. Irgend einer wird dann seinen Fangschuss schon setzen.

Versuchen wir es einmal mit dem Fachbetreuer. Er ist in der Regel kompetent und absolut loyal - was leider manchmal die Kompetenz etwas aufhebt. Unter diesen Umständen erhielt das Gespräch, das ich bei dem Einstandsessen mit Dr. Lewald geführt hatte, eine intensive, dienstlich verordnete Fortsetzung. Er sollte, in williger Erfüllung seines Auftrags, dem noch unerfahrenen Kollegen immer wieder spürbar zur Seite stehen und ihm seine Schwächen aufzeigen, damit dieser die Chance hat, an sich zu arbeiten. Stärken bei jüngeren Kollegen kann es nicht geben, sie sind allemal erwarteter Durchschnitt. Man sollte sich daher bei Besprechungen der Unterrichtsstunden nicht unnötig damit aufhalten. Man nütze doch besser die verbleibende Zeit zur wohlgemeinten Kritik, damit der Kollege seine Lernfähigkeit unter Beweis stellen kann. Regelmäßige Kassiber ins Direktorat dürfen den Informationsfluss nicht abreißen lassen. Diese Informellen Mitarbeiter braucht eine Führung.

Zeigt der Fachbetreuer Ermüdungserscheinungen, so setze man auf vertrauteren Beistand. Der Stellvertreter gilt bei sich und seinem Vorgesetzten als bewährte Kraft. Studiendirektor Hechel konnte diese Auszeichnung für sich in Anspruch nehmen. Sollten auch pädagogische Kräfte in ihm geschlummert haben, so war es ihm noch nicht gelungen, diese bei den Schülerinnen sichtbar werden zu lassen. Galt er doch bei vielen - nicht bei allen, denn Oberstudiendirektor Hechel verteilte seine Sympathien nur an ausgewählte Schülerinnen seiner Klasse - als ein autoritärer Schweinehund *(Schülermund!)*, vor dessen Kopfnüssen und Ohrspiralen ganze Klassenverbände zitterten. Trotzdem gab sich Kollege Hechel alle Mühe, Kollegen Toberg das Ein--mal-Eins einer allgemein gültigen Pädagogik nahezubringen. Dass der junge Kollege allerdings damit bei den mehrmaligen Besprechungen besuchter Unterrichtsstunden überfordert war - die Unterschiede in der Auffassung von Pädagogik waren zu gravierend -, ließ Kollege Hechel bei jeder Gelegenheit seinen Kollegen Toberg mit väterlichem Lächeln spüren.

Nun garantiert aber ein Studiendirektor nicht unbedingt den gesicherten Erfolg. Um diesen zu gewährleisten, darf die persönliche Kontrolle durch den Leiter der Anstalt nicht fehlen. Wie heißt es doch so schön in dem mittlerweile trivialen, aber in den oberen Etagen immer noch hochgeschätzten Wahlspruch: 'Vertrauen ist gut, Kontrolle ist besser'. Erstens einmal zeigt sich, dass man den Stier bei den Hörnern packt und damit seine eigene Angst überwindet. Angriff war schon immer die bessere Verteidigung. Zweitens wirkt die unkontrollierte Macht, die man bei diesen Gelegenheiten demonstrieren kann, ungemein beruhigend, ja aufbauend, da man doch etwas geleistet hat, wenn man geschickt seine negativen Beobachtungen in einer Beurteilung des Kollegen zu Papier gebracht hat.

Diese Beurteilung muss nun der nächsten übergeordneten Dienststelle zugeleitet werden. Warum sollte da nicht der Ministerialbeauftragte bei dem jungen Kollegen persönlich vorbeischauen. Es sprach nichts dagegen.

Wir, das heißt meine Schülerinnen und ich, waren gerade dabei, ein Kapitel des Übungsbuches zu übersetzen, da klopfte es an der Tür. Noch ehe ich selbst öffnen konnte, schwang diese auf, und zwei Männer betraten das Klassenzimmer. Der eine war mir sehr vertraut. Es handelte sich um meinen direkten Vorgesetzten, Oberstudiendirektor Brehmer. Seine Begleitung war mir fremd. Brehmer kam auf mich zu und stellte mir den untersetzten, rundlichen Herrn - er mochte um die sechzig sein - vor: "Ministerialbeauftragter Dr. Haucke möchte gern Ihrem Unterricht beiwohnen."

"Guten Tag!" begrüßte mich Dr. Haucke mit Handschlag. "Darf ich mich ein wenig zu Ihnen in den Unterricht setzen?" fragte er förmlich und schaute sich nach einem freien Sitzplatz um. Gar nicht auszudenken, wenn ich dieser Form mein "Nein!" entgegengesetzt hätte! Aber warum sollte ich? Ich hatte kein schlechtes Gewissen.

Nachdem die Schulglocke das Ende der Stunde durch das Gebäude gerasselt hatte, erhob sich Dr. Haucke, trat auf mich zu und bat mich: "Kommen Sie bitte mit mir ins Direktorat!" Ich verstaute Lehrbuch und Grammatik in meiner Aktentasche und folgte ihm unverzüglich. Ein einseitiges Dreiergespann, davon war ich überzeugt, schien wieder einen Lokaltermin zu haben. Um so mehr war ich überrascht, als ich nach Betreten des Direktorats feststellte, dass das Gespräch unter vier Augen stattfinden sollte, denn Oberstudiendirektor Brehmer hatte offensichtlich Order erhalten, sein Dienstzimmer zur Verfügung zu stellen.

"Bitte setzen Sie sich!" bot mir Dr. Haucke den Stuhl vor dem Schreibtisch an, während er um das massige Möbel herumging und sich in dem Direktorensessel niederließ. "Sie können sich glücklich schätzen, eine so deutlich vernehmbare Stimme zu besitzen", spielte er lobend auf meine laute Sprechweise an. "Die Schülerinnen konnten Ihrem Unterricht gut folgen. Sie traten vor der Klasse sicher auf." Seine sonore Stimme hatte etwas unerwartet Beruhigendes an sich und stand ganz im Gegensatz zu seinem strengen Blick. - "Bei der einen Erklärung über das Imperialwesen hätten Sie sich vielleicht kürzer fassen können. Mädchen interessiert das nicht so wie Jungen. - Die Anordnung der Verben an der Tafel hätten Sie besser nach Konjugationen geordnet vorgenommen, nicht so sehr nach Wortfeldern. Aber so etwas kommt mit wachsender Erfahrung."

Hauckes Urteil über meinen Unterricht klang ausgewogen. Ein bisschen Lob, ein bisschen Kritik! Zu überlegt! Wollte er zerbrochenes Porzellan wieder kitten, nachdem er sich davon überzeugt hatte, dass man mit mir kein Monster auf wehrlose Schülerinnen losgelassen hatte? Was mich verunsicherte, war die Tatsache, dass er den 'Fall' mit keiner Silbe erwähnte. Auch kein Wort oder eine Frage über die zwischendienstlichen Beziehungen der beiden Kontrahenten. Wie eine atmosphärische Spannung, existent und doch nicht greifbar, schwebte das ungute Gefühl eines überzogenen Rechts im Raum. Wollte er eine Art Wiedergutmachung leisten? Wenn ja, musste sie unmerklich vollzogen werden. Der einmal errungene Triumph durfte unter keinen Umständen aufs Spiel gesetzt werden. Der Pyrrhussieg durfte als solcher nicht erkennbar werden. Das Prinzip der aufgefangenen heißen Kartoffel war latent am Werk, war mit der Beamtenmilch eingesogen, hatte sich in den Chromosomen eingenistet und einen der dominanten Plätze erobert.

"Ich wünsche Ihnen immer zufriedene Schüler - und Schülerinnen natürlich!" entließ er mich mit einem Schmunzeln aus dem Gespräch und reichte mir seine Hand über den Schreibtisch.

Hoppla! War das ein Freud'scher Versprecher? Zumindest hatte er mir damit genug Stoff zum Überlegen mitgegeben.

Ein neuer Kronprinz

Die Mühlen der Macht liefen munter weiter. Das Führungsgespann der Schule spürte, dass ein kritischer Beobachter gewisse Schwachpunkte hätte entdecken können. So beschloss Oberstudiendirektor Brehmer, dem harmonischen Duett durch Antrag beim Ministerium für Unterricht und Kultur eine dritte Säule hinzuzufügen und es zur Troika auszubauen. Dieser Gedanke veranlasste ihn, folgenden Anschlag im Lehrerzimmer zum Aushang zu bringen, nachdem die oberste Behörde grünes Licht gegeben hatte:

"Sehr geehrte Kolleginnen und Kollegen!

Für das Direktorat des Eleonore-Mahler- Gymnasiums hat das Ministerium für Unterricht und Kultur die Stelle eines weiteren Mitarbeiters ausgeschrieben. Ich möchte jedoch darauf aufmerksam machen, dass nur Kolleginnen oder Kollegen eine Berücksichtigung finden können, die bereit sind, ihre ganze Kraft den Belangen der Schule zu widmen und dem von ihnen erwarteten Einsatz selbst die Familie hintanzustellen.

Brehmer
Oberstudiendirektor"

Ein Großteil des Kollegiums stand kopfschüttelnd vor dieser Bekanntmachung. Manche brachen in schallendes Gelächter aus über diese sicherlich nicht alltägliche Selektionsweise. Konnten sich doch die meisten Bediensteten dieser Schule eine Bewerbung, und damit Bangen und Hoffen und auch die Enttäuschung einer Nichtberücksichtigung ersparen.

"Da habe ich wieder einmal Glück gehabt!" kommentierte Gero grinsend das Ächtungspapier. "Da seht ihr wieder, welchen Segen ein Junggesellenleben mit sich bringt!"

"Wieso hast nur du Glück gehabt?" entriss ich Gero ein Stück seines Kuchens. "Schau mich an! Und den Jochen! Und Jutta! Und Amelie! Und ...!??" Jetzt fiel es mir wie Schuppen von den Augen. Ein Bewerber mit Familie, aber ohne Familienanschluss!! Die bürokratische Klasseneinteilung war geschickt gewählt. Es gab da die Huxleyschen Alpha-Typen, die für die gehobeneren, besseren Aufgaben vorgesehen waren, und die Epsilon-Typen, der arbeitende Pöbel, der für die niederen Dienste gerade gut genug war, aber keinerlei Rechte besaß. Je nach Sauerstoffzufuhr, sprich Protektion, konnte sich das Gehirn, sprich die Karriere, des in Pflege gegebenen Produkts entwickeln. Bei den Epsilon-Typen wurde das Gehirn auf Erbsengröße gehalten. Ich begann, die Junggesellinnen und Junggesellen an dieser Schule an den Fingern abzuzählen. Mit jedem wachsenden Finger nahm unser Erstaunen zu. Gero kontrollierte mit. "Das darf ja nicht wahr sein! - Fünfzehn!!"

"Stimmt! Fünfzehn Junggesellen!!" bestätigte er meine Erstklass--Arithmetik. "Mir ist das bisher noch nie aufgefallen! Das ist ja der helle Wahnsinn! Wenn das so weiter geht, haben schließlich die Dummköpfe das Sagen. Ob das denen da oben bewusst wird?" Gero lief wieder zu alter Form auf.

"Jetzt weiß ich auch", konstatierte ich, "was der Böhning damals gemeint hat, als er zu mir sagte *'Sie sind doch als Junggeselle sehr flexibel, und außerdem sind Kräfte wie Sie an solchen Gymnasien sehr gefragt. Sehen Sie es als eine Aufgabe!'"*

"Ha, Ha!" Gero lachte lauthals. "Ob er mit flexibel dein Rückgrat gemeint hat? Du solltest wirklich etwas mehr Sport treiben! Zeig doch mal, wie weit du mit deinem Kinn auf die Knie kommst! Aber den Buckel dabei schön rund halten! Ha, ha! - Den zweiten Satz würde der Böhning heute auch nicht mehr unterschreiben", grinste Gero flaxend. - "Junge, ich sehe schon, du bist ein schwieriger Fall, eine harte Nuss! Wundere dich also nicht, wenn man dich in die Zange nimmt, um dich zu knacken!"

Fast die Hälfte des Kollegiums war also aus dem Raster herausgefallen. Ein anderer Teil kam aus unterschiedlichen Gründen sicherlich auch nicht in Frage. Wo blieb also die Roulettekugel hängen?

Wie bei solchen Anlässen üblich, begann auch diesmal die Gerüchteküche eifrig zu brodeln. Doch die Kreise um die in Frage kommenden Bewerber zogen sich immer enger. Schließlich konzentrierte sich die ganze Wucht der Vermutungen auf Kollegen Biller. Und was lange Zeit als Wahrheit unter dem Ladentisch gehandelt wurde, konnte nach einiger Zeit offiziell am Schwarzen Brett nachgelesen werden:

"Mit Wirkung vom 01.12. wurde Oberstudienrat Walter Biller vom Ministerium für Unterricht und Kultur zum Mitarbeiter im Direktorat berufen.

Brehmer
Oberstudiendirektor"

Für uns andere hatte sich damit das Leben normalisiert. Aber es hielt auch noch Überraschungen bereit.

Ein unerwartetes Kopf-an-Kopf Rennen

Für den letzten Schultag vor Weihnachten hatten selbstentworfene Plakate überall im Schulgebäude den Verkauf der Schülerzeitung "DER VIRUS" angekündigt. Als ich an diesem Morgen die Schulhalle betrat, wurde mir von Mitgliedern der Redaktion mit hochgehaltenen Armen ein frischgedrucktes Exemplar angepriesen:

"HEUUTEE!! - Der neue 'VIRUS'!! - Lassen auch Sie sich anstecken!! - Zu einem inflationär niedrigen Preis!! - Nur 2 EURO!! - Nur für Intellektuelle!! - Aber Lehrer haben einen Bonus!!"

Lachend entrichtete ich meinen Obolus, klemmte mir das Geheft unter den Arm und stieg die breite Steintreppe empor, die in den Flur mit den Verwaltungsräumen und dem Lehrerzimmer führte. Dort

wurde ich, kaum dass ich eingetreten war, von Gero, Jutta und Jochen bestürmt: "He, hast du die Schülerzeitung schon gelesen?!"
"Wie sollte ich?!" Ich hielt ihnen demonstrativ mein frisch erworbenes Exemplar hin. "Ich habe sie gerade erst erstanden!"
"Junge", sagte Gero, "ich glaube, du hast es geschafft!"
Ich wusste zwar nicht, was er damit meinte, vermutete aber wieder einen seiner hundsgemeinen Hintergedanken. Bei jedem seiner Sätze war ich unwillkürlich auf der Suche, ob nicht in irgend einem Winkel eine versteckte Ironie herausächzte.
"Das wird den Alten umhauen!" steigerte Jochen meine wachsende Neugier.
"Schlag einmal die Seite fünfundfünfzig auf!" wurde Jutta präziser und tippte auf die Hauszeitung, die ich vor mich auf den Tisch gelegt hatte. "Ich glaube, du wirst selbst zweimal hinschauen müssen. Aber du siehst dann richtig! Es steht hier schwarz auf weiß!"
Jetzt kam ich nicht umhin, die Seite fünfundfünfzig der Schülerzeitung aufzuschlagen. Da stand in großen fettgedruckten Lettern

"Die strahlenden Sieger"

Da Ihr doch sicher alle aufmerksame 'VIRUS'-Leser seid, könnt Ihr euch bestimmt noch an unseren Wettbewerb erinnern. Gesucht wurde der sympathischste, bestaussehendste Lehrer und der mit dem besten Unterricht!
Die Beteiligung hätte etwas reger sein können, aber nichts desto trotz wollen wir Euch die Ergebnisse nicht vorenthalten! Wir hoffen allerdings, dass bei den Lehrern, die namentlich nicht genannt sind, nicht allzu viele Träume zerstört werden. Wir werden sicher wieder einmal eine ähnliche Umfrage starten. Vielleicht sind Sie das nächste Mal dabei. Also, strengen Sie sich an!

AUSSEHEN:
1. Herr Kern
2. Herr Gellert
3. Herr Dr. Lambert

SYMPATHIE:
1. Herr Brehmer
2. Herr Toberg und Herr Weller
3. Herr Liebich

UNTERRICHT:
1. Herr Toberg und Herr Weller
2. Herr Ritter
3. Herr Sailer

"Was sagst Du?" Alle erwarteten gespannt meine Reaktion.

Jetzt war ich gefordert. Natürlich wusste ich, dass die Umfrage, wie auch in dem Text angedeutet, nicht 100% repräsentativ sein konnte. Doch warum sollte ich nicht aufrichtig meine wahren Gefühle preisgeben? "Ich weiß es zu relativieren. Aber es tut gut. Es ist eine nicht unerhebliche Genugtuung. Ich scheue mich nicht, dies einzugestehen. Es ist auch einer der Gründe, warum ich so unbeirrbar meinen Weg gehe. Ich habe, wie ich glaube, als Lehrer einen ehrlichen Kontakt zu den Schülerinnen. Daraus schöpfe ich viel Kraft. Du kannst nicht, und das habe ich mir fest vorgenommen, beim ersten Wehgeschrei deine Prinzipien über Bord werfen, wenn du von ihnen überzeugt bist. Und ich habe mit meiner Hartnäckigkeit Recht behalten. Wie viele Schülerinnen haben mich, als sie mich zum ersten Mal im Unterricht erlebten, verteufelt, einen 'scharfen Hund' genannt! Doch im Gegensatz zu manchen an dieser Schule haben sie sehr schnell begriffen, dass mein Verhalten, ebenso wie die konstruktiv strenge Haltung manch anderer Kollegen, keine sadistische Ausübung perverser Autorität darstellt, sondern dass letztendlich sie von einer gewissen Konsequenz profitierten. Natürlich bauen die Schülerinnen auf ihr Doppelspiel. Wenn sie bei einem Kollegen nicht ihr Ziel erreichen, dann muss der Alte herhalten. Sie wissen aus Erfahrung, dass sie bei ihm jederzeit Gehör finden werden. Er hat sich ja freiwillig und nicht ungern dieser Koketterie unterworfen. Es geht ihm vor allem um wachsende Schülerzahlen, auch auf Kosten des Rufs der ganzen Schule. Hört euch doch einmal in der Stadt um, welches zweifelhafte Prestige diese Anstalt hat! Das kümmert ihn nicht. Er proklamiert weiterhin seine *'humane'* Schule. Und wenn die Eltern sich entscheiden, ihre Tochter zu uns zu schicken, taucht häufig das Argument auf *'Dort schafft sie es bestimmt. Der Jakl lässt nichts anbrennen.'* Mir wirft er stets vor, ich würde die Mädchen überfordern. Und wenn ich ihm dann handfeste Argumente vorlege, windet er sich hilflos mit dem letzten Trumpf aus der Sackgasse: *'Wenn es Ihnen bei uns nicht gefällt, gehen Sie doch an eine andere Schule!'* Und dieser Wunsch taucht bei ihm immer häufiger auf. Auf diese Weise löst man in herrschaftlichen Etagen die Probleme! Doch dem Alten schwimmen die Argumente davon. Er kann mich schon lange nicht mehr in die Ecke des irrenden Außenseiters drängen. Auch bin ich nicht der einzige, der diese Meinung über unsere Führung vertritt, doch ich bin einer der wenigen, der die Probleme ihm gegenüber offen ausspricht. Aber ihr seht, was mit einzelnen *Fehlgeleiteten* passiert!"

Jochens Schmunzeln und sein Griff zum Aktenkoffer, um sich auf den Weg in die erste Unterrichtsstunde zu machen, holten mich von meiner verbalen Exkursion zurück. Ich hatte mich in eine defensio meae causae regelrecht hineingesteigert. In manchen Ecken der Republik wird es ein Aufheulen geben: 'Eigenlob stinkt!' Doch diese Schreier sollen das Buch ganz nahe an ihre Nase halten. Können Sie irgend etwas Stinkendes riechen? Achtung! Es könnte Ihr Eigengeruch sein! - Das Blatt ist frisch gedruckt!

Das Schicksal kann manchmal grausam sein und mit den Menschen sein teuflisch Spiel treiben. An diesem Abend war vom Personalrat, aus dem sich Uli aus 'Überlastungsgründen' inzwischen verabschiedet hatte, eine kleine Weihnachtsfeier des Kollegiums in einem Lokal arrangiert worden. Ich stieß etwas verspätet dazu und wurde mit einem Problem konfrontiert, das auf der einen Seite der Kollegen, in diesem Fall auch bei mir, verlegenes Unbehagen hervorrief, auf der anderen Seite den Kollegen ein diebisches Lächeln entlockte. Die Plätze neben gewissen Schulleitern werden bei Veranstaltungen auch geselliger Art, wenn möglich, von konsequenten Kollegen nicht besetzt. Die schreiende Diskrepanz zwischen autoritärer Dienstmaske und privater aufgesetzter Jovialität lässt zwischenmenschliche, auch zwischendienstliche Beziehungen kaum wachsen. Der Nebenraum der Gaststätte, in der die Feier als geschlossene Gesellschaft angemeldet worden war, war bis auf den letzten Platz, das heißt hier mit einer Ausnahme, gefüllt. Ein weiteres Gestühl konnte nicht mehr aufgestellt werden, da der übrig gebliebene Schlupf für die Bedienung freizuhalten war. Trotz verzweifelter Suche nach einem Ausweg blieb nur noch der freie Platz auf der Eckbank neben Oberstudiendirektor Brehmer. Jetzt hätte ich die radikale Konsequenz ziehen können, vielleicht auch müssen, auf dem Absatz kehrt zu machen. Ich habe es nicht getan. Ob aus Feigheit oder aus Trotz, die Gründe lassen sich heute nicht mehr eindeutig rekonstruieren. Als ich mich unmerklich zögernd auf das dünne Sitzkissen, das von der Vielzahl der anscheinend reihum gelegten Pobremser als letztes noch einen Besitzer suchte, niederließ, knisterte eine lokale Spannung wie überspringende Elektrizität in aufreizendem Kontrast zu der übrigen heiteren Atmosphäre. Wie zwei Kathoden, die ihre hochgefahrenen Ladungen in beinahe alle Richtungen emittierten, saßen wir unversehens nebeneinander. Nur an der Seitenfront verhinderte eine eisige Wand das Zusammentreffen beschleunigter Ionen, schraubte die chemische Reaktion auf dieser Seite auf den Nullpunkt herunter. Dieses bi-metallische Gefühl werden vor allem diejenigen nachvollziehen können, die die zwiespältigen Freuden eines offenen Kaminfeuers zu schätzen wissen. Das in der Schülerzeitung sichtbar gewordene Patt der beiden Gegenspieler schwelte zunächst unter der Oberfläche, also nur in den Köpfen einiger. Doch schon zwinkerten die ersten Anspielungen bald hier, bald da aus verschmitzten Kollegenaugen. Ich lächelte verlegen zurück, versuchte meine Regungen unter Kontrolle zu halten, um nicht durch eine falsche Bewegung oder mimische Andeutung versteckte, aber unüberhörbare Spitzen gegenüber Brehmer auszulösen. Ich gab mich der Illusion hin, durch Passivität den bevorstehenden Erdrutsch verhindern zu können. Aber das Donnern der längst losgetretenen Lawine dröhnte bereits durch den Saal, und es war jetzt nur noch eine Frage der Zeit, wann und mit welcher Wucht die verbale Gewalt in die friedliche, vorweihnachtliche Atmosphäre hinein brausen würde. Das Ganze nahm seinen Weg über eine sehr weltliche Angelegenheit, den Fußball. Es wäre auch zu plump gewesen, direkt mit der Tür ins Haus zu fallen.

"Hans, wie hat eigentlich der Club letztes Wochenende gespielt?" spielte Uli, der mir schräg gegenüber saß, frotzelnd auf die allseits bekannte Niederlage des renommierten Frankenvereins an. Hans war, wie eine Reihe anderer Kollegen auch, ein eingefleischter Clubfan. Daher fand dieser Angriff auf die schwache Seite sofort aufmerksame Zuhörer. Eine Niederlage führte bei diesen Anhängern zu seelischen, ja beinahe körperliche Schmerzen, wenn unter allerlei verbalen und physischen Verrenkungen teils ernst, teils mitspielend das frankonale Unglück verteidigt und erklärt wurde.

"Na das war ja allerhand!" begann Hans seine Rechtfertigung. "Hast du das Spiel im Fernsehen gesehen? Der Schiedsrichter hat das Spiel eindeutig verschaukelt! Das war nie und nimmer ein Elfmeter! Die drei Punkte werden dem Club sehr weh tun. Jetzt sind sie durch so eine Fehlentscheidung in die Abstiegszone geraten. Aber der Club steigt nicht ab, da mach dir keine falschen Hoffnungen!"

Die anderen Clubberer schlossen sich unisono an: "Das war letztes Jahr auch so, und dann haben sie sich wieder aus dem Schlammassel herausgewurschtelt!"

"Aber die Konkurrenz rückt von unten immer näher! Bei gleicher Punktzahl haben sie es nur dem besseren Torverhältnis zu verdanken, dass sie nicht auf dem letzten Tabellenplatz stehen." Uli trieb das Spiel mit einem Augenzwinkern auf den Punkt.

Hans begriff sofort und durchbrach mit seiner humorvoll hintergründigen, aber oft treffsicheren Art die Schallmauer.

"Das ist wie im richtigen Leben. Die Konkurrenz schläft nicht. Selbst unser Herr Oberstudiendirektor" - er blickte dabei in die Runde seiner Tischnachbarn und zeigte mit einer kurzen Schwenkbewegung der rechten Hand in Richtung Oberstudiendirektor Brehmer, ohne diesen direkt anzusprechen - "ist gegen aufsteigende Konkurrenz nicht gefeit. Er muss sich jetzt anstrengen, wenigstens in *einer* Disziplin seinen ersten Platz zu behaupten."

Die umsitzenden Kolleginnen und Kollegen lächelten, schmunzelten - und warteten auf Brehmers Reaktion. Dieser hatte längst mitbekommen, dass der Ball auf ihn zurollte. Aber er überhörte die Anspielung. Vielleicht hoffte er, dass das runde Leder am Tor vorbei kullern würde.

"Ja, ich glaube der Herr Direktor hat einen Grund zum feiern. - Auf diesen Sieg bei den Schülerinnen sollten wir anstoßen, Herr Direktor!" Damit hatte Hans das Spotlight unvermittelt auf Brehmer gerichtet. Er saß da, wie wenn jemand mitten aus dem Publikum eines großen Zuschauersaals durch den plötzlich aufleuchtenden Scheinwerferkegel zum Hauptakteur der ganzen Show gekürt wurde. Hans hatte den Ball mit Effet gespielt. In der letzten Flugphase drehte das Leder in kurzer Kurve direkt auf das Tor zu.

Für Brehmer ging es jetzt nur noch darum, ein solches zu verhindern. Die Frage war nur, ob er durch eine entschlossene Faustabwehr den Ball ins Seitenaus boxen oder das gescheckte Leder sicher auffangen sollte. Brehmer entschied sich dafür, die Sache sicher unter Kontrolle zu halten. Das Spiel wogte wie eine an der Oberfläche zwar erkaltete, darunter aber glühend heiße Lavamasse durch den Raum.

"Wissen Sie", fing Brehmer den hart geschossenen Ball weich auf, "ich brauche über solche Angelegenheiten keine großen Worte zu verlieren. Ein Kavalier genießt und schweigt. Alles andere würde nur Neider auf den Plan rufen."

"Trinken wir also auf die Schülerinnen!" gab sich Uli mit dem bisherigen Stand des Spiels zufrieden und erhob bereits sein Glas zum Toast.

"Trinken wir auf ein frohes Fest und erholsame Ferien!" Brehmer hatte damit den Ball kontrolliert ins Feld abgestoßen. Der weitere Spielverlauf war nach Erreichen des Höhepunkts uninteressant geworden. Privates und Besinnliches hatten jetzt wieder Vorrang. Die Weihnachtsferien verliefen ohne Zwischenfälle und das neue Jahr schien seinen gewohnten Gang zu gehen. Wenn da nicht die Klassenkonferenzen vor dem Zwischenzeugnis gewesen wären!

Die Bewährungsprobe

Oberstudienrat Biller war inzwischen als neuer Mitarbeiter in die Arbeitsweise des Direktorats eingewiesen worden, und man vertraute ihm nach überzeugender Probezeit die Leitung über einen Teil der Klassenkonferenzen, in denen gewöhnlich vor allem die schlechteren Noten einiger Schülerinnen zur Sprache kommen, an. Man hoffte von seiten des Kollegiums, dass die notwendigen Sachfragen in den Vordergrund treten würden, um der Bedeutung einer solchen Konferenz gerecht zu werden. Oberstudiendirektor Brehmer hatte dieses Forum in der Regel dazu benutzt, Kaffeehauspolitik in schulischen Angelegenheiten zu betreiben, Loblieder auf seine Mädchen zu singen, Kollegen ein schlechtes Gewissen einzureden oder, sollte es sich um einen uneinsichtigen Untertan handeln, diesen vor der Gemeinschaft zu maßregeln. Dieses psychische Spießrutenlaufen zeigte gewiss irgendwann einmal Wirkung, man musste es unter Umständen nur des öfteren wiederholen. So ruhten also die Hoffnungen auf eine gedeihliche Zusammenarbeit auf Kollege - war er dies noch? - Biller. Die Besprechungen der ersten beiden Klassen gingen reibungslos vonstatten. Dann war die Klasse 10b an der Reihe. Die betroffenen Lehrer begaben sich in die Bibliothek - dem Besprechungsraum - und nahmen ihre Plätze ein. Vorsitzender Oberstudienrat Biller kontrollierte zunächst die Anwesenheit aller in Frage kommenden Kollegen. Keinerlei Vorkommnisse. In alphabetischer Reihenfolge - Sie kennen das Procedere schon, lieber Leser - wurden die Schülerinnen namentlich aufgerufen. Der Schülerin Anneliese Berger konnten sehr erfreuliche Leistungen in ihrem Zeugnis bescheinigt werden. Auch Oberstudienrat Biller war von dieser Leistung in einer zehnten Klasse angetan. Leider kam man auch an diesem Gymnasium nicht daran vorbei, dass

Schülerinnen Gefahr liefen, das Klassenziel nicht zu erreichen. Eine solche Schülerin war Beate Möller. Sie war ein, mit Verlaub gesagt, mit allen Wassern gewaschenes Kind. Ein ausgesprochen hübsches und charmantes Mädchen, wusste sie ihre Waffen gezielt einzusetzen. Wer kehrt auch seine Stärken nicht gern hervor? Ihre Schwäche allerdings war, dass sie ihre freie Zeit in vollen Zügen genoss. Auch das ist sicherlich das gute Recht eines jeden Menschen. Als Schülerin dieses Alters sollte man aber ebenso erkennen, dass diese selbstgewählte Freiheit auch selbstverschuldete Konsequenzen haben kann. Nun haben Sie, lieber Leser, zu Beginn meiner Aufzeichnungen schon vernommen, dass die Uhren an dieser Schule etwas anders gehen. Die Zeiger laufen schlichtweg nach einer anderen Unruhe. Sie dreht die Zeit einmal ein wenig nach vorn, dann wieder einmal ein wenig zurück, je nachdem, was die Schuluhr geschlagen hat. Heute war der Tag, an dem sie sich lieber ein wenig zurückdrehte, also in Zeiten, die uns schon zur Genüge bekannt sind. Oberstudienrat Biller war bei seiner Vorarbeit die Gefährdung der Schülerin nicht verborgen geblieben. Also galt es jetzt, der Ursache auf den Grund zugehen. Geschichte und Latein - Ich muss betonen, dass ich in dieser Konferenz als *Englischlehrer* der Klasse zugegen war! - waren die Borkenkäfer, die heimlich unter der Oberfläche ihr zersetzendes Unwesen trieben. Was ist bei einem solchen Befall zu tun? Zunächst einmal muss man die Rinde abheben und die Unterseite freilegen, um den Befall in seinem ganzen Ausmaß zu erkennen.

"Ich muss" - Biller war also geimpft worden, hing sozusagen an der Nadel; war er regelrecht der Sucht verfallen? - "mich in einem solchen Fall kundig machen." Biller hatte ein Unbehagen befallen. Er begann mit luftschneidenden Gesten böse Geister zu vertreiben. Er wusste also, was er tat. Das ungute Gewissen klopfte an seine Dienstklappe. Befürchtete er eine Herzrhythmusstörung? Er musste dem kollegialen Infarkt zuvorkommen. - "Der Chef hat mich beauftragt," - die Unschuld war folglich amtlich - "solche Noten genau festzuhalten. Er möchte das in Einzelfällen überprüfen." Die Last war von den Schultern! Das moralische Blutgerinnsel hatte sich mit diesem persönlichen Freispruch aufgelöst. Mit diesem Wind im Rücken gingen dienstliche Gepflogenheiten lockerer von der Zunge.

"Vielleicht kannst du mir einfach pro forma deine Lateinnoten vorlesen, Uli." Biller wusste, wenn er jetzt Uli falsch anpackt, fängt er eine verbale Watschen. Uli hatte sich zwar aus dem offiziellen Leben zurückgezogen, aber das machte ihn in seinen Repliken freier. Biller konnte sich gewiss noch gut an die Auseinandersetzung zwischen Uli und Hechel erinnern. Da hat Uli bezüglich einer unbedachten Äußerung Hechels mit diesem Fraktur geredet. Ein Gespräch, das jede zukünftige Kommunikation zwischen beiden überflüssig machte. "Also pro forma tue ich gar nichts, denn meine Noten sind sehr fundiert." Ulis Ton war ruhig und sachlich. "Ich traue mir zu, meine Noten selbst verantworten zu können. Also weißt du, Walter, wir sollten nicht in alte Kerben hauen."

Billers Körpertemperatur dürfte sich jetzt merklich erhöht haben. Er spürte, dass er hier an eine Grenze gestoßen war, die er im Namen des Herrn zu Fall bringen musste. Da erinnerte sich Biller an einen Schachzug der Politik: ein dezentes Ultimatum.

"Mach es mir halt nicht so schwer! Denk einmal darüber nach, vielleicht kannst du dich doch durchringen! - Gehen wir so lange zu dem anderen Fach über. - Herr Kollege Bongarz!" Biller lächelte über sein gelungenes Plagiat, "geben Sie mir bitte einmal Ihre mündlichen und schriftlichen Einzelnoten!"

Kollege Bongarz war ein Mann, dessen Toleranzgrenze bezüglich Anmaßungen ziemlich tief lag. "Glauben Sie wirklich, dass Ihnen der Anzug steht, den Sie sich selbst verpasst haben?" Die Salve kam von einer Seite, die Biller nicht überraschen durfte. Aber Bongarz hatte durch ungeschickte Handlungen, die teils selbst verschuldet, teils von oberster Ebene provoziert worden waren, manchen Kredit verspielt. Er hatte gewisse Schwächen sichtbar werden lassen. Sie hatten Oberstudiendirektor Brehmer allerdings weniger dazu veranlasst, in seiner Fürsorgepflicht sogenannte Führungsgespräche mit Bongarz zu suchen, sondern eher seine Finger in die offenen Wunden zu legen. Dieser reagierte auf die Konfrontationen mit praktizierter Sturheit.

"Wie meinen Sie das?" fragte Biller irritiert. Verstand aber die Anspielung sehr genau.

"Ich meine, wenn Sie es präzise wissen wollen, ob Sie nicht selbst merken, wie Sie hier als dressierter Zirkusaffe auftreten. Vor allem, welch schlechte Figur Sie dabei abgeben." Bongarz' aufreizende Wortwahl brachte Biller in Rage. Wenn der Nerv getroffen ist, schießt selbst der geduldigste Patient aus dem Stuhl.

"Ich verbitte mir diesen Ton!!" Biller hatte sich entrüstet in seinem Sitz aufgerichtet. Seine Lippen bebten. Seine Haare zitterten unter der inneren Anspannung. "Wenn Sie jetzt meiner Aufforderung, die Einzelnoten vorzulesen, nicht nachkommen, sehe ich mich gezwungen, den Herrn Oberstudiendirektor von Ihrem unerhörten Benehmen in Kenntnis zu setzen!"

Die Amtskeule schwang im Raum. Jetzt hieß es sich ducken oder die Bombe zünden. Bongarz entschied sich für den Knall.

"Sie sind eine einarmige Marionette! Berichten Sie doch Ihrem Herrn, wie glänzend Sie ihn vertreten haben, Sie Adlatus!" Bongarz ließ seinen Emotionen freien Lauf.

"Diese Beleidigung nehmen Sie sofort zurück!" verlangte Biller Genugtuung. Beide Kontrahenten waren von ihren Plätzen aufgesprungen.

"So?!" Bongarz' Ton wurde ironisch, aber gefasster. "Muss man in diesen heiligen Hallen jetzt auch schon der Wahrheit abschwören??! Merken Sie sich eines, Herr *Kollege* Biller: Ich bin kein Galilei!"

Bongarz räumte seine Unterlagen zusammen und machte Anstalten, den Raum zu verlassen. Ein Teil der Kollegen folgte entschlossen seinem Beispiel, andere hatte diese heftige Auseinandersetzung so verwirrt, dass sie im Augenblick weder für noch gegen eine Seite Partei zu ergreifen vermochten. Die Konferenz war in jedem Falle vorzeitig beendet. Eine weitere Besprechung wäre unter diesen Umständen wenig sinnvoll gewesen. Sie würde später erneut angesetzt werden müssen.

Das Wechselspiel

Zum Halbjahreswechsel blieb allen eine kurze Verschnaufpause, die unangenehmen schulinternen Vorkommnisse in kleinen Kreisen zu verarbeiten, denn um die Zeit der Zeugnisausgabe wurden in der Regel keine Schulaufgaben angesetzt. Der Beginn des zweiten Halbjahres brachte hin und wieder durch den Abgang und Neuzugang von Kollegen notwendige Veränderungen bezüglich des Stundenplans und der Klassenverteilung. Dr. Lambert und ich waren zwar keine Neuzugänge mehr, wurden aber aufgrund unserer *Unerfahrenheit in pädagogischer Arbeitsweise* permanent in diesen Umschichtungsprozess einbezogen (Sie erinnern sich vielleicht noch, lieber Leser). Mit Kollegen Hohl gaben wir uns in halbjährigem Rhythmus gegenseitig die Klinken der Klassenzimmertüren in die Hand. Kollege Hohl sollte eigentlich den Orden für die Rettung Schiffbrüchiger zugesprochen bekommen, denn sein wohlwollendes Entgegenkommen holte die stets schon verloren geglaubten Töchter aus dem Reich der Verdammnis zurück.

Doch wen der Teufel am Dreizack hat, den lässt er so schnell nicht mehr vom Haken. Hat er mir doch nach einiger Zeit wieder eine Schulaufgabe untergejubelt, für die ich erneut geradezustehen hatte!

"Sie kommen jetzt schon wieder mit einem überzogenen Schulaufgabenschnitt!"

"Ja, ich kann es auch nicht ändern. Aber bevor Sie ein Urteil fällen, möchte ich Ihnen diese schriftliche Erläuterung zur Kenntnis bringen."

Ich überreichte ihm ein Schreiben, in dem ich peinlichst genau die Fehler, die in der Schulaufgabe auftraten, aufgeschlüsselt hatte. Er zog es über den Schreibtisch zu sich heran und las:

Der Hauptstoff der Schulaufgabe waren aufgrund der Vorgaben des Übungsbuches die grammatikalischen Erscheinungen des Akkusativs, des Dativs, des Gerundiums und des Gerundivs.

Der Stoff wurde nachweislich gründlich durchgearbeitet und die Schülerinnen wurden bei der ständigen Wiederholung immer wieder darauf hingewiesen, ihre zum Teil noch unsicheren Kenntnisse zu vertiefen. Der Wortschatz wurde bewusst leichter gehalten, da die Grammatik den Schwerpunkt bildete.

Als Hauptfehlerquellen treten gehäuft folgende Punkte auf:

1. Verwechselungen
acer - acies
ingenium - ingens
existimare - existere
praestare - praeficere
prodesse - prodere
fictas - factas
notum - nocere
quodam - quondam
cuncti - cunctari

2. Grammatik
falsche Bezüge - falsche Tempora - Gerund nicht erkannt - "cum" nicht als Konjunktion, sondern als Präposition gedeutet - "ut" mit Konjunktiv mit "wie" übersetzt statt mit "dass"

3. Wortschatzlücken

Einzelne Auflistung der gehäuft fehlenden Wörter

-

"Ist das nicht die Schulaufgabe, deren Wiederholung ich bereits angeordnet hatte? Sie werden mir nicht erzählen wollen, dass unsere Schülerinnen faul sind. Wenn ein solcher Notenschnitt bei einer wiederholten Schulaufgabe vorliegt, dann kann die Schulaufgabe nicht gründlich genug vorbereitet worden sein. Überprüfen Sie die Schulaufgabe noch einmal und setzen Sie einen anderen Fehlerschritt an!" Er schob mir den Hefter mit der Schülerarbeit über den Tisch zurück.

"Ich habe die Arbeit gewissenhaft korrigiert und sehe keinen Grund, den angewandten Fehlerschritt zu verändern, nur um einen besseren Schnitt zu erzielen!"

"Verstehen Sie dann meinen gut gemeinten Rat als dienstliche Anweisung! Sie lassen mir keine andere Wahl!"

"Herr Direktor, ich möchte Ihnen zu verstehen geben, dass ich die Schulaufgabennoten nicht durch einen höheren Fehlerschritt heraufsetzen werde. Wenn Sie der Ansicht sind, dass dies begründet geschehen muss, so bitte ich Sie, diese Veränderung selbst vorzunehmen."

"Sie weigern sich also, meiner dienstlichen Weisung nachzukommen?! Sie können sich vorstellen, dass Ihr Verhalten erhebliche Konsequenzen für Ihre Beurteilung nach sich ziehen wird! Außerdem sehe ich mich gezwungen, einen Vermerk in Ihre Personalakte aufzunehmen!"

"Sie wissen genau, dass Sie mir diese Weisung nicht erteilen können! - Kann ich die Schulaufgabe herausgeben oder soll ich sie Ihnen hier lassen?"

"Lassen Sie sie hier und verlassen Sie das Zimmer. Sie werden von mir hören!"

Ich dampfte ab und harrte der Dinge, die da kommen sollten. Es dauerte nicht allzu lange, da erregten während einer Freistunde zwei Papiere in meinem Brieffach meine Aufmerksamkeit. Ich fischte sie heraus. Das eine war mein Hefter, in dem ich die Schulaufgabe Oberstudiendirektor Brehmer überlassen hatte. Ich klappte ihn auf und las eine kleine Notiz: "Eine Herausgabe der Arbeit ist nicht möglich!"

Das Zweite war ein Briefkuvert, an mich adressiert:

Herrn
StR Toberg
im Hause

Ich nahm einen Kugelschreiber und riss den Umschlag auf. Er enthielt eine Mitteilung von Oberstudiendirektor Brehmer:

>

"Betr.: 3. Lateinische Schulaufgabe in den Klassen 9a und 9b
Sehr geehrter Herr Kollege Toberg!

Leider muss ich die 3. Lateinische Schulaufgabe in den Klassen 9a und 9b gemäß der Allgemeinen Schulordnung erneut für ungültig erklären. Die Anfertigung einer neuen Aufgabe wird hiermit angeordnet. Weiter ordne ich folgendes an:

1.) Sie legen mir bitte die zu wiederholende 3. Schulaufgabe aus dem Lateinischen spätestens am 26.04. 15.30 Uhr und die 4. Schulaufgabe spätestens am 12.07. 15.30 Uhr korrigiert vor.

2.) Außerdem legen Sie mir bitte jeweils Klassenverzeichnisse bei, aus denen ersichtlich ist, wieviele Fehler jede Schülerin gemacht hat. Auf diesen Verzeichnissen unterbreiten Sie auch einen Vorschlag für den Fehlerschlüssel. Die Noten schreiben Sie bitte erst nach unserer Besprechung auf die einzelnen Aufgaben.

3.) Die Entwürfe für die 3. und 4. Schulaufgabe legen Sie mir bitte jeweils zwei Tage vor dem Schulaufgabentermin vor, damit diesmal eine Überforderung vermieden werden kann.

> *Mit kollegialen Grüßen*
> *(Brehmer)*
> *Oberstudiendirektor"*

<

Jetzt sah auch ich mich veranlasst, schriftlich tätig zu werden. Denn was ich da in Händen hielt, war starker Tobak. Das kam einer glatten Entmündigung gleich. Eine derartige Knebelung verlangte nach einer ebenso harten Antwort. Also setzte ich mich an die Maschine und schrieb:

>

"Sehr geehrter Herr Direktor!

Ihr Schreiben muss ich leider wegen Unsachlichkeit und Einseitig-

124

keit als gegenstandslos betrachten.

Wie ich Ihnen schon mitgeteilt habe und wie sich auch eindeutig nachweisen lässt, kann der Text der 3. Lateinschulaufgabe in den Klassen 9ab in keiner Weise als eine Überforderung angesehen werden. Der Text ist nachweislich voll aus dem Unterricht erwachsen. Da eine Schulaufgabe den Stoff eines längeren Zeitraumes behandelt, müssen notwendigerweise verschiedene Aspekte der Grammatik abgeprüft werden. Von einer Häufung von Schwierigkeiten kann in dieser Schulaufgabe keine Rede sein. Vergleichen Sie bitte den Schwierigkeitsgrad der einschlägigen Kapitel des staatlich zugelassenen Übungsbuches! Sie werden feststellen müssen, dass meine Schulaufgabe unter deren Niveau liegt.

Trotz zweiwöchiger intensiver Wiederholung (Wortschatz und Grammatik!) waren die Schülerinnen nicht in der Lage, den durch das Übungsbuch gestellten Anforderungen gerecht zu werden.

Die Gründe für das enttäuschende Abschneiden der Schülerinnen habe ich Ihnen ebenfalls schon mitgeteilt. Bereits vor Ostern war ein rapides Absinken der Lernbereitschaft bei den Schülerinnen zu verzeichnen. Damals schon habe ich die Schülerinnen auf die Gefahren eines solchen Verhaltens aufmerksam gemacht und sie zu konzentrierterem Arbeiten ermuntert. Auch habe ich durch Testübungen den Schülerinnen Gelegenheit gegeben, ihren Wissensstand immer wieder zu überprüfen. Hierbei jedoch wurden von vielen trotz wiederholten Stoffes nur mäßige Leistungen erzielt.

Bei der Analyse der Schulaufgabe ließ sich klar feststellen, dass der größte Teil der Fehler im reinen Lernbereich liegt: Wortfehler, Wortverwechselungen, Tempusfehler u. Ä. Schon aufgrund dieser Tatsache muss der Vorwurf einer Überforderung als absurd zurückgewiesen werden.

Obwohl den Schülerinnen durch die erste Wiederholung der 3. Lateinschulaufgabe eine neue Chance geboten worden war, haben sie diese trotz Wiederholung des Stoffes nicht genutzt. Eine zweite Wiederholung kann ich aus den angeführten Gründen nicht mehr in Betracht ziehen.

Es bleibt Ihnen jedoch unbenommen, die Schulaufgabe durch einen anderen Kollegen wiederholen zu lassen.

Zu Ihren weiteren Anordnungen möchte ich folgendes klarstellen: ad 2: Eine Schulaufgabe, die von mir vorbereitet und gehalten wurde, wird selbstverständlich auch von mir benotet. Der Fehler-

schlüssel ist durch die Fachkonferenz festgelegt. Es ist daher nicht meine Aufgabe, Noten auf dem Direktoratsmarkt zu Billigpreisen zu handeln, um so einen Phantasieschnitt herbeizumanipulieren.

ad 3: Da meine Schulaufgaben aus meinem Unterricht erwachsen und bisher immer den Anforderungen des Übungsbuches angepasst waren, lasse ich mir keine von Ihnen auffrisierten Schulaufgaben vorschreiben.

Bei Ihrer Anordnung muss ich Ihre unverfrorene Einseitigkeit schärfstens verurteilen und als untragbar zurückweisen. Es lässt sich bei einer Reihe von Schulaufgaben anderer Kollegen nachweisen, dass bei Anwendung der in der Fachkonferenz festgelegten Fehlerschlüssel ähnlich schlechte Ergebnisse erzielt worden wären. Ein erheblich vergrößerter Fehlerschritt erbrachte jedoch den gewünschten Notenschnitt.

Haben Sie diese Schulaufgaben auch wiederholen lassen und eine vorherige Vorlage der Texte angeordnet?

> *Mit freundlichem Gruß*
> *Toberg"*

<

Da ich davon ausging, dass Oberstudiendirektor Brehmer die übergeordnete Behörde in dieser Angelegenheit um Rat ersuchen werde, verfasste ich ein zweites Schreiben an Ministerialrat Dr. Kühn:

>

"Sehr geehrter Herr Dr. Kühn,

hiermit beantrage ich, die Rechtmäßigkeit folgender Handlungsweisen des Herrn Oberstudiendirektor Brehmer zu überprüfen.

1. *Schon des öfteren habe ich die Erfahrung machen müssen, dass Herr Brehmer versuchte, mir einen größeren Fehlerschritt aufzuzwingen, nur um einen bestimmten Notendurchschnitt zu erreichen. Dabei orientiere ich mich stets an den Richtzahlen, die im einzelnen in den Fachkonferenzen festgelegt wurden. Als ich mich aus Gerechtigkeitsgründen anderen Schülerinnen gegenüber weigerte, musste ich mir Drohungen im Hinblick auf Beurteilung und Personalakte gefallen und mir vorwerfen lassen, dass ich keinen*

Erfolg im Vergleich zu den Leistungen der Lehrer im Vorjahr auf-zuweisen hätte. Dazu musste ich Herrn Brehmer immer wieder darauf hinweisen, dass Fehler nicht wegdiskutiert werden könn-ten, sondern nachweisbar sind. Ich hielt es für unverantwortlich, Schritte von 6 bis 8 Fehlern (bei ca. 95 Wörtern) anzuwenden, nur um eine Durchschnittsnote zum Gefallen des Direktors zu mani-pulieren. In welcher Weise die Fehlerschritte von den Richtzahlen abweichen, lässt sich durch einen Vergleich der Schulaufgaben der letzten Jahre nachweisen.

2. *Als äußerst dubios muss ich Herrn Brehmers schon länger prakti-zierte Handlungsweise bezeichnen, mir zum Halbjahr gerade die Klassen wegzunehmen, die nicht ganz seinen Notenvorstellungen entsprechen oder in denen Probleme auftauchen. Auch dies lässt sich anhand der früheren Unterrichtsverteilung und Notenschnitte schwarz auf weiß nachweisen! So wieder geschehen zum gegen-wärtigen Halbjahreswechsel mit den Klassen 8c und 11a.*

Hochachtungsvoll
Toberg"

<

Seit meinem Schreiben war Brehmer unermüdlich damit beschäf-tigt, belastendes Material gegen mich zu sammeln. In unregelmäßi-gen Abständen lag immer wieder eine kleine Notiz, allerdings ohne kollegiale Grüße, in meinem Brieffach.

>... 10.04.

"Sie haben am Freitag, den 10.04., Ihren Unterricht in der Klasse 10a (zweite Unterrichtsstunde) mit 7-minütiger Verspätung begonnen, so dass die Klasse während dieser Zeit ohne Aufsicht war.
Ich ersuche Sie, diese Unpünktlichkeit bis Dienstag, den 14.04., schriftlich zu erklären.

Brehmer
Oberstudiendirektor" <

Die Dienstpflicht zwang mich zu einer Antwort.

>... 13.04.

"Am Freitag, 10.04., gab es bei der Besprechung einer Englisch-schulaufgabe nach dem Klingelzeichen noch einige Fragen von Schü-lerseite. Daher habe ich es als zweckmäßig angesehen, diese trotz des Klingelzeichens (mit Einverständnis des nachfolgenden Lehrers) noch sofort zu besprechen.

Da ich davon ausgehe, dass sich Ihre Überprüfung der Pünktlichkeit auf das ganze Kollegium erstreckt und sicherlich nicht nur meine Per-son betrifft, darf ich annehmen, dass auch anderen Kollegen, deren verspäteter Unterrichtsbeginn Ihnen nicht entgangen sein kann, ein solches Schreiben noch zugehen wird. Außer mir hat nämlich noch kein Kollege, der in gleicher Weise betroffen sein müsste, Ihr Schreiben gleichen Inhalts erhalten.

Mit freundlichem Gruß"
Toberg

<

>... 30.04.

"Sie werden ersucht, sich am 04. Mai, 15.30 Uhr zu einer Rückspra-che bezüglich einer Schulaufgabe auf dem Direktorat einzufinden. Der Termin ist dienstlich angeordnet.

Mit freundlichen Grüßen
(Brehmer)
Oberstudiendirektor"

<

Ich muss zugeben, dass ich die unablässigen Nachstellungen von seiten Brehmers allmählich lästig fand. Ein Mittel dagegen hatte ich nicht.

>... 20.05.

"Bitte finden Sie sich morgen, 21.05., in der Pause im Direktorat ein.

(Brehmer) Oberstudiendirektor"   <

21.05. (Pause)

"Ich muss Ihnen ein Schreiben des Ministeriums aushändigen.

Bestätigen Sie bitte hier den Empfang!" Er schob mir ein Blatt zu, auf dem die Aktennummer, der Absender und das Datum vermerkt waren.

Der Text war kurz. Ich konnte ihn noch schnell überfliegen:

"Die in Ihrem Schreiben erhobenen Vorwürfe gegen den Schulleiter bezüglich seiner Handlungsweisen sind nicht nachweisbar. Aufsichtliche oder dienstaufsichtliche Maßnahmen kommen deshalb nicht in Betracht.

> *I.A.*
> *gez. Dr. Kühn*
> *Ministerialrat"*

"Sie können dann gehen!" In Brehmers Stimme lag ein leiser Ton des Triumphes. Der Mohr hatte sein Fett weg. Und die Sippe hatte wieder einmal Zusammenhalt bewiesen. Es geht eben nichts über eingeschworene Wahlverwandtschaften! Es lässt sich nichts beweisen, was man nicht lesen kann. Wie gut, dass man Analphabet ist!

Die Maden im Filz kotzten mich an. Es ging ihnen anscheinend nur noch darum, sich in dem Fett zu suhlen, das sie anderen übergebraten hatten. Ich brauchte unbedingt eine Luftveränderung, um wieder frei atmen zu können. Ich sehnte mich nach der übernächsten Woche. Vor kurzem hatte ich die Nachricht erhalten, dass ich zu dem fünftätigen Fortbildungslehrgang, für den ich mich vor ca. sechs Monaten beworben hatte, zugelassen worden war. Fünf Tage sauberes Umfeld! Fünf Tage ohne dienstliche Bestellung! Fünf Tage ohne ministerielle Schreiben! Es wird himmlisch werden!

Die Entdeckung eines Geheimnisses

Der Zug setzte sich langsam in Bewegung. Die große runde Bahnhofsuhr zeigte 6.37 Uhr. Die Waggons waren gut besetzt. Die Schar der allmorgendliche Pendler wird mit jedem Stop anwachsen, bis die letzten mit Stehplätzen in den Gängen vorlieb nehmen müssten. Ich hatte mir den Fensterplatz noch aussuchen können. Hinter dem Hausberg stieg gerade die Sonne hoch, aber die frühe Sommerzeit steckte noch in tiefer Nachtkühle und verhüllte die Natur teilweise in Nebelschwaden. Ich vertiefte mich in eine dicke Wochenzeitung, die ich mir als spezielle Reiselektüre am Bahnhof gekauft hatte. Nach zweimaligem Umsteigen mit kurzem Aufenthalt und beendeter Lektüre kam ich um 10.12 an dem Tagungsort an. Da mir noch etwas Spielraum blieb - die Anmeldung sollte bis 11.00 Uhr erfolgen - und mein kleiner Reisekoffer und meine Aktentasche keine allzu große Belastung darstellten, ging ich den Weg zum Akademiegebäude zu Fuß. Nach zehnminütigem Marsch erreichte ich mein Ziel. Das riesige Eingangstor an der Pforte des ehemaligen Klostergebäudes machte jeden Besucher zum kleinmütigen Bittsteller. Im Anmeldebüro nahm ich meinen Schlüssel in Empfang und quartierte mich in Zimmer 406 ein. Kurz vor 14.00 Uhr - das Mittagessen war von den Lehrgangsteilnehmern inzwischen eingenommen - überflog ich noch einmal schnell das Programm des Kurses: "*Methodenvariation und Motivation im Lateinunterricht der Mittelstufe*".

Es war bereits mein zweiter Aufenthalt hier, und mir waren die Örtlichkeiten und der Ablauf solcher Lehrgänge nicht mehr fremd. Diese Veranstaltungen bedeuteten gewiss kein Urlaubsvergnügen, denn es wurde in der Regel konstruktiv gearbeitet und diskutiert, wenngleich man als praktizierender Pädagoge angesichts mancher theoretisierender Referenten, die in ihrem idealistischen Eifer den Boden des real Möglichen längst verlassen zu haben schienen, ins Grübeln geriet. Spätestens dann jedoch, wenn sich alle am Abend zum gemütlichen Beisammensein im - der Leser höre und staune! - hauseigenen 'Bräustüberl' wieder trafen, wurden in engagierten Gesprächen auch die professionellsten Idealisten auf den Boden der nackten Tatsachen zurückgeholt. Da wurde allzu blühende Phantasie auf ihre Realisierung im Alltagsgeschäft nochmals kritisch abgeklopft, und manch bunter Hahn musste als gerupfter Gockel den Weg zum Nachtlager antreten. Der gewinnbringendste Teil dieser Abende aber war der schulvergleichende Gedankenaustausch zwischen den zahlreichen Kolleginnen und Kollegen. Die Blicke über den eigenen Zaun öffneten weitreichende Einsichten in den allgemeinen Schulbetrieb.

Am dritten Abend war auch ein Mitarbeiter des Kulturministeriums zugegen, der am Nachmittag ein Referat bezüglich der anstehenden Thematik aus der Sicht- und Arbeitsweise des Departements für Schulfragen vorgetragen hatte. In der lockeren Abendatmosphäre gerieten diese Vertreter der übergeordneten Macht gerne in den Mittelpunkt und oft mehr, als manchem lieb war, in das Kreuzfeuer der Kritik. So auch an diesem Abend. Eine Fügung des Schicksals hatte bei diesem Lehrgang mehrere Junggesellen, darunter auch mich, zusammengeführt. Bei den ersten Kontaktgesprächen hatten sich diese Informationen herauskristallisiert. Ein Leidensgenosse wandte sich mit leicht vorwurfsvollem Ton an den staatlichen Mitarbeiter - wir fragten unhöflicherweise nicht danach, ob er für diese Misere verantwortlich war oder nicht, sondern nahmen ihn schlichtweg als staatliche Institution in Beschlag -, um zu erfahren, wie es denn die Staatsregierung, sprich das Kulturministerium, mit den Junggesellen hielte.

"Sagen Sie einmal, Sie im Ministerium müssen uns Junggesellen doch als Beamte zweiter Klasse ansehen, wenn ich von dem ausgehe, was ich selbst erlebt habe und wenn ich von Kollegen höre, dass es ihnen ähnlich ergangen ist!"

"Ich glaube nicht, dass das Ministerium irgend eine Abneigung gegen Junggesellen hegt", entgegnete Herr Prock - unter diesem Namen war er im Programm angekündigt worden - überrascht und amüsiert zugleich. Er konnte sich in Anbetracht des ungewöhnlichen Vorwurfs ein verhaltenes Lachen nicht verkneifen. Ich schätzte sein Alter auf Anfang vierzig. Kein typischer Bauchbeamter, mit dunkelblondem, linksgescheiteltem Haar. Sein offizielles Vortragsgewand, ein grauer Anzug, war einem dezent gemusterten Pullover gewichen. Hatte allein schon diese Wandlung, so seltsam es klingen mag, die sonst so gepflegte zwischenmenschliche Distanz verringert! Anscheinend hatte er sich schon des öfteren solcher Pauschalattacken erwehren müssen, denn er nahm trotz aller Provokation die Frage ernst, reagierte gelassen, ohne den überheblichen Unterton gereizten Unwillens, der hochrossigen Beamten gelegentlich zu eigen ist.

"Sehen Sie", begann er verständnisvoll seine Verteidigungsrede, "als Betroffener sieht man die Angelegenheiten natürlich auch durch eine subjektiv gefärbte Brille und vermutet hinter unerwarteten Entscheidungen des Ministeriums gleich einen gemeinen Hintergedanken. Aber Sie dürfen nicht vergessen, dass dabei in der Regel Sachzwänge eine nicht unerhebliche Rolle spielen. Das Ministerium ist nicht in der Lage, alle Wünsche zur Zufriedenheit aller Betroffenen zu erfüllen. Da kann es sehr wohl bei dem einen oder anderen zu subjektiven Härtefällen kommen. Aber gerade als Junggeselle sind Sie doch andererseits flexibel und können nach einer unerwünschten Zuweisung eine Versetzung beantragen. Selbstverständlich kann Ihnen niemand eine Garantie dafür geben, dass ein solcher Antrag sofort positiv beschieden wird. Sie müssen sich unter Umständen schon ein, zwei oder vielleicht auch mehrere Jahre gedulden. Im übrigen ist das Schicksal gar nicht so grausam, wie es Ihnen im Augenblick erscheinen mag. Ich kenne eine Reihe Kollegen, die ursprünglich um jeden Preis die Schule bzw. den Ort wechseln wollten, sich aber dann so eingelebt haben, dass sie von einer Versetzung Abstand genommen haben."

"Da machen Sie es sich ein bisschen einfach!" fiel ihm Junggeselle Sauters ins Wort. "Wenn Kollegen jahrelang vergeblich Versetzungsgesuche geschrieben haben, da resigniert man eines Tages. Man geht familiäre Bindungen ein. Endlich entscheidet man sich vielleicht auch zu einem Hausbau und wird kraft eigenem Willen sesshaft. Und darauf will doch das Ministerium mit seiner Hinhaltetaktik hinaus! Ich kann den Verdacht nicht loswerden, dass hierbei eine gehörige Portion Berechnung dahinter steckt. Man baut von seiten des Ministeriums darauf, dass die Widerstandskräfte des kleinen Beamten irgendwann einmal erlahmen werden."

"Herr Kollege", wandte sich Prock gegen diese Art der Argumentation, "Sie sollten einmal in diesem Metier tätig werden, dann würden Sie selbst sehen, dass das Ministerium Versetzungsgesuche sehr ernst prüft und die Angelegenheiten nicht auf die leichte Schulter nimmt. Das darf ich Ihnen versichern."

"Herr Prock", schaltete ich mich jetzt in die Diskussion ein, "Zweifel dürfen erlaubt sein! - Darf ich Ihnen einen Fall schildern, der bei mir, hätte ich die Information darüber nicht aus erster Hand, ungläubiges Kopfschütteln hervorgerufen hätte."

"Ja!?", bekundete Herr Prock sein Interesse und beugte sich leicht in meine Richtung, um bei der allgemeinen Geräuschkulisse, die die diversen Debattiergrüppchen im Wirtsraum erzeugten, meine Ausführungen deutlicher zu verstehen.

"Ein junger unverheirateter Kollege" - ich sprach etwas lauter gegen den Lärm an - "wollte nach Abschluss der Referendarausbildung einem ganz bestimmten, nämlich seinem Heimatgymnasium, zugewiesen werden. Das Problem war allerdings, dass eine Planstelle seiner Fächerverbindung zur damaligen Zeit nicht verfügbar war. Also keine Aussicht auf Erfolg! Nun hatte besagter Kollege einen Bekannten im Ministerium, mit dem er vorzeitig Kontakt aufnahm. Dieser riet ihm, einen lokalen Politiker in die Angelegenheit einzuschalten, dann könne auch er gezielter etwas unternehmen. - Man höre und staune!" - Procks Gesichtszüge wurden skeptisch, was ich ihm in Anbetracht des bisher Gehörten nicht verdenken konnte. Mit nachdrücklicher Stimme setzte ich meine Schauergeschichte fort. "Nach einiger Zeit erhielt besagter Kollege die noch geheime mündliche Zusage, dass er seinen Dienst zum nächsten Schuljahr an dem gewünschten Gymnasium antreten könne. Da habe ich ihn neugierig gefragt, wie das möglich war. In seiner Freude über den errungenen Erfolg vergaß er alle Vorsicht über die Brisanz dieses Falles und bemerkte vielsagend: *'Sie haben einen Oberstudienrat an ein Nachbargymnasium versetzt.'* - 'Hatte der sich wohl wegbeworben? Du musst einen Dusel haben!' sagte ich neidisch. - *'Nein, sie haben ihn dienstlich versetzt. Du musst nur die richtigen Leute kennen! Mit Vitamin B geht alles!'* - Der Spruch, Herr Prock, ist Ihnen sicher auch bekannt. Aber was ich da gehört hatte, erschütterte mich zutiefst. Die Frage ist nur, ist so etwas wirklich ein Einzelfall?"

Wie all die anderen Gesprächsteilnehmer zeigte Herr Prock Wirkung. Er faltete seine Hände auf dem Tisch zusammen. Er schien mit sich zu ringen. Dann entschloss er sich zu einer Äußerung. "Also nehmen Sie es mir nicht übel, aber das kann ich nicht glauben. Sind Sie sicher, dass Sie da nicht einem Hochstapler aufgesessen sind?" - Jetzt hatte auch bei Prock der staatliche Sicherheitsmechanismus eingesetzt, und die Forderung nach Beweisaufnahme rückte wie ein erhobener Schild in den Vordergrund.

"Ich habe den Fall natürlich nicht bis in die staatlichen Archive verfolgt, Herr Prock!" - ich konnte mir eine leise Ironie nicht verkneifen - "Aber ich hatte nicht den Eindruck, dass der Kollege irgend einem Hirngespinst nachhing, zumal ich weiß, dass er tatsächlich an sein Gymnasium versetzt wurde."

Ich machte eine kleine Pause. Aber da brannte mir ein persönliches Problem auf den Nägeln, das ich - die Gelegenheit erschien mir einmalig - unbedingt zur Sprache bringen wollte.

"Noch etwas, Herr Prock - ich muss sie leider noch einmal mit Junggesellengeschichten langweilen. Ich weiß zwar nicht, ob Sie mir darauf eine Antwort geben können, aber an meinem Gymnasium hat sich eine seltsame Konstellation herausgebildet. Wir sind an meiner Schule fünfzehn Jungesellinnen und Junggesellen! Das sind knapp vierzig Prozent des Gesamtkollegiums! Glauben Sie, dass dies ein Zufall ist?"

"Was ist das für ein Gymnasium?" erkundigte sich Herr Prock, ohne durch irgend welche Mimik eine innere Regung zu verraten.

"Es ist das Eleonore-Mahler-Gymnasium in Romanstadt. Ein Mädchengymnasium. Es liegt eher landesperipher und ist gewiss nicht der

Wunschkandidat examinierter Junglehrer. Meinen Sie nicht, dass mit diesem hohen Prozentsatz Junggesellen, die sich gar nicht für diese Gegend gemeldet haben, zu Missionarsdiensten zwangsverpflichtet werden? Ist da nicht die wissende Hand des Ministeriums im Spiel?" Erneut war Herr Prock ins Grübeln geraten. Wie sollte er auf diese Frage antworten? Konnte er die Wahrheit sagen? Die bisherige Gesprächsatmosphäre erschien ihm konstruktiv. Er hatte auch den Eindruck, dass wir diese Probleme nicht nur als Stammtischparolen vor uns herrollten, sondern dass sie uns ernsthaft unter die Haut gingen.

"Meine Herrn, dieser Fall ist ein Sonderproblem, das der Unterricht an einem Mädchengymnasium stellt." - Herr Prock sah sich zu wahrheitsgetreuer Aussage ermächtigt. - "Wenn Sie mir diesen hohen Prozentsatz nennen, so halte ich ihn zwar für außergewöhnlich hoch, aber dennoch für möglich. Das ist in der Tat eine Sicherheitsmaßnahme des Ministeriums, eine Präservativpolitik, wie sie Insider spöttisch bezeichnen." - Der Ausflug in die Kontrazeptionssphäre entlockte Prock ein verlegenes Lächeln. "Es klingt lächerlich, aber die Sache hat einen ernsten Hintergrund", setzte Prock schnell hinzu. "An einem Mädchengymnasium darf man gewisse Möglichkeiten nicht ausschließen."

"Was heißt das *gewisse Möglichkeiten*?" fragte ich schnell dazwischen.

"Lassen Sie mich das kurz so erklären! - Lehrer sind auch nur Menschen und sind ästhetischen Erscheinungen nicht abgeneigt. Sie können gewiss selbst nachvollziehen, welche Attraktivität ein reifes, mit allen weiblichen Reizen beglücktes Mädchen besitzt!" Prock schaute vielsagend in die Runde. "Die Versuchung für einen Lehrer, der diesen Reizen ständig ausgesetzt ist, dieser täglichen Anfechtung in irgend einer Form nachzugeben, ist groß. Wir haben da unsere Erfahrungen! Stellen Sie sich vor, ein verheirateter Mann gerät in einen solchen Teufelskreis! Die Folgen, die sich unter Umständen aus einem solchen unstatthaften Verhältnis ergäben, wären für den Betroffenen selbst wie auch für seine Familie - von dem Mädchen ganz zu schweigen - schwerwiegend, wenn nicht untragbar. Was ist dann zu tun? Der Mann kann an der Schule nicht mehr unterrichten. Eine Versetzung bietet sich als die einzig machbare Lösung an. Der Lehrer hat aber Familie, eventuell hat er ein Haus gebaut oder geerbt! Die notwendigen Konsequenzen würden vieles für immer zerstören! Um solche prekäre Situationen einzuschränken - ganz ausschließen wird man sie nie können; wir reden allerdings auch nicht über alltägliche

Vorkommnisse! - entsendet das Ministerium gerne Junggesellen an Mädchengymnasien." Prock lachte auf und blickte uns vielsagend an. "Passiert ein derartiges Missgeschick einem unverheirateten Lehrer, sind die Möglichkeiten, die Krise zu meistern, unvergleichlich größer. Ein Junggeselle ist flexibel! Er lässt sich unkomplizierter versetzen. Keine direkte Bindung, in der Regel kein Haus! Oder sofern die Umstände es zulassen, rät man dem Unglücksraben zu einer schnellen Familiengründung!" Herr Prock lehnte sich entspannt zurück, um anzudeuten, dass er mit seinen Ausführungen zu Ende war, und nahm einen Schluck aus seinem Weinglas.

"Ha! Ha!" Ich lachte schallend auf. "Junggesellen an die Front, Familienväter brauchen Deckung!" Die Vorstellung, dass wir Junggesellen quasi als Prellböcke für eventuelle erotische Abenteuer an die Schulfront geschickt wurden, hatte in der Tat etwas Komödienhaftes an sich. Das Wort 'flexibel' entwickelte sich langsam zu einem Reizwort, bei dem mir keineswegs erotische Gefühle aufstiegen.

"Wie behandelt das Ministerium eigentlich einen unverheirateten Lehrer, der es gewagt hat, ein Haus zu bauen? Wird er dann bereits als sesshafter, unflexibler Transvestit angesehen, der sich unfairerweise seines Naturells entledigt hat?" Sauters konnte sich selbst ein Lachen über seine Übertreibung nicht verbeißen.

Prock ließ seinen Ballon, den er aufgelassen hatte, unkommentiert über dem Tisch schweben. Wir konnten uns lange Zeit nicht beruhigen und bestaunten immer wieder ungläubig das Damoklesschwert, das man uns ohne unser Wissen über die Rüben gehängt hatte.

Das Patt

Nach fünftägiger Frischzellenkur und intensivem Erfahrungsaustausch trat ich am Montag hoch motiviert meinen Dienst wieder an. Trotz aller Unkenrufe hielten die beruflichen Regenerationsprozesse solcher Aufbauveranstaltungen einige Zeit an. Manche Anregungen ließen sich gut im Unterricht anwenden, andere mussten nach gescheiterten Versuchen als weniger praktikabel verworfen werden. Der Unterrichtsstoff in den einzelnen Klassen hatte natürlich während meiner Abwesenheit geruht. Es galt also Versäumtes nachzuholen. Schulaufgaben waren angesetzt. Die Arbeit drängte sich in der Phase bis zu den Pfingstferien. Der Fortbildungslehrgang schien mir übernatürliche Kräfte vermittelt zu haben, denn in den folgenden Wochen zeichneten sich keinerlei Probleme ab, so dass ich ruhigen Gewissens in die Ferien entlassen wurde.

Im letzten Abschnitt des Schuljahres verblieben noch überschaubare viereinhalb Wochen, die ich sicherlich auch problemlos durchgestanden hätte, hätte mir nicht die allerletzte Schulaufgabe in der Klasse 11a einen Strich durch die Rechnung gemacht! Es war eine Situation entstanden, die für einen Lehrer immer unangenehm sein musste. Aber die Vorschriften ließen mir keine andere Wahl, wenn ich den anderen Schülerinnen gegenüber gerecht sein wollte. Lehrer, die während einer Schulaufgabe sehr darauf bedacht sind, dass Schülerinnen nicht voneinander abschreiben, sind unbeliebt. Das liegt in der Natur der Sache und ist in ausgeprägter Existenzangst begründet. Ich war bei einigen Schülerinnen unbeliebt. Diese meine erhöhte Aufmerksamkeit veranlasste andererseits manche Schülerinnen zu unglaublicher Erfindungsgabe und perfektionierter Schiel- und Souffleurtechnik.

Beim Korrigieren der letzten Arbeit fiel mir allerdings auf, dass zwei Übersetzungen bis auf wenige Ausnahmen genau übereinstimmten, wobei sich anhand von Streichungen und Einfügungen eindeutig nachweisen ließ, welche der beiden Schülerinnen, die eine Bank miteinander teilten, die Quelle und welche die Plagiatorin war. Die Schulordnung ließ gar keine andere Wahl, ich musste die Arbeit der Schülerin Ria Meilhammer wegen nachträglich festgestelltem Unterschleif mit der Note "6" bewerten. Schon die erste Schulaufgabe besagter Schülerin war wegen direkt erwiesenem Unterschleif mit der gleichen Konsequenz bewertet worden, weshalb ich mich auch veranlasst sah, die Schülerin in dieser Schulaufgabenstunde neben eine andere Nachbarin zu setzen.

Nach Rückgabe der korrigierten Arbeiten an die Schülerinnen erhielt Oberstudiendirektor Brehmer einen Brief, von dem ich eher durch Zufall über verschwiegene Kanäle erfuhr. In diesem Schreiben bat die Mutter der Schülerin Ria Meilhammer, die Note "6" der Schulaufgabe aufzuheben. Nun ist eine solche Reaktion verständlich, zumal die Eltern die Schwachpunkte von Oberstudiendirektor Brehmer kannten und auch auszunutzen verstanden. So fing mich Oberstudiendirektor Brehmer konsequenterweise eines Tages im Gang der Schule ab.

"Herr Kollege", teilte mir Brehmer mit, "die Note "6" der Arbeit der Schülerin Ria Meilhammer kann nicht aufrecht erhalten werden!"

Ich war im ersten Moment verdutzt, fasste mich aber schnell wieder. "Herr Direktor, es kann eindeutig nachgewiesen werden, dass die Schülerin Ria Meilhammer von ihrer Nachbarin abgeschrieben hat!" "Sie müssen die Note ändern!" ordnete Brehmer an, ohne meinen Einwand zur Kenntnis zu nehmen. Nach all den Erfahrungen mit seinem *unreifen Grünling* hätte er wissen sollen, dass ich mich nicht so leicht von ihm überfahren ließ. Eine harte Konfrontation war wieder vorprogrammiert. Ich war gewillt, dem Stier Paroli zu bieten. "Sie erwarten von mir nicht, dass ich die Note abändere?" fragte ich prüfend. "Ich werde auch nicht mein Einverständnis dazu geben, dass die Note von irgend jemandem abgeändert wird!" ließ ich Brehmer über meine Entschlossenheit nicht in Unkenntnis.

Brehmer zögerte einen Augenblick. "Wir werden darüber noch einmal sprechen müssen!" Mit diesen Worten trennte er sich von mir.

Als wir Lehrer die Jahresnoten für die Konferenzen abschlossen und überprüften, stellte ich überrascht fest, dass die letzte Schulaufgabe der Schülerin Ria Meilhammer, die ich mit der Note "6" in den Notenbogen eingetragen hatte, durchgestrichen und durch die Note "4" ersetzt worden war. Oberstudiendirektor Brehmer hatte die Änderung persönlich abgezeichnet. Das von meinem Vorgesetzten angekündigte Gespräch hatte nicht stattgefunden.

Jetzt sah ich mich gezwungen, Oberstudiendirektor Brehmer mit der harten Wahrheit direkt zu konfrontieren. Ich meldete mich am nächsten Tag für die dritte Unterrichtsstunde, eine Freistunde, bei Oberstudiendirektor Brehmer an. Bevor ich die direkte Aussprache suchte, erkundigte ich mich bei Frau Schnarrenberg, der Sekretärin, ob der Herr Direktor für ein Gespräch frei wäre. Als diese bejahte, begab ich mich zu dem Klassenzimmer der 11a und bat den unterrichtenden Kollegen, ob ich Ria zu einem Gespräch aus dem Unterricht holen könne. Da dies unter Kollegen in der Regel kein Problem darstellte, begab sich Ria zu mir vor das Klassenzimmer. Ich bat sie, mir zu folgen und bemerkte ihr gegenüber dabei, dass etwas geklärt werden müsse. Ich wählte diesmal den direkten Weg in das Direktorat, also von der Tür des Ganges her. Ich klopfte. - Kurzes Schweigen. - Dann vernahm ich ein "Herein!" Ich öffnete die Tür und betrat zusammen mit Ria Meilhammer das Direktorat. Brehmer sah erstaunt auf. Beim Anblick Rias musste ihm ein eiskalter Schauer über den Rücken gelaufen sein.

"Was wollen Sie?!" Brehmer konnte seine Gereiztheit nicht verbergen.

"Herr Direktor, bei der Durchsicht der Notenbögen der Klasse 11a habe ich festgestellt, dass Sie die Unterschleifnote der letzten Arbeit der Schülerin Ria Meilhammer ohne mein Einverständnis und, ohne dass der Fall der Lehrerkonferenz vorgetragen worden war, selbstherrlich abgeändert haben! Es gilt daher, eine endgültige Klärung des Falles herbeizuführen! - Ria," wandte ich mich jetzt an die Schülerin, "ist es richtig, dass Du in der letzten Schulaufgabe von Simone abgeschrieben hast?"

Nach längerem Schweigen antwortete die Schülerin. "Ja, ich habe abgeschrieben, aber nicht jeden Satz."

Nach dieser Antwort bat ich die Schülerin, das Direktorat zu verlassen. Im gleichen Moment platzte es wütend aus Brehmer heraus: "Verlassen Sie sofort das Direktorat!"

"Herr Direktor, ich bitte Sie um eine Dienstbefreiung für eine notwendig gewordene Besprechung im Ministerium. Ich möchte diesen Fall auf höchster Ebene geklärt wissen."

"Verlassen Sie sofort das Direktorat!" wiederholte Brehmer. Seine Stimme hatte eine unangenehme Tonlage erreicht. Ich verließ unverzüglich den Raum. Eine zweite Verhaftung wollte ich nicht riskieren. Auch bestand keinerlei Anlass dazu, länger an diesem Ort zu verweilen. Die Fronten waren endgültig geklärt.

Nachdem eine persönliche Vorsprache im Ministerium nicht zustande kam, musste ich notgedrungen den schriftlichen Weg wählen. Also schickte ich eine Dienstaufsichtsbeschwerde gegen Oberstudiendirektor Brehmer an die oberste Instanz und schilderte den außergewöhnlichen Fall.

Nach einiger Zeit wurde mir ein Antwortschreiben des Kulturministeriums durch Oberstudiendirektor Brehmer ausgehändigt:

>

"Das Vorbringen des Studienrat Toberg in seinem Schreiben wurde überprüft.

Die Schulaufgabe, um deren Benotung es in der Beschwerde geht, wurde von der betroffenen Schülerin wiederholt und von einem anderen Lateinlehrer bewertet. Die ursprüngliche Benotung hat sich damit erledigt.

Der Schulleiter wurde auf die Beachtung der Regelung in der Leh-
rerdienstordnung hingewiesen.
                        I.A. gez. Dr. Kühn (Ministerialrat")
<

Diese Nachricht warf mich beinahe um. Da hatte man tatsächlich
hinter meinem Rücken eine feige Intrige angezettelt. Jetzt war meine
Neugierde geweckt! Wer war der geheimnisvolle Korrektor der nach-
geschriebenen Schulaufgabe?! Es musste ja ein Kollege aus der eigenen Zunft sein. Also begab ich mich auf die Suche und fragte jeden
einzelnen Fachkollegen, ob er die neu angesetzte Schulaufgabe der
Schülerin Ria Meilhammer erstellt und korrigiert hatte. Die ersten
beiden Recherchen stießen ins Leere. Doch dann wurde ich fündig.
Bei Kollegen Hohl war ich auf ein fettes Nest gestoßen. Es war ihm
natürlich peinlich, dass ich ihn so direkt ansprach und mit seiner kollegialen Intrige konfrontierte.

"Der Herr Oberstudiendirektor", wand sich Hohl, "hat mich gebeten, eine neue Schulaufgabe für die Schülerin Ria Meilhammer anzu-
fertigen und zu korrigieren. Ich habe ja nicht gewusst, dass Sie ihr eine sechs wegen Unterschleif gegeben hatten."

Das konnte ich ihm nicht abnehmen. Hohl, und über Toberg nicht
informiert! War er doch inzwischen zu Brehmers Däumling herange-
wachsen. Diese selbstgefällige Symbiose blieb auch Kollegen, die
sonst eine eher indifferente Haltung der Schule gegenüber einnah-
men, nicht verborgen. Nur noch seine Kleidung hinderte Hohl daran,
als Amöbe den Weg ins Direktorat durch den fingerbreiten Türspalt
zu nehmen.

Schach matt!

"Der Stärkere ist als solcher noch lange nicht der Bessere. Auch in der Pflanzenwelt ist ein Vordringen des Gemeineren und Frecheren hie und da erweisbar. In der Geschichte aber bildet das Unterliegen des Edlen, weil es in der Minorität ist, besonders für solche Zeiten eine große Gefahr, da eine sehr allgemeine Kultur herrscht, welche sich alle Rechte der Majorität beilegt. Und nun waren alle diese unterlegenen Kräfte vielleicht edler und besser; allein die Sieger, obwohl nur von Herrschsucht vorwärts getrieben, führen eine Zukunft herbei, von welcher sie selbst noch keine Ahnung haben. Nur in der Dispensation des Staates vom allgemeinen Moralgesetz, bei fortwährender Geltung desselben für den Einzelnen, blickt etwas wie eine Ahnung durch."

(Jakob Burckhardt)

Während ich mir die letzten Tage den Kopf über meine unsichtbaren Feinde zerbrach, war das Schuljahr abgeschlossen, und die Grabenkämpfe zwischen Brehmer und mir schienen für diesen Abschnitt auszulaufen. Neue Zwischenfälle waren in den letzten Tagen nicht mehr zu verzeichnen. Beide Seiten gaben sich offensichtlich mit dem gegenwärtigen Patt zufrieden. Da überraschte mich an einem Nachmittag, die Ferien hatten bereits begonnen, wieder ein Kuvert, dieses Mal in Form eines Einschreibebriefes. Der Postbote machte keinen verdächtigen Eindruck, und daher hatte ich auch keinerlei Vorstellung davon, was mich in dem Schreiben erwarten könnte. Ich quittierte und las nebenbei den Absender: Eleonore-Mahler-Gymnasium, Romanstadt. Mit gekräuselter Stirn verschwand ich in meiner Wohnung.

Ich setzte mich in den Sessel am Wohnzimmertisch, nahm die Gabel, mit deren Unterstützung ich gerade meinen Apfelstrudel verzehrte, bevor mich die Hausglocke hinaus lockte, und riss mit einer Zinke den Umschlag auf. Schnell nahm ich noch einen Bissen von dem Gebäck und zog ein zusammengelegtes graues Durchschlagpapier heraus. Ich entfaltete es und begann zu lesen:

>

"Ministerium für Unterricht und Kultur   30.07.

Personalverhältnisse;
hier: Studienrat Rainer Toberg (L,E)
Zum Schreiben vom 10.07.

Es ist beabsichtigt, Studienrat Rainer Toberg mit Wirkung vom 1. September aus dienstlichen Gründen an das Gymnasium in Abstadt zu versetzen.

Um unverzügliche Äußerung des Beamten hierzu wird ersucht.

I.A.

gez. Dr. Kühn
Ministerialrat"   <

Mir blieb der Apfelstrudel im Hals stecken. Ich legte die Gabel zurück auf den Teller und las das Schreiben erneut. Ich machte die Augen zu und schlug sie wieder auf. Das Grau des Papiers und der schwarze Druck gleichen Inhalts waren immer noch da. Ich spürte eine heraufziehende Kreislaufschwäche, die sich in leichtem Zittern des ganzen Körpers bemerkbar machte. Ich legte die Hiobsbotschaft auf den Tisch und lehnte mich in meinem Sessel zurück. Allmählich fuhr der Keulenschlag bis in die letzten Kapillargefäße und legte das gesamte Nervensystem lahm. Ich war zu keiner Regung, zu keinem Gedanken fähig. Betäubung hatte sich in alle Winkel ausgebreitet.

Es dauerte eine geraume Zeit, bis sich die ersten Lebensgeister wieder rührten. Wie unter Zwang griff ich erneut zu dem abgelegten Papier und las noch einmal die Zeile: *Zum Schreiben vom 10.07.* Welches Schreiben war damit gemeint? Die Logik, die langsam in meinen Gedankenapparat zurückkehrte, sagte mir, dass es sich nur um ein Verzweiflungsschreiben Brehmers handeln konnte, in dem er den großen starken Bruder um Hilfe angefleht hatte. Spätestens seit der Konfrontation mit Rias Wahrheit musste Brehmer klar geworden sein, dass meine Arbeit und auch meine Person trotz seiner permanenten subversiven Querschläger von den Schülerinnen anerkannt wurde. Er lief Gefahr, bei dem entstandenen Patt den Boden unter den Füßen zu verlieren. Bevor sich also die Waagschale zugunsten seines Widersachers senkte und er durch einen unerwarteten Ruck von seiner Plattform rutschte, musste Brehmer schnellstens handeln, musste er das bedrohliche Gegengewicht mit *einem* Streich von der Schale fegen, um weiter obenauf schwimmen zu können. Jetzt war das System perfekt. Der Terror der Macht hatte sein Ziel erreicht. Die Bauern, Läufer und Springer hatten gute Arbeit geleistet. Die Grande Dame, die auf Wunsch nach allen Richtungen schlägt, hat den König schließlich schachmatt gesetzt.

Da saß ich nun, mit Bettelstab und ohne Krone, mit zerschlissenem Mantel, aber aufrechter Fahne, und schrieb meinerseits meine Verteidigungen an das Ministerium und meine Hilferufe an den Berufsverband so wie an den Personalrat meiner Schule.

Kartenspiel in bürokratischen Etagen

Die Sortiermaschine des Ministeriums lief auf Hochtouren. Eingehende Argumente wurden sofort in den angeschlossenen Papierkorb weitergeleitet. Andererseits produzierte man juristische Formulare, die die vom Beklagten eingeforderten Einwendungen zu statistischem Beiwerk degradierten.

Da mir wiederholt angemeldete mündliche Aussprachen mit den VIPs der relevanten Departements verwehrt worden waren, setzte ich jetzt alles auf eine Karte und pilgerte auf eigene Faust zu der heiligen Stätte des Ministeriums. Im Vorzimmer von Ministerialrat Dr. Kühn trug ich meinen Wunsch nach persönlichem Gespräch vor und wurde fürs erste einige Zeit lang mit der Begründung, Ministerialrat Dr. Kühn sei beschäftigt, auf Eis gelegt. Die Vorzimmerdame ließ ich wissen, dass ich draußen in der Lobby auf eine geschäftsfreie Lücke, die sich vielleicht im Laufe des Tages bei Herrn Ministerialrat Dr. Kühn ergeben könnte, warten würde. Nach circa einer Dreiviertel Stunde kam die Dame mit klackenden Schuhen auf mich zu und bat mich in Dr. Kühns Büro. Ein Herr in den Fünfzigern begrüßte mich distanziert hinter einem massiven Schreibtisch.

"Bitte nehmen Sie Platz! - Was führt Sie zu mir?"

"Mein Name ist Rainer Toberg. Ich unterrichte am Eleonore-Mahler-Gymnasium in Romanstadt. Sie kennen ja meinen Fall."

"Nein, ich kenne Ihren Fall nicht!" -

Ich blickte etwas ungläubig und verständnislos zu meinem Gegenüber. Dr. Kühn musste ein schwer beschäftigter Mann sein, dass er einen so *einmaligen Fall und aufsässigen Beamten*, wie er mir selbst geschrieben hatte, skrupellos aus dem Gedächtnis streichen konnte.

"Sie haben mir doch gerade mein Versetzungsschreiben zugeschickt!" rief ich ihm mit verhaltener Empörung meinen Fall ins Gedächtnis zurück.

"Ach ja! Sie sind das!" - Jetzt war er ein schlechter Schauspieler. -

"Nun, die Versetzung ist, wie Sie wissen, noch nicht endgültig. Es ist zunächst nur eine Absichtserklärung. Sie können selbstverständlich schriftliche oder mündliche Einwendungen dagegen erheben."

"Aus diesem Grund bin ich hier, Herr Dr. Kühn. Ich meine, es geht nicht an, dass nach all den Vorfällen das Verhalten von Oberstudiendirektor Brehmer völlig außer Acht gelassen wird. Sie wissen, und davon bin ich überzeugt, ganz genau, dass die Hauptschuld nicht mir zugeschrieben werden kann."

"Ihr Verhalten ist einmalig und hat zu unerträglichen Spannungen zwischen Ihnen und Oberstudiendirektor Brehmer geführt." - Kühn spreizte sich mit altbekannten Argumenten. Ein siebter Sinn sagte mir aber, dass die Wahrheit an Kühns Überzeugung nagte. Ich wagte mich weiter vor.

"Können Sie mit gutem Gewissen einen Direktor unterstützen, der unter Anwendung von Repressalien seine Lehrer zwingt, Noten nach seinem Geschmack zu manipulieren?!" - Dieser Satz musste Kühn aus seiner Reserve locken. Jetzt folgte entweder der Rausschmiss oder das Ringen um eine halbe Wahrheit.

"Herr Toberg, Sie gehen zu weit! Mir ist von Repressalien, wie Sie es nennen, nichts bekannt!"

"In meinen Schreiben an Sie" - warf ich schnell ein - "habe ich meines Wissens deutlich aufgezeigt, welche inakzeptablen Erwartungen Oberstudiendirektor Brehmer an seine Lehrer stellt. Wäre es da nicht recht und billig, den wahren Schuldigen zu versetzen und sich nicht an einem kleinen Beamten schadlos zu halten, nur weil dieser nicht über die Schalthebel der Macht verfügt?!"

Kühn wurde merklich nervöser. Er wusste längst, dass die stärkeren Argumente auf meiner Seite waren. Aber Loyalität und Beamtengehorsam machten ihm die Andeutung eines Kompromisses - mehr war gar nicht zu erwarten - schwer.

"Die Fehler wurden auf beiden Seiten gemacht! - Glauben Sie mir, ich verstehe Ihre Gefühle. Aber ich kann einen Oberstudiendirektor nicht versetzen!"

"Warum nicht?!" Meine Frage kam spontan, aus voller Überzeugung. Für Kühn muss sie dümmlich naiv geklungen haben.

Er warf den Kopf zurück, hielt sich mit beiden Händen an den Armlehnen seines Sessels fest und platzte wie vor den Kopf gestoßen heraus:

"Warum nicht?! Warum nicht?! - Ich kann doch keinen Direktor versetzen!! Wie stellen Sie sich das vor?!" - Er machte eine kleine

Pause. - "Der Ober sticht immer den Unter!! Das ist nun einmal so!" - Wieder eine kleine Pause - "Machen Sie Ihre Einwendungen! Das weitere muss sich zeigen." - Zum Zeichen, dass das Gespräch beendet sei, stand Dr. Kühn auf. "Ich bitte Sie um Verständnis, aber ich habe in wenigen Minuten eine Besprechung."

Ich verabschiedete mich wunschgemäß und fuhr mit meinem Schicksal im Gepäck nach Hause zurück.

Es blieb mir ja immer noch die Hilfe des Verbandes und des eigenen Personalrats. Sehnsüchtig wartete ich auf Nachricht. Es rührte sich nichts.

Von erholsamen Ferien konnte nach alle dem keine Rede mehr sein. Ich wartete weiter. Es müsste doch zumindest vom Personalrat eine Rückfrage erfolgen, da dieser bei einer Versetzung eine nicht unbedeutende Rolle spielen kann! Als sich mir nach längerer Zeit weder von der einen noch von der anderen Seite eine hilfreiche Hand entgegenstreckte, kam ich ins Grübeln. Was könnten die Gründe für solch tiefes Schweigen sein? Da stieg in mir ein seltsamer Verdacht auf: Ich hatte in den bisherigen Fällen den Personalrat vielleicht nicht gebührend zu Rate gezogen. Man wollte doch ein Wort mitreden! Ulis Hinweis, den er mir als Vorsitzender a. D. gegeben hatte, fiel mir wieder ein: "Warum schaltest du nicht den Personalrat ein?"

"Uli", habe ich ihm geantwortet, "das sind so gravierende Dinge, hinter denen nicht jedermann steht. Ich möchte nicht, dass andere in diese Affäre mit hineingezogen werden. Ich muss das, so weit es geht, selbst ausfechten."

Jetzt allerdings ging es nicht mehr. Jetzt wäre eine Unterstützung hilfreich gewesen. Doch da raunte es mir im Ohr: *Nun kommt er geschlichen! Jetzt wollen wir nicht mehr! Soll er sehen, wie er alleine zurecht kommt! Im Übrigen ist es sicherlich für beide Seiten gut, wenn auf diese Art die Spannungen beseitigt werden.*

Doch der Herrgott ließ mich nicht im Stich. Er schickte mir stattdessen am 06.09. ein neues Schreiben des Ministeriums, gegen Postzustellungsurkunde. Ende der Ferien dachte man auch dort an mich. Anscheinend befürchtete man, dass der bereits Totgeglaubte doch wieder zu Kräften kommen könne. Vielleicht täte ein kleiner Nachschlag sein Übriges.

>

"Ministerium für Unterricht und Kultur   23.08.

hier: Einleitung eines Vorermittlungsverfahrens

Zum Schreiben vom 10.07." - Das war ja Brehmers Hilferuf!

"...dass er die dritte Lateinschulaufgabe in den Klassen 9a und 9b wegen Überforderung der Schülerinnen für ungültig erklärt habe. ..."
<

Aha! Es handelte sich also um mein Schreiben, in dem ich Brehmer klar zu verstehen gegeben hatte, dass ich seine Notenmanipulationen nicht mittragen werde.

>
"...Vorstehendes Verhalten begründet den Verdacht eines Dienstvergehens. Die Ablehnung, den Anordnungen des Schulleiters Folge zu leisten, und die Form, in der der Beamte seiner Ablehnung Ausdruck verlieh, stellen einen Verstoß gegen die Verpflichtung des Beamten dar, dienstlichen Anordnungen Folge zu leisten und seinen Vorgesetzten gegenüber die gebührende Achtung zu erweisen...

> *I.A.*
> *gez Dr. Kühn*
> *Ministerialrat"*

<

Welche Achtung gebührte eigentlich Brehmer?? Ich machte mir ernsthafte Gedanken. Da schienen sich unterschiedliche Wertvorstellungen herausgebildet zu haben!

Ersparen Sie mir hier, lieber Leser, eine weitere Auflistung meiner Argumente, die ich notgedrungen dem Ministerium vorlegen musste, denn sie fanden dort nicht die gebührende Achtung. Diese Tatsache wurde unmittelbar darauf in dem folgenden Verdikt des Ministeriums bestätigt:

>
"Ministerium für Unterricht und Kultur   11.09.

1. Mit Wirkung vom 17. September wird Studienrat Rainer Toberg (L,E) mit Zustimmung des Hauptpersonalrats beim Ministerium für Unterricht und Kultur an das Gymnasium in Abstadt versetzt.

2. Die Anordnung zu Nr. 1 wird für sofort vollziehbar erklärt.

...

I.A.

gez. Dr. Böhning

Ministerialdirigent"   <

"*mit Zustimmung des Hauptpersonalrats*"! Da war sie nun, die langersehnte Antwort auf meinen Brief an den Verband mit der Bitte, sich für mich zu verwenden! Das Spiel war zu Ende. Die Personalräte waren gute Statisten. Doch die mächtigeren Trümpfe lagen in den Händen des Ministeriums.

–

– Die Kühle des Steingeländers dringt mir in die Haut und lässt mich frösteln. Sie reißt mich aus meinen Gedanken, die noch einmal die ganze Vergangenheit durchlaufen haben. Ich nehme die Hand vom Geländer und steige mit schwerem Schritt die Treppe hinunter, gehe langsam auf das Portal zu, das mir das Tor zu so viel Hoffnung war. Als der schwere Eichenflügel dumpf ins Schloss fällt, schlägt die Tür endgültig hinter mir zu.

Ein Anfang mit Schrecken

"*Oh wi unervorschlich sind Godes Wäge un wi krenzenlos is seine Barmerzigkeid, das er in fon einen ladeinischen Schulmeisder bis zu der Schbize der Regirung epracht had! Teo krazias. Lobed God, wo auf der nidrigsten Greadur sein Aug had und das ermsde Geschäbf erhäht. Wen man es bedengt, das er for einer kurtzen Schbane Zeid plos ein harmsäliger brofäser war und es hawen im fieleichd seine Schullgnaben nichd gefolgd sondern ien zerbleggt und jäzd folgd im das ganse Volk un das ganse Land und die Minisder und die Brinsen folgen iem und der genigliche Hof und jeder schantarm mis iem folgen und ale miesen auf iem aufbasen, was er sagd. Das ist ein sichdbares Wunder durch die Krafft des gebedes, wo einen kleinwinzigen Brofäser zu einen mechdigen Härscher machd... Ho wi wahr ist es doch, was der Bsalmmisd singd, had er gesagd! Ho wi erfillt sich alles so härlich an insern Bresadenten! Die Lüberalen sind for seine Fieße als Schemel hin gelegt und aber auch die Minisder und ale groskopfeden sind hingelegt und miessen gnirschend und zehenfledschend zu iem hinaufschagen, wo er jäz auf dem Throne der Härlichkeid siezt. Der Bsalmmist hat gesagd: Härsche inmidden deiner Freunde! Sehen wir nichd insern innigst gelibten hochwiedningen und unbeschreublingen Bresadenten Orderer inmiden seiner Freunde härschen? Inmidden fon die Unkläubigen und Lüberalen und Sozi? Aber der Bsalmist sagd, God richded den Geringen auf aus dem Schtaube und erhäht den Armen aus dem Kode und machd aus dem*

146

Brofäser einen Bresadenten und säzt ien neben die Fürschten seines Folkes
und sein Samen wird mechdig auf erden. Und ales disses schtimt aufälig bei
insern unbeschreiblichen Bresadenten Orderer, Amen!"

(Ludwig Thoma)

Die Zeit drängte. Für Weltschmerz und Selbstmitleid blieb kein
Raum. Das neue Schuljahr an der neuen Schule stand kurz bevor. Ich
beschloss, mich zu meinem Antrittsbesuch an meiner neuen Arbeits-
stätte anzumelden. Die Sekretärin teilte mir nach Rücksprache mit
dem Schulleiter mit, dass ich am Donnerstag um 11.00 Uhr erwartet
würde.

Ich war selbst gespannt, was für eine neue Welt das Schicksal für
mich auserkoren hatte. Um punkt 10.55 Uhr betrat ich das neue
Schulgebäude, das im Gegensatz zu meiner vorherigen Wirkungs-
stätte ein Produkt moderner Architektur war. Außen raue Betonver-
kleidung, innen eine große Aula mit quadratischen Betonsäulen. Als
ich die holzgeländerte Treppe emporstieg, stellte ich fest, dass die
Stockwerke in versetzte Ebenen eingeteilt waren. Ich folgte dem Pfeil
'Sekretariat', der mich zunächst zu einer zweiflügeligen Glastür leitete, die den wichtigen Verwaltungsteil anscheinend von dem profanen
Restgebäude abschirmte. Ich schwang die Tür auf und suchte das
Hinweisschild 'Sekretariat'. Es befand sich neben einer grünen Tür. Ich
klopfte. Als die Aufforderung an mich erging, einzutreten, öffnete ich
vorsichtig die Tür. Meine Sorge war unbegründet. Das Zimmer war so
geräumig, dass zwischen der Abgrenzung des Verwaltungspersonals
und der Tür ein breiter Gang für den Publikumsverkehr eingeplant
werden konnte. An der Längsseite rechts neben dem Eingang befand
sich in einer Nische sogar eine mit grünem Stoff bezogene Sitzcouch.
Eine junge Sekretärin trat auf mich zu.

"Sie wünschen?"

"Mein Name ist Toberg. Ich bin an Ihre Schule versetzt worden.
Ich hatte mich am Dienstag zu einem Antrittsbesuch angemeldet."

"Ach ja!" erinnerte sie sich und meldete mich haustelephonisch
an. "Gehen Sie bitte hinein! Der Herr Oberstudiendirektor ist in seinem Büro."

Ich wandte mich in die Richtung, die mir die Hand der Sekretärin
wies, - und machte eine erstaunliche Beobachtung. Das Direktorat
war nicht durch eine gepolsterte Doppeltür vom Sekretariat getrennt.
Was mich aber noch mehr verwunderte, war die Tatsache, dass die

Einfachtür - sie war ebenfalls in grünem Ton gehalten - sogar offen stand! Hatte man an dieser Schule keine Befürchtungen, dass Geheimnisse ungewollt nach außen dringen könnten? - Wie sich später allerdings herausstellte: der Informationsfluss verlief in einer Einbahnstraße. Die Gespräche, die sich im Sekretariat zwischen den Angestellten einerseits und zwischen den Sekretärinnen und Lehrern oder Schülern andererseits abspielten, konnten auf diese unauffällige Weise im Direktorat gut mitgehört und überwacht werden - Ich trat verunsichert auf die geheimnisvolle Öffnung zu und klopfte. Es dauerte einen Augenblick, dann wurde ich mit einem "Herein!" aufgefordert, die imaginäre Schwelle - der raumübergreifend ebenerdig ausgelegte Teppichboden garantierte einen reibungslosen, da stolperfreien Zufluss - zu betreten. Ich machte zwei, drei Schritte in den Raum, hob den Kopf zur Begrüßung und ... Da stockte mir beinahe das Blut in den Adern: vor mir, hinter einem schweren, rustikal furnierten Eichentisch, saß in einem Hochlehner Er: Die Dogge! Ich wusste im ersten Moment nicht, ob ich mich wegen des bekannten Gesichts freuen oder wegen des Rufes dieses Mannes fürchten sollte. Ich riss mich zusammen und versuchte meine Regung und Erregung zu verbergen. In angemessenem Abstand vom Schreibtisch machte ich Halt und flötete mein unschuldiges "Grüß Gott".

"Grüß Gott" erwiderte der Mann im Sessel meinen Gruß. "Nehmen Sie Platz!" Er bot mir mit einer kurzen Handbewegung den Stuhl auf der Besucherseite des Schreibtisches an. Während ich mich noch setzte, fragte er: "Sie wünschen?"

"Mein Name ist Toberg. Ich wurde mit Wirkung vom 17. September an Ihre Schule versetzt. Sie kennen ja meinen Fall."

"Ich kenne Sie nicht und ich kenne auch nicht Ihren Fall."

Petrus konnte nicht entschiedener geleugnet haben. Ich spürte, wie ich aus dem Lot fiel. Ich war zutiefst verunsichert. Die anfängliche Skepsis wich einer Erschütterung. Wie konnte dieser Mann behaupten, dass er mich nicht kenne?! In Bruchteilen von Sekunden schob sich eine unheimliche Begebenheit in mein Gedächtnis. Ich sehe die Szene vor meinen Augen, als ob sie erst gestern passiert wäre:

In der Seminarausbildung waren in den allgemeinen Ausbildungskonferenzen alle Fachbereiche zusammen gefasst. Wir waren trotz Studentenrevolution gleich zu Beginn in das System eingebunden worden. Also begegneten wir diesem zwar mit einer gewissen Skepsis, aber auch mit einem gewissen Respekt. Viele Jungkollegen hegten den Verdacht, dass die Note des Ersten Examens als Grundlage zur Beurteilung ihrer Leistung in der Pädagogischen Ausbildung intensivst herangezogen würde. Als wir ängstlich nachfragten, ob dies zutreffe, wurde uns ausdrücklich versichert, dass niemand an der Schule von den Noten der Ersten Examina Kenntnis habe. Damit war uns eine wesentliche Angst genommen. Einem Neubeginn der Examinierten stand nichts im Wege. *Ein* Kollege erregte unsere Hochachtung und unsere Bewunderung. Er verhielt sich sowohl den Semiarleitern als auch uns gegenüber wie ein Akademiker, der die weltlichen Dinge nur am Rande mit uns teilte. Er kam zu spät zu den Sitzungen, und zwar mit einer erhobenen, vor Selbstsicherheit strotzenden Haltung, die keine Fragen von irgend einer Seite duldete. Dann ließ er mit deutlich vernehmbarem Plumpsen seine Gehefte fallen und wandte sich interessiert dem Konferenzgeschehen zu. Mit den älteren Kollegen, die gewöhnlich auf Distanz zum Jungvolk gingen, sprach er wie ein alter Hase. Seine Souveränität trotzte selbst den Seminarleitern einen gewissen Respekt ab. Wir waren der Überzeugung, dass er ein außergewöhnlich gutes Examen geliefert haben musste. Auch seine ersten Lehrproben wurden von den Gutachtern mit für ihn angemessenen "Sehr Gut" gewürdigt. Als wir zum dritten Ausbildungsabschnitt an die Seminarschule zurückkehrten, blies uns plötzlich ein schärferer Wind ins Gesicht. Das Ministerium hatte sich wieder einmal in seinen Prognosen verschätzt. Es war zu befürchten, dass in den nächsten Jahren ein Lehrerüberschuss ins Haus stand. Da musste rechtzeitig beschnitten werden! Jetzt griff nackte Existenzangst um sich. Vor allen Dingen die Kollegen, die keine hervorragenden Examensnoten vorweisen konnten - damals genoss man noch das freie Studium ohne den permanenten Blick auf bestimmte Noten hin - wurden zunehmend verunsichert. - Und urplötzlich stand eine Wahrheit im Raum: Sailer, der Modellakademiker, hatte im Ersten Examen die Note 3,8 erhalten. Ein Seminarleiter, gereizt durch Sailers allzu selbstsicheres Auftreten, hatte ihm geraten, er solle sich bei dieser Leistung nicht so aufblasen. Es war also alles Lüge, womit man uns in Sicherheit hatte wiegen wollen. Im Nu war der Bär los! Die Kaninchen liefen aufgescheucht in der Kulturlandschaft umher. Keiner wusste, aus welcher Ecke es zuerst krachen würde. Die ersten Lehrproben dieses Ausbildungsabschnittes waren fällig. Die Noten rutschten in den Keller. Leistung, die vorher noch anerkannt war, war plötzlich nichts mehr wert. Sailer ließ man in ein tiefes Loch fallen. Seinen beiden "Sehr Gut" in den ersten Lehrproben folgte eine 'ausgleichende' "Vier". Wie konnte man sich auch als Seminarlehrer von dem Mann so blenden lassen! Eigentlich war man schon immer skeptisch, ob der Mann etwas tauge. Man war wohl zu gutmütig. Aber jetzt zeigte es sich doch deutlich: Der Mann hatte im Grunde kein Format! Er hatte einfach im Abschlussdrittel versagt! -

Die letzten Gedanken wurden von einer Stimme begleitet, die aus weiter Ferne an mein Ohr drang: "Ich darf Sie an unserer Schule willkommen heißen."

Mein neuer Chef blieb an der Förmlichkeit haften. Aber jeder seiner Sätze bekam jetzt einen bitteren Beigeschmack. Hatte man bereits ein Komplott geschmiedet, um den jungen Kritikaster vom Regen in die Traufe fallen zu lassen?

"Ich hoffe Sie werden sich gut einleben. Über Ihre Klassen können Sie sich am Schwarzen Brett im Lehrerzimmer informieren. Die Verteilung ist dort ausgehängt. Bezüglich Ihrer Fächer nehmen Sie bitte Kontakt mit den Fachbetreuern auf. Das sind Herr Studiendirektor Stiller für Latein und Herr Studiendirektor Peschka für Englisch. Finden Sie sich bitte am Montag, 15.00 Uhr zur Eröffnungskonferenz ein! Das wäre vorerst einmal das Wichtigste, was Sie wissen müssten. Ich wünsche Ihnen einen guten Neuanfang."

Dies verstand ich als dezenten Hinweis, meine Visite zu beenden. Ich erhob mich von meinem Stuhl, verneigte mich mit einem höflichen 'Auf Wiedersehen'.

"Ach," unterbrach der Direktor meinen scheidenden Schritt, "lassen Sie sich von Frau Schmidtlein den Schulschlüssel gegen Unterschrift aushändigen!"

Ich nickte und begab mich wie jemand, der seine Fährte verwischen wollte, auf den gleichen Spuren, auf denen ich gekommen war, in das Sekretariat zurück, um den erforderlichen Schlüssel entgegenzunehmen. Frau Schmidtlein hatte bereits den Schlüssel und die Empfangsbestätigung auf ihrem Schreibtisch zurechtgelegt, denn als ich wieder den Raum betrat, kam sie lächelnd auf mich zu und sagte: "Ihr Schulschlüssel, Herr Toberg! Wenn Sie mir bitte hier den Empfang bestätigen könnten." Sie schob mir den Schlüssel, einen vorgedruckten Zettel und einen Kugelschreiber über die Theke. "Geben Sie gut auf ihn Acht! Den dürfen Sie nicht verlieren!" Sie lachte wieder.

"Können Sie mir bitte sagen, wo ich das Lehrerzimmer finde?" Ich schob ihr die signierte Quittung und den Stift zurück.

"Wenn Sie hier zur Tür hinausgehen, dann ist das Lehrerzimmer gleich schräg gegenüber." Sie machte mit ihrem Arm einen Bogen. Ich nahm den Schlüssel an mich und verabschiedete mich mit einem dankenden "Auf Wiedersehen!"

Wieder im glastürgesicherten Vorraum bog ich, ganz nach Frau Schmidtleins Anweisung, leicht nach links und steckte den Schlüssel in das Schloss der Tür, die mit 'Lehrerzimmer' ausgeschildert war. Mit einem leichten klacken eröffnete sich mir auch hier eine neue Welt. Ich betrat einen großen rechteckigen Saal mit fünf oder sechs langen, getrennt gestellten Tischen, um die grüngepolsterte Chromstühle gereiht waren. Belichtet wurde der langgestreckte Raum linksseitig von einer durchgehenden Glasfront. Die rechte Längsseite wurde über die gesamte Fläche von Brieffächern für die Lehrer und von abschließbaren 'Tresoren' deckenhoch vereinnahmt. Die mir gegenüberliegende Frontseite, die von einer ebenfalls grünen Tür in zwei gleiche Hälften geteilt wurde, beherbergte eine offene und eine geschlossene Regalwand. Das Schwarze Brett, das hier ein 'Grünes' war, befand sich direkt neben der Eingangstür. Diesem wandte ich mich jetzt zu, um mich über meine Klassen zu informieren. Auf großen, eng aneinander gehängten Blättern konnte jede Lehrkraft die vom Oberstudiendirektor jeweils zugewiesenen Klassen entnehmen. Ich suchte meinen Namen am Ende der Liste und notierte mir auf einem Blatt aus meiner Tasche die dort verzeichnete Information:

Klassleitung: 6b
Latein: 7d, 9b, 11a
Englisch: 6b, 7a

Ein leichtes Unbehagen befiel mich, als ich die Ziffern 9 und 11 registrierte. Sollte es ein Zufall sein, dass ich mit meinen Schicksalsklassen auch hier konfrontiert wurde? Oder war dies ein Angebot auf Bewährung? Hatte der Direktor bei unserer Begegnung nicht von einem 'Neuanfang' gesprochen? Das musste bedeuten, dass er mehr über mich wusste, als er mir gegenüber zugegeben hatte! Geschah dies aus Rücksicht, um die Sache unvoreingenommen anzugehen? Oder lag hier ein berechnendes, längst abgekartetes Spiel vor? Die Karten schienen neu verteilt. Aber waren sie auch neu gemischt? Ich packte meine Notizen ein und verließ den Raum. Doch der Ungeist, der sich unversehens entkorkt hatte, verfolgte mich durch die Glastür, über die Treppen, die zur Ausgangsebene führten. Eine gespenstische Szene tauchte vor mir auf:

Telephonische Entsorgung

Als die Verantwortlichen im Ministerium meine Versetzung ins Auge gefasst hatten, suchte man auf dem Verschiebebahnhof ein freies, möglichst langläufiges Gleis. Brehmer musste hier wohl Vorarbeit leisten. Doch bei wem gibt man einen entwöhnten Welpen in strenge Obhut? Da kam ihm der Gedanke an *Die Dogge*. Es verband Brehmer zwar in der Grundhaltung wenig mit seinem Amtskollegen, aber in einer solchen Situation muss man auch einmal über seinen eigenen Schatten springen und ein amtliches Duzverhältnis zu seinen Gunsten ausschöpfen können. Brehmer entschloss sich zu einem wichtigen Telephonat.

Er lauschte dem Tuten des Apparates am anderen Ende der Leitung. Es dauerte einige Phasen, bis jemand abhob.

"Klonert" meldete sich endlich eine Stimme.

"Ich bin's! Jakob!" gab sich Brehmer zu erkennen.

"Ach, Jakl! Wie geht's? Wo warst du denn letzte Woche bei unserem Verbindungstreff? Haben dich alle vermisst!"

"Ich war leider verhindert, Johann. Wichtige Amtsgeschäfte. Aus diesem Grund rufe ich auch bei dir an. Du erinnerst dich sicher noch an den neugescheiten Studienrat bei mir an der Schule? Der mit der Polizei!"

"Ach Gott, der! Bist du den immer noch nicht losgeworden?"

"Jetzt ist es soweit. Wir haben es endlich geschafft. Aber nun stehen wir vor dem Problem: wohin mit dem Kerl? Da habe ich an dich gedacht. Ich glaube, bei dir wäre er ganz gut aufgehoben. Du könntest ihm einmal die Federn etwas stutzen. - Könntest du jemanden mit der Fächerverbindung Latein/Englisch unterbringen?"

"Was sagt das Ministerium?"

"Ich soll mich hier oben umhören. Der Mann braucht eine entschlossene Faust. Da habe ich eben, wie gesagt, an dich gedacht."

"Ich könnte eine Ergänzung von dieser Fachrichtung gebrauchen. Schick ihn mir rauf. Bei mir ist noch keiner groß geworden. Dem werde ich schnell den Schneid abkaufen!" Klonert lachte überlegen.

"Kann ich dem Ministerium den Vorschlag unterbreiten?" Brehmers Frage klang vorsichtig bestätigend. Er wollte sicher gehen. Noch hielt er seine aufwallende Erleichterung unter Kontrolle.

"Ja, das kannst du. Wenn die nichts dagegen haben?"

Jetzt sackte Brehmers aufgespannter Körper sichtlich erleichtert zusammen. Er hatte den Hörer in banger Erwartung schon weit nach oben gestreckt, um den Sprechkontakt mit dem Mund nicht zu verlieren. Von den Zehenspitzen, auf die er sich in der Anspannung des Gesprächs unbewusst erhoben hatte, kippte er auf den Absatz zurück. "Johann, ich danke dir für deine Unterstützung. Ich hoffe, ich brauche mich in ähnlicher Hinsicht nicht zu revangieren!" Brehmer lachte lauthals in den Hörer. Seine Pointe missglückte unter dem freiwerdenden Überdruck aufgestauter Ratlosigkeit. "Mach's gut, Johann. Nächsten Donnerstag bin ich auf jeden Fall wieder vertreten."

Brehmer legte den Hörer auf. Ich hatte den Eindruck, dass dies schneller als sonst geschehen war. Befürchtete er einen Rückzieher seines Amtskollegen? Er hätte Klonert besser kennen müssen! - Die Weichen waren gestellt. Jetzt galt es nur noch, die heiße Fracht auf die Reise zu schicken!

Ich versuchte schon während der Heimfahrt, die Gedanken an das drohende Unheil zu vergessen und wenigstens das allerletzte Wochenende in den Ferien zu genießen.

Der Neuanfang

Der Beginn des Schuljahres unterschied sich kaum von den vorigen. Die einleitenden Formalien wiederholten sich auch hier. Aber nach wenigen Tagen war mir klar, dass die Klassenauswahl, zumindest was die 11. Klasse betraf, nicht einem unglücklichen Zufall zu verdanken, sondern als Beginn einer Feuerprobe geplant war. Im Lauf der ersten Wochen musste ich feststellen - die Schüler werden es mir verzeihen - , dass kaum eine Grundlage vorhanden war, die auch nur annähernd ausgereicht hätte, einen fremdsprachlichen Lektüreunterricht sinnvoll zu gestalten. Der Anspruch des Faches, den viele Lobbyisten in Reden und Zeitschriftenartikel zu besingen nicht müde werden, und die verdrängte Realität eines Schulalltags klafften wieder einmal weit auseinander. In Anbetracht dieser Situation sah ich mich vor zwei Alternativen gestellt: 'pädagogisches' Verständnis und Aufgabe des Anspruchs oder notwendiger Drill. Ich habe mich dafür entschieden, den steinigeren Weg zu gehen. Natürlich kann man darüber geteilter Meinung sein. Akzeptiert. Aber ich hielt eine schnelle Aufarbeitung des Versäumten für unabdingbar, um den Unterricht als solchen, und einen vielgepriesenen klassischen im Besonderen, nicht ad absurdum führen zu lassen. Es blieb also die Frage nach dem Standpunkt des Absurden. War es derjenige des Akteurs, weil er seine Aufgabe allzu ernst nahm, oder war es derjenige des Beobachters und Kontrolleurs, der die Nivellierung an statistisch vorgegebene Notendurchschnitte zum eigenen Gesetz erhob und das vielgepriesene Ziel und den hohen Anspruch, die allgemein und in übereinstimmender Vereinbarung vorgegeben waren, einem Schülerzahlen- und Prestigedenken skrupellos unterwarf? Der Kampf war wieder einmal vorprogrammiert!

Ein seltsamer Telephonanruf

Hinter mir in wesenlosem Scheine
Hör ich Schweine grunzen, Schweine, Schweine.

Hermann Hesse

Mitten in meine Verteidgungsvorbereitungen platzte eines Abends, es war kurz vor 19.00 Uhr, ein Telephonanruf. Ich hob zufällig den Hörer selbst ab - meine Frau war gerade mit dem Wickeln unseres ersten Sprösslings beschäftigt -, sonst wäre mir wahrscheinlich eine hochinteressante Information entgangen.

"Toberg", meldete ich mich. Am anderen Ende der Leitung war für Sekunden nur ein leichtes Schnaufen zu hören. Der Unbekannte schien noch zu zögern, dann entschloss er sich doch zu reden.

"Herr Toberg, ich möchte Ihnen etwas mitteilen!"

"Mit wem spreche ich bitte?" unterbrach ich die Stimme.

"Fragen Sie mich bitte nicht nach meinem Namen! Ich bitte Sie auch, dieses Gespräch vertraulich zu behandeln. Ich meine aber doch, dass ich Ihnen diese Information schuldig bin."

"Um welche Angelegenheit handelt es sich?" Ich presste, neugierig geworden, den Hörer fester an mein Ohr, um keine Silbe einer offensichtlich brisanten Nachricht zu verpassen.

"Es handelt sich um Ihre Versetzung." Der Sprecher machte eine Pause. Wieder rauschte nur ein leichtes Schnaufen durch die Leitung. Die Preisgabe seines Geheimnisses schien ihn große Überwindung zu kosten. "Ihre Versetzung wurde durch Intervention von Müller entschieden. Sie wissen vielleicht um die Zusammenhänge zwischen Brehmer und Müller."

"Meinen Sie den Minister Müller?" fragte ich zweifelnd.

"Ja, den meine ich. Sie wundern sich vielleicht über mein Verhalten, aber ich bin der Auffassung, dass Sie ein Recht auf diese Information haben. Ich wünsche Ihnen alles Gute." Das Klicken in der Leitung ließ erkennen, dass der Unbekannte aufgelegt hatte.

Ich ließ den Hörer auf den Apparat gleiten und setzte mich auf die alte Truhe, die uns als Telephontisch diente. Was sollte ich von dieser Information halten? Ich geriet ins Grübeln. - Müller! - Brehmer hatte also Müller eingeschaltet. - War der nicht Justizminister geworden? - Ja, als höchster Vertreter des Rechts konnte man schon ein Wort in den kulturpolitischen Etagen mitreden! Ob sich Müller an Machiavellis Rat erinnert hat?: "*Man muss sich darüber klar sein, dass es nur zwei Wege gibt, einen Streit zum Austrag zu bringen: entweder den Weg über ein rechtlich geregeltes Verfahren oder den Weg der Gewalt. Das erste Verfahren benützen die Menschen, das zweite die Tiere. Da das erste nicht immer die Lösung bringt, muss man zuweilen zum zweiten greifen.*"[2] Ein lenkendes Gespräch bei einem Arbeitsessen mit dem Ressortleiter der Kultabteilung könnte gewiss die Weichen stellen. Diesen persönlichen Einsatz war man dem Freund schuldig. Welche Blamage für Amt und Würden, wenn sich der Protegierte nicht durchsetzen konnte! Nein, da mussten Nägel mit Köpfen gemacht werden! Lieber sicher gehen und alles selbst in die Hand nehmen! Brehmers Atem könnte kurz werden. Da musste Justitia die Binde von den Augen genommen werden. Sehend konnte sie einen Mann wie Brehmer doch nicht fallen lassen! - Jetzt hatte ich auch die Gottheit gegen mich. Ich musste schmunzeln. Welchem irrwitzigen Wahn war ich Mensch erlegen, dass ich glaubte, ich könne meine Sache mit Argumenten verfechten! Das Schnippen der Gottheit hatte mich zum wehrlosen Wurm gemacht. Die olympischen Heiligen werden sich vor Lachen gebogen haben über diese Herausforderung. Zur Belustigung und Demonstration unsterblicher Macht jagt man also - diesem Antrag wurde in der Götterversammlung zugestimmt - dem unbequemen Angreifer den Pfeil in die Ferse, um den eigenen Schützling zu retten - oder zu rächen. An diesem Abend begriff ich meinen Windmühlentanz.

Die Stimme des Herrn

Mit meinen Gedanken weilte ich noch bei der gestrigen Enthüllung, da machte ich eine Begegnung der unheimlichen Art mit meinem neuen Vorgesetzten via technischer Errungenschaften. Wurden im Eleonore-Mahler-Gymnasium noch die Sekretärinnen als humane Rohrpost durch die Gänge geschickt, so übernahmen in der neuen Schule Mikrophon und Lautsprecher diese kommunikative Aufgabe. Eine solch fortschrittliche Einrichtung bot eine ganze Reihe von Vorteilen: erstens konnte man überall gehört werden, zweitens bestand die Möglichkeit, sich einzeln zuzuschalten, und drittens ließ sich der Zeitpunkt für eine Botschaft schnell, direkt und unbürokratisch bestimmen.

Mit der Klasse 9b analysierte ich gerade eine längere lateinische Satzperiode, als wie ein Blitz aus heiterem Himmel eine durchdringende Stimme mitten in unsere Geistesarbeit fuhr: "Herr Kollege Toberg, kommen Sie bitte sofort ins Direktorat! - Bin ich verstanden worden?" Aus undefinierbarer Höhe herab hatte ein unsichtbarer jemand seine Botschaft in den Raum gesprochen. Ich war so überrascht, dass ich im ersten Moment regungslos verharrte, mich aber dann verwirrt im Zimmer umblickte. "Ja" stotterte ich konsterniert in den Raum, immer noch auf der Suche nach dem Geprächspartner. Da fingen die Schüler lauthals zu lachen an und riefen durcheinander "Sie müssen auf den Knopf dort drücken und 'ja' sagen!" Zahlreiche Finger deuteten hilfreich in die linke Ecke neben der Tafel. Ich drehte mich um und erblickte auf einer viereckigen Metallplatte eine Plastikarmatur. Ein Teil davon war von mehreren Schlitzen durchbrochen. Daneben befanden sich drei Knöpfe, ein großer und zwei kleinere, die übereinander angeordnet waren. Ich ging hastig auf die Armatur zu. Da ertönte zum zweiten Mal, nun nachdrücklicher, die sofortige Antwort erheischende Frage "Bin ich verstanden worden??" Ich fühlte mich in Orwells Roman '1984' versetzt. Wenn dich die Obrigkeit ruft, musst du gehorchen. Beamtenpflicht trieb mich vorwärts. Mein rechter Zeigefinger steuerte schon auf den oberen der kleinen Knöpfe zu. - "Den weißen darunter!! Oh Mann!!" stöhnten mir einige Schüler im Chor zu. Ihr Lachen verriet, dass hier eine Art Spiel in Gang war, dessen Regeln mir noch nicht vertraut waren. - "Drücken und 'Ja' sagen!!" - Erneut diese unheimliche Stimme: "Bin ich ver...?" Jetzt hatte ich den richtigen Knopf erreicht und schrie "Ja!!" Einerseits fühlte ich mich erleichtert darüber, mit Hilfe der Schüler die Situation gemeistert zu haben, andererseits fragte ich mich ernsthaft, was ich verbrochen hatte, dass mich Klonert so dringend aus dem Klassenzimmer zitierte. Ich packte meine Sachen zusammen - meine Schultasche ließ ich nie unbeaufsichtigt im Klassenzimmer - und machte mich auf den Weg. Da begleitete mich ein rätselhafter Chor von Fragen und Kommentaren der Schüler: "Was haben Sie denn angestellt? - Müssen Sie wohl etwas beichten? - Jetzt gibt es Zunder! Passen Sie auf! Unser Direktor frisst auch Referendare!..." - Die Schüler hielten mich als 'Neuen' offensichtlich für einen Referendar. Ich bat sie, sich ruhig zu verhalten, und verließ den Raum.

Draußen auf dem Gang beschleunigte ich meinen Schritt. Unterwegs unterwarf ich mich einer strengen Selbstprüfung, um herauszufinden, ob mir in der letzten Zeit etwas Unstatthaftes unterlaufen wäre. Ich wollte nicht ganz unvorbereitet vor meinen Herrn treten. Vor dem Sekretariat verlangsamte ich wieder meinen Schritt. Ich klopfte und trat ein. Die Direktoratstür stand, wie meistens, einladend offen. Ich klopfte erneut und schloss beim Eintreten die Tür hinter mir, wie ich dies auch in Zukunft stets zu tun pflegte. Denn das, was wir häufig zu besprechen hatten, vollzog sich eher in Form von Hahnenkämpfen als in der Form bedeutungsloser Plaudereien, die andere Ohren hätten teilen können. Ich grüßte höflich und trat auf Klonerts Schreibtisch zu. Meine Aktentasche nahm ich fester unter den Arm. "Herr Direktor, Sie haben mich gerufen" begründete ich die ungewöhnliche Stunde meines Kommens.

Klonert hatte einen ockergelben Umschlag vor sich liegen. Es handelte sich dabei um die vorgedruckten und vom Lehrer auszufüllenden Statistikformulare für Schulaufgaben. Ohne Vorwarnung rührte sich ein schlechtes Gewissen in mir: 'Habe ich in der Schulaufgabe etwas falsch gemacht?? Habe ich falsch korrigiert?? Habe ich irgendwelche Termine versäumt??"

"Herr Kollege," - Klonert klappte den Umschlag auf und legte eine Schulaufgabe frei. Er drehte sie um und schob sie mir über den Tisch, so dass ich die Blätter kopfgerecht entgegennehmen konnte - "schauen Sie sich die Schulaufgabe einmal genau an! Fällt Ihnen etwas auf?"

Ich starrte den Stapel Schulaufgabenblätter verzweifelt an, nahm das oberste Doppelblatt - es war von dem Schüler Andorf der Klasse 7d beschrieben worden - in die Hand, öffnete das Faltblatt, drehte es hin und her, kontrollierte in hastigem Flug meine Korrekturzeichen...!

Jetzt hatte ich ein schlechtes Gewissen, weil ich nichts Tadelnswürdiges fand. Ich musste diesen Umstand eingestehen. "Herr Direktor, ich weiß nicht, was Sie meinen." Ich versuchte meine Verlegenheit hinter einem gequälten Lächeln zu verstecken.

Klonert blieb ernst. "Schauen Sie, Herr Kollege! Von den Doppelblättern ist meistens nur das erste beschrieben. Wir müssen sparen! Trennen Sie die leeren zweiten Blätter ab! Sie können gut für Stegreifaufgaben verwendet werden! Legen Sie mir die Schulaufgabe danach wieder in das Direktoratsfach im Lehrerzimmer!"

Ich stand wie vom Donner gerührt. So etwas Dümmliches war mir noch nicht passiert! Holt er mich wegen einer solchen Lappalie mitten aus dem Unterricht! Ich musste mich zusammenreißen. Aber am liebsten hätte ich ihm lautstark den 'Idioten' an den Kopf geknallt.

"Das wäre alles!" Wieder die dezente Aufforderung, zu verschwinden.

Erregt eilte ich in meine Klasse zurück. Zehn Meter davor erneute Pulsberuhigung. Ein unüberhörbarer Geräuschpegel informierte mich über die Auffassung von Gehorsam in der Klasse. Ich öffnete kontrolliert die Tür. Der Lärm ebbte beinahe schlagartig ab. Nun darf man das nicht missverstehen. Denn die Ursache dafür war weniger die Autorität des Lehrers als vielmehr die nagende Neugier der Schüler, zu erfahren, welche gewichtigen Gründe ihren Lehrer mitten aus dem Unterricht abberufen hatten. Schüler in diesem Alter haben noch ein ungebremstes Mundwerk.

"Wie war's? - Hat er Sie zur Schnecke gemacht? - Ab jetzt müssen Sie aber artig sein!... Sollten Sie Hilfe brauchen, rufen Sie 35193, Tobias Kleinert hilft bei allen Problemen!" Schallendes Gelächter.

Ich winkte mit der Hand ab. "Hört einmal zu! Ich kann eure Neugierde verstehen. Aber was zwischen den Lehrern und dem Direktor vorfällt, das wird euch mit Sicherheit nicht auf die Nase gebunden werden und bedarf folglich auch nicht eurer gutgemeinten Kommentare. - Zurück an die Arbeit! Der Günther hatte vorhin einen guten Gedanken bezüglich der Partizipialkonstruktion..."

Aufklärung

Am Ende des Vormittagunterrichts, 12.50 Uhr, sprach ich Rudi, einen Kollegen, der schon fünf Jahre an dieser Schule Dienst tat, auf die unfreiwillige Unterbrechung an.

"Sag einmal, ist das hier so üblich, dass einen der Alte wegen primitivster Kleinigkeiten aus dem Unterricht holt?" Ich erzählte Rudi mein Erlebnis.

"Ha! Daran musst du dich gewöhnen!" Rudi lachte über meine Unkenntnis alltäglicher Gegebenheiten. "Das hätte ich dir vorher sagen können. Mit dieser Masche versucht er jeden neuen - und auch altgedienten - Lehrer einzuschüchtern. Dass da ja nichts anbrennt von wegen Selbstvertrauen oder gar Menschenrechte! Mei, was haben wir schon gelacht, was der für Sperenzchen treibt. Im Grunde genommen ist es ja traurig. Aber bei manchen Sachen kannst du wirklich nur laut auflachen und dir an den Kopf greifen. Neulich hat er den Reinhardt kommen lassen, weil er bei seiner Frühaufsicht das Licht im Gang nicht ausgeschaltet hat: *'Der Gang ist hell genug! Da brauchen wir kein Licht!'* Du weiß ja selber, wie dunkel die Gänge morgens sind! - Da musst du dich noch auf einiges gefasst machen! - Wie geht es dir mit der 11a? Ich habe da schon einiges läuten hören."

"Rudi", ich stieß einen kurzen Seufzer aus, "es sieht nicht gut aus. Da wurden Konflikte vorprogrammiert. Die Schnittgrenze von 3,80 in einer Schulaufgabe ist ohne Manipulation in dieser Klasse nicht zu erreichen. Und ich weigere mich nach wie vor, Noten heraufzukorrigieren, nur weil ein Großteil der Schüler meint, sie bräuchten in einer Fremdsprache keine Wörter zu lernen. Ich werde wieder meine Canossagänge antreten müssen."

"Du, du wirst ein großes Standvermögen brauchen! Der wird versuchen, dich mit allen Mitteln mürbe zu machen. Du musst ihm auf jeden Fall knallharte Fakten auf den Tisch legen. Er wird immer nach Schwachpunkten bohren, denn fremde Argumente taugen bei ihm sowieso nichts. Zunächst einmal ist grundsätzlich der Lehrer schuld. Von dieser Prämisse musst du ausgehen. Und danach empfiehlt es sich, seine Argumente auszurichten. Mir ist es vor zwei Jahren so ergangen. Da hatte ich eine miserable Wirtschaftsklasse. Ich glaube, der Durchschnitt war um die 4,1. Die Fehler, die die Schüler gemacht hatten, waren nachweislich darauf zurückzuführen, dass sie ihre Gesetze nicht gelernt hatten. Als ich ihm das anhand der Schülerarbeiten aufzeigen wollte, hat er mit den Händen gefuchtelt und behauptet *'Das nehme ich Ihnen nicht ab! Unsere Schüler sind doch nicht dumm! Dann haben Sie vielleicht den Stoff nicht verständlich genug erklärt!'* Da stehst du natürlich da wie der letzte Affe. *'Herr Direktor'*, habe ich zu ihm gesagt, *'ich habe den Schülern die wichtigen Regeln ins Heft diktiert. Wir haben eine ganze Reihe von Aufgaben zu diesem Stoff be-*

handelt. Ich meine, dass ich die Klasse angemessen auf die Schulauf-gabe vorbereitet habe.' Sein lakonischer Kommentar: *'Das meinen Sie, ich meine etwas anderes! Sie sehen doch, was dabei herausgekommen ist! - Lassen Sie die Schulaufgabe einmal hier!'* Begreifst du, was Argumente ausrichten? Wenn sie nicht in sein Konzept passen, sind sie reiner Schrott. Und irgendwann einmal sagst du dir 'Leck mich am Arsch!' Ich Lass mich doch nicht von so einem kleinkarierten Deppen für dumm verkaufen. Dann ist es mir eben auch wurst, ob die Schüler etwas lernen oder nicht. Dann frisiere ich meine Schnitte eben so, dass höchstens die gewünschten 3,80 herauskommen! Ich habe es doch nicht nötig, zu ihm wie ein reumütiger Bittsteller zu kriechen und mich als Idioten abstempeln zu lassen! - Wenn du deine Linie durchziehen willst, Rainer, wirst du schweren Zeiten entgegengehen. Und das paradoxe an dieser Schule ist, dass du von keiner Seite Hilfe erwarten kannst, obwohl viele schon die gleichen Erfahrungen gemacht haben! Weißt du, wenn du etwas werden willst, musst du die Schnauze halten und dir einen Nickmechanismus zulegen. Der Alte kennt doch die Wünsche und Sehnsüchte seiner Pappenheimer! Eine gewisse, aber primitive Bauernschläue kann man ihm nicht absprechen. Der hat ja auch einmal Latein gelernt. Und er gehört zu denjenigen, die mit Vorliebe kernige klassische Sentenzen zitieren, ohne deren tieferen Sinn zu begreifen, geschweige denn sein Handeln danach auszurichten. Nur einen Spruch, den praktiziert er perfekt, vielleicht auch nur deshalb, weil der Satz aus überschaubaren drei Wörtern besteht: **DIVIDE ET IMPERA! – Spalte und herrsche!** Er versteht es glänzend, ich muss ihm schweren Herzens dieses Kompliment aussprechen, dem einen Teil des Kollegiums mit Privilegien den Mund zu stopfen und mit Süßholz zu verkleben, den anderen Teil mit stets präsenter und spürbarer Kontrolle in Unsicherheit zu wiegen und ihm mit kleinlicher Kritik das Maul zu verbieten. Und da geschieht das Unbegreifliche: erwachsene Akademiker lassen sich zu Marionetten degradieren und genießen den Hundekuchen, an dem ihr eigener Speichel klebt. Du wirst es kaum glauben, aber Kooperation suchst du an dieser Schule vergeblich. Halte die Augen offen, und du wirst mich bestätigt sehen!"

Der Marsch der Institution

Welch schwere Zeiten Rudi gemeint hatte, wurde mir bald vor Augen geführt. Meine Schulaufgaben in der 11a fielen unter den Eichstrich. Der Pendelverkehr setzte ein. Rudi hatte die Zitate präzise widergegeben. Vielleicht lag es auch an ihrer gebetsmühlenhaften Wiederholung durch Klonert. So konnte ich bei meinen Gesprächen nahezu jeden Satz treffend vorhersagen: *'Das nehme ich Ihnen nicht ab! Unsere Schüler sind doch nicht dumm! Dann haben Sie vielleicht den Stoff nicht verständlich genug erklärt!' 'Das meinen Sie, ich meine etwas anderes! Sie sehen doch, was dabei herausgekommen ist! - Lassen Sie die Schulaufgabe einmal hier!'* Den Schülern blieben diese Art Wiederholungsspielchen und meine Differenzen mit Klonert nicht verborgen. Schrieben wir eine Schulaufgabe, scherzten einige, wenn der Kopf zu schreiben war: "Dritte Schulaufgabe aus dem Lateinischen - <u>Erster Versuch</u>". Obwohl alle Zeichen gegen mich standen, ließ ich mich nicht beirren und blieb - aus Überzeugung und aufgrund doch geheimer Anerkennung durch die Schüler - meiner Linie treu. Nur für Klonert entwickelte ich mich zum Kuckucksei, das er eigentlich zu einem gestutzten Singvogel ausbrüten wollte. Er baute auf das Motto 'Wes Brot ich ess, des Lied ich sing'. Doch ich hatte eine atonale Ader. Sein Brot, sprich meine Karriere, war mir nicht um jeden Preis erstrebenswert. Disharmonie war notgedrungen die Folge. Klonert merkte bald, dass ich nicht aus seiner Hand fressen wollte. Das Zuckerbrot 'Karriere' zog nicht. Er musste andere Mittel finden, um dem neuen Querkopf das Leben zu versauern. Hatte er doch Brehmer gegenüber geprahlt, dass er das Paket schon schnüren werde. Irgendwann einmal wird der Kleine - Klonert schaute immer von oben auf sein Kollegium herab - seine Fehler machen: Formfehler, Eintragungsfehler, Abzeichnungsfehler, übersehene Fehler und dergleichen. Sie tauchten prompt auf. Gerade dann, wenn man sie vermeiden wollte. Zurechtweisungen, schriftliche Ermahnungen, lautstarke Auseinandersetzungen waren die Folge. Nein, ich muss mich korrigieren: lautstarke Auseinandersetzung. Dieses Zusammentreffen war für beide Seiten eine aufschlussreiche Lehre. Klonert glaubte - und glaubt immer noch - dass ein lautes Gebrüll die Psyche des Opfers so durcheinanderwirbelt, dass ein begrüßenswerter Identitätsverlust entsteht. Dies war leider bei einer Reihe von Kollegen der Fall.

Wenn ich sage leider, so möchte ich mich nicht hämisch über die psychische Schwäche mancher Kollegen lustig machen, sondern ich möchte damit die menschlich peinlichen Entgleisungen inkompetenter Führungskräfte staatlicher Institutionen aus den dunklen Verließen an das Tageslicht holen. Wieviel Unrecht ist bereits unter dem Mantel der Verschwiegenheit geschehen?!

Klonert hatte wegen einer Lappalie in seinem Direktorat ein Gebrüll erhoben, dass die Wände wackelten. Mein empfindlicher Nerv war getroffen. Der gelernte Humanist in mir sagte: 'Jetzt musst du ein für alle Mal klar Schiff machen, wenn du deine Würde wahren willst.' Ich blieb gefasst, erhob meine Stimme aber doch zu einer gewissen Lautstärke: "Herr Direktor", sagte ich, "schreien Sie mich nicht so an! Ich kann auch sehr laut zurückschreien! Ich bitte Sie, Ihren Ton zu mäßigen!"

Seit diesem Tag haben sich unsere Gespräche trotz gelegentlich engagierter Erregtheit nicht über einen inakzeptablen Geräuschpegel hinaus bewegt. Dies war aber auch der Tag, an dem Klonert die geheime Ächtung des Rebellen beschloss. Wie zu alten römischen Zeiten begann die Verfolgung des Vogelfreien, oder des freien Vogels. Wer auch immer ihn erledigte, ging straffrei aus. Unumgängliche Kontakte wurden brieflich: *Kommen Sie bitte um 10.15 Uhr in das Direktorat*, durch eine der Sekretärinnen: *Sie möchten bitte um 10.15 Uhr in das Direktorat kommen* oder haustelephonisch geknüpft. Haustelephonisch war besonders interessant. Sollte ein Gespräch in einer meiner Freistunden oder während der Pause sofort stattfinden, so lief die Kontaktaufnahme in distanziert bürokratischer und beinahe keimfreier Prozedur ab: Klonert betrat das Lehrerzimmer. Sein erster Weg führte ihn zum Schwarzen Brett. Mit zufälligem Rundblick überprüfte er die Anwesenheit bestimmter Personen, deren direkte Kontaktierung zu infektiösem Humanismus oder schlechtem Gewissen führen könnte. Hatte er sein Opfer erspäht, verließ er, über das Schwarze Brett informiert, den Raum. Kurz darauf klingelte das Haustelephon im Lehrerzimmer. Die nächststehende Person hob ab.

"Schreiber". Klonerts Stimme meldet sich: "Herr Kollege Schreiber, ist Herr Toberg im Lehrerzimmer?" Schreiber schaut sich um, wird fündig. "Ja!"

"Er möchte bitte ins Direktorat kommen!"

Schreiber vermittelt. Toberg geht. Das Gespräch findet auf Schreibtischbreite statt.

'Ruhe ist des Bürgers erste Pflicht.' Das ist die eine Seite des Beam-

tenlebens. *'Wer rastet, der rostet.'* Das ist die andere Seite. Klonert, das wissen wir inzwischen, war nach beiden Seiten flexibel. So zählte er mich zu der Sorte, der Rast nicht vergönnt sein sollte. Dieses Material benötigte einen permanenten Check-up, eine permanente Abreibung, eine permanente Aufpolierung. Eine willkommene Gelegenheit dazu boten die Aufsichten, die ein Lehrer pflichtgemäß zu erfüllen hatte. Wie leicht konnten diesem dabei Fehler unterlaufen! Und Klonerts Überwachung geschah stets mit einem Überraschungseffekt. Er nutzte die Beschaffenheit des Geländes, sprich Schulgebäudes, geschickt aus.

Die Stockwerke und Hallen wurden von mächtigen Vierkantsäulen getragen. Diese Stützgewerke boten einen nahezu vorbildlichen Sichtschutz. Ihre breiten, rhythmisch versetzten Flächen ermöglichten eine etappenmäßige, gelegentlich sprunghafte Annäherung an das Opfer, ohne von diesem in seiner Ahnungslosigkeit bemerkt zu werden. Dann lugte ein Augenpaar vorsichtig um die Ecke, verschwand aber flugs wieder hinter dem grauen Zement. Hatte sich der Vorgesetzte von der korrekten Pflichterfüllung seines Untergebenen überzeugt, zog er sich deckungssuchend unauffällig zurück. Wenn aber Anlass zur Klage bestand, trat Klonert unvermittelt aus der Deckung auf den Gang und suchte das Gespräch mit dem Kollegen:

"Herr Kollege, ich bitte um Pünktlichkeit!" - Verdammt! Der Verkehr war heute früh so dicht. -

"Herr Kollege, achten Sie darauf, dass die Schüler nicht vor dem Klassenzimmer auf den Gängen stehen!" - Verdammt! Ich kann doch nicht überall gleichzeitig sein! Welche Gefahr geht eigentlich von den Schülern auf den Gängen aus? -

"Herr Kollege, achten Sie darauf, dass die Schüler nicht so nahe an das Geländer treten! Die haben dort nichts verloren!"

Verzweifelte Rechtfertigung: "Ich habe die Schüler darauf hingewiesen, aber wenn ich den anderen Gang kontrolliere, zieht es einige Schüler immer wieder zum Geländer zurück. Ich kann doch nicht ständig an sie heran reden!"

"Man kann! Passen Sie auf!" Klonert macht unversehens ein paar Schritte auf einige Unbelehrbare zu und beginnt zu brüllen: "Was steht ihr hier am Geländer herum?!! Ihr habt hier nichts verloren!! Schaut, dass ihr verschwindet!!" Die Schüler räumen schnell das Parkett und trollen sich in die Klassenzimmer. Klonert kommt triumphierend auf mich zu. "Sehen Sie?! Es funktioniert doch bei mir auch!"

Die Demonstration war gelungen, der Kollege düpiert. Die pädagogischen Werte eines Erziehungsdarwinismus wurden so der jungen Generation als erstrebenswerte Bildungsziele eindrucksvoll eingeklont. Klonerts Punktekonto wuchs und wuchs.

Einmal allerdings hätte mich Klonert beinahe zum Halbinvaliden gemacht. Mit seiner Überraschungstaktik hatte er mich kalt erwischt. Ich kontrollierte gerade die Gänge der mittleren Ebene, die, wie alle anderen auch, links und rechts des Treppenhauses durch doppelflügelige Glastüren von diesem abgetrennt waren. Da ich durch das Glas Schüler sich auf dem Gang tummeln sah, wollte ich diese auf ihr Vergehen aufmerksam machen. Als ich eben den einen Türflügel zum Gang hin aufdrückte, brüllte mir plötzlich eine herzzerreißende Stimme ins linke Ohr: "Was steht ihr auf den Gängen herum?!!! Schaut, dass ihr in eure Klassenzimmer verschwindet!!!" Wie wenn ein Magier mit dem Stock einen Geist aus der Erde geschlagen hatte, so stand Klonert hingezaubert neben mir. Mit einem Klingeln meldete mein Ohr das Erreichen der Schmerzgrenze. In meinem Inneren zappelte der Schreck des Unvermittelten. Äußerlich ließ ich mir kaum etwas anmerken. Ich hatte inzwischen gelernt, mich vor Klonert weitgehend unter Kontrolle zu halten. Klonert selbst präsentierte in pervertierter Form ein Paradestück seiner Taktik: Den Sack kräftig schlagen, um den Esel schmerzlicher zu treffen. Ich setzte meinen Kontrollgang wortlos fort, ließ die Tür aus der Hand gleiten. Mochte Klonert sie auffangen oder nicht. Ich hörte, dass er sie noch einen Moment lang offen hielt. Jede Bewegung der Türflügel wurde gewöhnlich durch ein leichtes Wischen, das durch die schleifenden Gummilippen am unteren Ende des Rahmens verursacht wurde, angezeigt. Für Sekunden wehte eine Totenstille durch den Gang. Die Schüler hatten sich mit schnellen Sätzen vor der brausenden Schallwelle in Sicherheit gebracht. Dann kam das erlösende Wippgeräusch. Die Tür schwang mit zwei, drei Wischern zum Stillstand. Das Klingen in meinem Ohr ebbte langsam ab. Ein Gehörsturz war nicht mehr zu befürchten.

Wessen Geist?

Die Amtsmiene ist eine körperliche Zeremonie, mit der der Träger die Schwäche seines Geistes zu überdecken sucht.

(La Rochefoucauld)

Andere Tiefschläge erfolgten geräuschlos, in Papierform. In seinem ergebenen Streben, sein Reich in Ordnung zu halten, bediente sich Klonert stets neuer Variationen des Kleinkrieges. Ein unerklärlicher Trieb hielt ihn auf der Suche nach Versäumnissen seiner Kollegen auf den Beinen. Doch auch hier bewies er eine erstaunliche Flexibilität: Manche Kollegen wies er verhalten auf ihre Pflichten hin, anderen stand sofort ein Kassiber ins Haus:

>

Herrn Studienrat Toberg   *04.05.*
im Hause

Dienstanweisung

Vervollständigung der Notenbögen
Sie haben trotz mehrfacher Hinweise, zuletzt am 11.02., die Notenbögen Ihrer Klasse 7b nicht vollständig genug ausgefüllt.
Es ergeht hiermit Anweisung, alle Vorjahresnoten aller Schüler Ihrer Klasse binnen 8 Tagen von heute ab gerechnet nachzutragen.

Um Vollzugsmeldung wird gebeten.

Klonert
Oberstudiendirektor
<

Die Hinterhältigkeit dieser Weisung steckte in der Tatsache, dass mein sofortiges Bemühen am 11.02., diese Formalität zu erledigen, von vorne herein zum Scheitern verurteilt war, weil die Notenbogen des Vorjahres, die als Quelle herangezogen werden mussten, gar nicht zur Verfügung standen. Sie waren dem Buchmacher zum Binden gegeben worden. Auf diese Tatsache war Klonert von mir hingewiesen worden. Aber warum sollte man nicht trotzdem ein kleines Briefchen schreiben? Es wird in der Personalakte vermerkt und kann in geeigneter Weise zur Beurteilung des Beamten herangezogen werden.

Diese Schnitzeljagd Klonerts war ich inzwischen gewohnt. Aber seine Diktion nahm hier Formen an, die mich sehr bedenklich stimmten. Beim Lesen des letzten Satzes lief mir ein eiskalter Schauer über den Rücken. Welcher Geist wehte aus dieser Zeile! Feierte der Wehrmachtjargon seine Renaissance? Manifestierte sich hier der Untergang abendländischer Kultur? War Klonert nicht auch durch die Schule antiker Bildung gegangen? Wo war sie geblieben, die vielgepriesene Erziehung durch klassische Kultur und Sprache? Wo wurde sie praktiziert? Hic et nunc? Reichen lautstarke Lippenbekenntnisse pseudogebildeter Lobbyisten und das demonstrative Schwingen antiker Standarten aus, den längst entstandenen Hohlraum schamhaft zu füllen? Führungskräfte dieser Couleur mussten den Bürger, der aus der Geschichte gelernt hatte, erschrecken. Wer fordert hier noch Respekt vor dem Vorgesetzten? Der Staat? Was ist das für ein Staat? Ein Staat, der zum Widerspruch geradezu herausforderte:

>

"Sehr geehrter Herr Direktor Klonert,

...Der von Ihnen im letzten Satz angeschlagene militärische Befehlston ist dem Gymnasialbereich fremd und muss von mir mit aller Entschiedenheit zurückgewiesen werden!!

Toberg"

<

Die Heeresschau

Jetzt, wo ich wieder das Philologengezücht unserer Tage aus der Nähe sehe, wo ich das ganze Maulwurfstreiben, die vollen Backentaschen, und die blinden Augen, die Freude ob des erbeuteten Wurms und die Gleichgültigkeit gegen die wahren, ja aufdringlichen Probleme des Lebens täglich beobachten muss, und nicht nur an der jungen Brut, sondern an den ausgewachsenen Alten: da kommt es mir immer begreiflicher vor, dass wir beide, falls wir sonst nur unserem Genius treu bleiben, nicht ohne mannigfache Anstöße und Quertreibereien unsern Lebensweg gehen werden.

(Friedrich Nietzsche)

Wenn sich ein wichtiges Ereignis jährt, so besteht oft Anlass zu einer Feier im privaten Freundeskreis: Geburtstag, Hochzeitstag u. Ä. In der Politik verlaufen Jahrestage für Staatsgründungen, Revolutionen, Vereinigungen etwas pompöser, um auch die Aufmerksamkeit der Öffentlichkeit auf sich zu lenken. Da zeigt man, was man hat. Da werden rhetorisch die Messer gewetzt und nicht selten ein rollendes Waffenarsenal demonstrativ zur Schau gestellt. Der Gegner hat gewiss nichts Gleichwertiges entgegenzusetzen!

Jahrestage lassen sich ebenfalls im Schulleben feststellen. Ein alljährliches Ereignis besonderer Art stellt der Übertritt der Viertklässler in das Gymnasium dar. Besteht nur eine Schule dieser Gattung vor Ort, bleibt den Eltern die Qual der Wahl erspart. Wenn allerdings mehrere benachbarte Gymnasien um die Gunst der Übertrittswilligen buhlen, ist die Zeit im Frühjahr wieder reif für eine kulturelle Heeresschau. Die Eltern werden geladen, um in diesem Exhibitionswettstreit der Schulen ihre erhoffte Wahl zu treffen.

Diese Situation herrschte auch in meiner Umgebung. Gemeinsam bitten die verschiedenen Schulen alljährlich in äußerlich harmonischem Einvernehmen die Eltern in einen für öffentliche Zwecke genutzten Saal, um vor geladenem Publikum intensive Nabelschau zu betreiben und möglichst viele übertrittswillige Kinder in ihre jeweilige Bildungsstätte zu locken. Reihum treten die Vertreter der unterschiedlich gearteten Schulen auf einer erhöhten Bühne ihren Waffengang an. Mit andernorts unerlaubter, aber geschickter vergleichender Werbung setzen sie sich mit facettenreichem Vokabular bramarbasierend in das rechte Licht:

"Meine Damen und Herren, wir sind nicht nur eine humanistische, sondern auch eine humane Schule. Lassen Sie Ihre Kinder vom Geist der Antike inspiriert werden!" -

"Meine Damen und Herren, an unserem Gymnasium herrscht eine schülerfreundliche Atmosphäre, wie Sie sie an anderer Stätte vergeblich suchen. Ihre Töchter erfahren bei uns die individuelle Betreuung, die Sie sich als Eltern wünschen." -

"Meine Damen und Herren, ob sich die Talente Ihrer Kinder als mathematisch-naturwissenschaftliche Kräfte entfalten oder sich in neusprachlicher Vielfalt entwickeln, an unserer Schule können Sie die Weichen für das Fortkommen Ihrer Kinder selbst stellen. -

"Meine Damen und Herren, was andere Schulen als einzigartig anpreisen, finden sie an unserem Gymnasium unter einem Dach. Ein nach allen Seiten offenes Gymnasium, wie wir es Ihnen bieten, eröffnet Ihren Kindern alle Möglichkeiten." -

Die einen schossen dabei scharfe Munition gegen ihre Mitbewerber ab, andere kämpften nur mit Platzpatronen. Nach kurzer Zeit war der Saal mit Schall und Rauch erfüllt. In dem dichter werdenden Nebel verloren die rhetorischen Phrasen ihre ursprüngliche Form, verschwammen zu undefinierbaren Gebilden. Verstümmelter Intellekt humpelte durch die Reihen. Den Eltern blieb nur noch, die leeren Worthülsen einzusammeln und von diesen in Kleinarbeit auf das abgefeuerte Kaliber zu schließen.

Dennoch ging als sicherer Gewinner aus diesem Wettbewerb in jedem Falle der Kunde hervor. Denn: Konkurrenz belebt das Geschäft. Sie drückt die Preise spürbar nach unten. Diese Wahrheit scheint sich auch im Bereich der Bildung immer mehr durchzusetzen. Während der Zeit der geburtenschwachen Jahrgänge sanken die Schülerzahlen an vielen Gymnasien schmerzhaft. Wohl dem, der diesem Trend nicht als Konkursmasse verfiel. Manche Gymnasien witterten ihre Chance, nahmen diese Herausforderung an, ja steuerten ihr mit solcher Macht entgegen, dass wider alle Voraussagen der Statistiker und wider alle Logik der bestehenden Gesellschaft sogar ein Anstieg der Neuzugänge zu verzeichnen war. Wurde hier mit Dumpingpreisen gehandelt? Die Konkurrenz war sprachlos, ja geradezu geschockt. Aber das Elterninteresse kannte nur die eine Frage: " Wird mein Kind versetzt?" Die Direktoren der verschiedensten Ausbildungsrichtungen beeilten sich, mit Blick auf die Konkurrenz dieses Anliegen als rhetorische Frage, ja teilweise sogar als imperatives Mandat zu interpretieren. Man konnte sich des Eindrucks nicht erwehren, dass Oberstudiendirektoren und ihre Strohmänner immer stärker zu public-relations Managern verkamen. Das eigentliche Ziel, eine solide, aber auch fordernde Ausbildung, wurde von publikumswirksamen Steigerungsraten, auf transparenter Folie bunt ins rechte Licht gerückt, in den Hintergrund gedrängt. Lebensbezogene Inhalte waren nicht gefragt. Zwar konnte man mit ihnen kräftig die Werbetrommel rühren, aber die Diskrepanz zwischen Theorie und Praxis war unter Insidern, vergleichbar den römischen Priestern, die um die eigene Scharlatanerie und die ihrer Amtsgenossen sehr gut Bescheid wussten, längst zu einer augenzwinkernden Wahrheit geworden. Das Zauberwort "Quantität" machte als neuzeitliche stille Post die Runde in den Direktoratszimmern. Trat doch das Kulturministerium selbst als Vorreiter dieses neuen Schlagwortes nach beiden Seiten in Aktion: größere Klassen, mehr Stoff in den Lehrplänen - man möchte sich schließlich mit dem Flair eines multikulturellen und multiwissenschaftlichen Staates vor den

Augen der Welt präsentieren -, größere Angleichung der Schulschnitte an die vergötterten Landesschnitte! - Wer setzte hier eigentlich das Maß? - Hier stimmten Anspruch und Wirklichkeit nicht mehr zusammen! Beide Elemente schienen immer weiter auseinanderzudriften! War dieser Zwiespalt gar beabsichtigt? Man weiß auch in den Ministeretagen: rhetorisches Klappern, das bekanntlich zum Handwerk gehört, ertönt allemal lauter als der bescheidene Ruf mancher Weisen nach unverbrämter Realität. Doch letztere würde die Scheinwelt entlarven! Der Lack, den man in rhetorisch überschwänglichen Phrasen auf hauseigenem Hochglanzpapier mehrfach jährlich neu aufträgt, um eben diese eigene Scheinwelt nicht verblassen zu lassen, würde unweigerlich abblättern! Oscar Wilde und Gesinnungsgenossen werden totgeschwiegen. Seine Aussagen gelten in ministeriellen und lobbyistischen Kreisen als zu kritisch, zu entlarvend: *"In unserem Leben haben wir das Gedächtnis mit einer Fülle von unzusammenhängenden Fakten belastet und eifrig danach gestrebt, unser fleißig erworbenes Wissen weiterzugeben. Wir lehren die Menschen, sich zu erinnern, (aber) wir lehren sie niemals, sich zu entwickeln. Es ist uns nie in den Sinn gekommen, in unserem Geist eine höhere Qualität von Verstand und Wahrnehmung auszuprobieren und zu entwickeln."*[3] Klassisch vorgebildete Einsichten wie "multum, non multa" wurden von klassisch gebildeten Verantwortlichen ignoriert, ja sogar aus marktpolitischen Gründen zu "multa, non multum" pervertiert. Zahlen ließen sich optisch besser verkaufen! Mit hämischem Blick auf die Konkurrenz wiesen die Direktoren der Schulen allzu gern auf die jährlichen Steigerungsraten des eigenen Hauses hin. Wer auf Qualität setzte, musste in dem Strudel des vorgegebenen Trends untergehen. Und wem ist das Hemd nicht näher als der Rock??

Nach der Wahl der Eltern kam die Manöverkritik im engen Schulkreise. Hatte man sich gut verkauft, war die Plattform für den nächsten Jahrestag erstellt! Man konnte sich zufrieden zurücklehnen. Wie wichtig man als Schulleiter mit der richtigen Politik war, darüber ließ die Erfolgskurve keinen Zweifel. Manchen Direktoren allerdings, so auch Klonert, verursachte der Ausgang der Wahlen quälende Magenschmerzen. Die Kurve seiner Anstalt schwang in die falsche Richtung! Wie war die Stagnation oder gar der Rückgang von Neuzugängen zu begründen? Hatte die eigene Politik versagt? Das konnte nicht sein! Man hatte sich persönlich die größte Mühe gegeben und auserwählte Kräfte ins Land hinausgeschickt. War der Fehlschlag auf den mangelnden Einsatz der Kollegen zurückzuführen? Die Kurzatmigkeit mancher Untergebener mag zu einer gewissen beruflichen Kreislauf-schwäche geführt haben! Eine Abmahnung, nennen wir sie Motivati-onskonferenz, war dringend angeraten:

"Liebe Kolleginnen und Kollegen! Mit der Zahl der Neuanmeldun-gen können wir keineswegs zufrieden sein. Wir müssen die Vorzüge unseres Gymnasiums der Bevölkerung, besonders der Landbevölke-rung gegenüber, deutlicher herausstellen! Ich appelliere daher an Ihr persönliches Engagement! Sie haben da noch eine Menge Spielraum! Ich möchte Ihnen ins Gedächtnis rufen, dass der Einsatz für die Schu-le zu Ihren Grundpflichten zählt." *Der Beamte hat seine ganze Kraft dem Staate zu widmen!* So jedenfalls steht es in den Statuten. Klo-nert packte seine Untergebenen an der dienstlich verordneten Ehre und hoffte auf Wirkung. Doch...

"Glauben Sie nicht, dass ein wesentlicher Werbefaktor einer Schu-le das dort herrschende Arbeitsklima ist?" - Wieder einmal konnte ich mich nicht beherrschen und musste meinen Widerspruchsgeist zu Wort kommen lassen. Klonerts Schwarze-Peter-Spiel war zu einer pe-netranten Gewohnheit geworden, die nicht länger unwidersprochen hingenommen werden konnte. - "Ich meine, Herr Direktor, hier ha-ben wir Nachholbedarf, und ich meine ebenfalls, dass man sich auch auf Direktoratsseite kritisch prüfen sollte, ob es nicht auch dort noch Spielraum für eine Verbesserung des Schulklimas gibt. Wie sagte doch kürzlich die Führungskraft eines Großunternehmens: *Angst zer-stört jedes Vertrauensverhältnis. Sie lähmt Kooperations- und Leis-tungsbereitschaft. Sie lässt kein förderliches Arbeitsklima entstehen!*"

Klonert musste entsetzt erkennen, dass seine Königsjagd mit ei-nem Schuss in den Ofen geendet hatte. Er reagierte unwirsch, verzog das Gesicht, wie er es bei unvorhergesehenen Einwürfen zu tun pflegte. Das warf ihn aus dem Gleichgewicht, denn für spontane Ar-gumente fehlten ihm die Worte. Um die verbale Verlegenheit zu überspielen, verfiel er in sein klimaförderndes Bellen: "Herr Kollege Toberg, ich habe Ihnen nicht das Wort erteilt!!" Die vehement aufge-worfenen Zornesfalten auf seiner Stirn hinterließen noch für einige Zeit querlaufende blutleere Streifen.

Ein Echo lang herrschte Schweigen im Raum. Ich hatte mich für einen Moment vergessen. Ein Beamter spricht nur, wenn er dazu auf-gefordert wird! Und dann nur mit Respekt vor der Institution! Das ist rechtlich verankert! Da saßen wir um die Tische gereiht. Mündig, aber ohne Stimme! Beamte mit Intellekt, aber keine Intellektuellen!

Der Generationenkonflikt

"Ich komme mir langsam vor wie in einem Kindergarten." Studiendirektor Peschka kommentierte in kleinem Kreise Klonerts advokatischen Winkelzug - letzterer hatte den Raum inzwischen verlassen. "Wenn das Ganze nicht so erbärmlich wäre, müsste man darüber herzhaft lachen."

"Warum halten sich die älteren Kollegen dann aus diesen Konflikten heraus? Glauben Sie nicht, Herr Peschka, dass gerade die kritischen jungen Kollegen die Unterstützung der reiferen Kollegen benötigten, ja sogar verdienten?" Rüdiger hatte damit ein Thema angeschlagen, das den Jungen auf den Nägeln, den Alten auf der Ruhestandsdecke brannte.

"Ha, ha!" Kollege Peschka ließ sein glucksendes Lachen rollen. "Sie reden leicht daher! Glauben Sie ja nicht, dass wir nicht auch unsere Kritik geäußert haben! Und wir haben auch kräftig auf die Nase bekommen. Uns hat damals kein älterer Kollege zur Seite gestanden. Ich persönlich habe mir oft genug den Mund verbrannt. Jetzt sollen die Jungen erst einmal zeigen, was sie drauf haben. Ich bewundere aufrichtig Herrn Toberg. Aber haben Sie es schon einmal erlebt, dass die junge Kollegenschaft sich geschlossen mit ihm oder hinter ihm erhoben hat? Wenn ich mir das vor Augen führe, dann muss ich Herrn Toberg wieder bedauern. Der setzt doch seine ganze Karriere aufs Spiel. Und wofür? Für nichts! Sie glauben doch wohl selbst nicht daran, dass ein einzelner etwas auszurichten vermag, oder dass er gar in der Lage ist, unseren G'läufel zu ändern!"

"Ist Ihnen Ihr Titel so wichtig, dass sie ihm ihre alten Prinzipien opfern?" hakte Rüdiger bohrend ein. "Meinen Sie nicht, dass es auch noch höhere Ziele gibt als nur die Karriere?"

"Ha, ha!" Erneut Peschkas trockenes Lachen. "Die gibt es natürlich! Es fragt sich nur, ob sie in allen Situationen erstrebenswert sind!" Ein ironischer Unterton hatte sich in seine Äußerung geschlichen. "Was den Titel betrifft, so muss ich gestehen, dass er mir nicht unwichtig ist. Sie können jetzt Ihren Spott über mich ergießen, aber ich scheue mich nicht, dies zuzugeben. Da bin ich übrigens nicht der einzige Feigling in diesem Gremium. Das muss auch einmal deutlich sagen."

Nein! Spott würde Kollege Peschka nicht ernten. Mit seinem trockenen Humor und seiner aufrichtigen Art, auch einer unangenehmen Wahrheit ins Gesicht zu sehen, hatte er sich die Achtung der meisten Kollegen erworben. Aber gerade diese sphinxhafte Zwiespältigkeit machte ihn zu einem ungelösten Rätsel. Rüdiger versuchte, diesen gordischen Knoten durch ernsthafte Dialektik zu lösen. "Da besteht doch ein ungeheuerer Widerspruch. Wie werden Sie als kritischer gebildeter Mann damit fertig. Haben Sie nicht mehr das Bedürfnis, sich gegen Unrecht, Dümmlichkeit und sadistischen Machtmissbrauch aufzulehnen? Ich unterstelle Ihnen einfach einmal ein Gewissen!" Rüdiger musste über seine gezielte Provokation selber schmunzeln.

"Sie wissen mich schon zu packen!" Kollege Peschka gab lächelnd zu verstehen, dass er das Spiel durchschaut hatte. "Es ist ein Widerspruch. Aber ich kann inzwischen gut mit ihm leben. Und, Herr Mack, ich nehme nicht alles unwidersprochen hin. Allerdings nur, solange es um meine eigenen Interessen geht. Da weiß ich mich sehr wohl zur Wehr zu setzen. Herr Toberg kann das vielleicht bestätigen, wenn er sich an die letzte Fachkonferenz erinnert, in der mir der Chef Dinge unterstellen wollte, die so nicht zutrafen. Da hatte er mir das Wort im Munde umgedreht, nur um irgend eine Kritik an mir loszuwerden. Da habe ich schon gesagt, was Sache war. Aber da half mir auch niemand! - Sie sehen, das Problem dreht sich im Kreise."

"Ist es nicht gerade deshalb Zeit, diesen Teufelskreis zu durchbrechen?" Rüdiger machte einen letzten Versuch. Doch Kollege Peschka sah sich am Ausgangspunkt angelangt.

"Nehmen *Sie* diese Prüfung auf sich! Sie sind noch jung!"

Kadavergehorsam

Wer keinen Charakter hat, ist kein Mensch,
sondern eine Sache.

(Chamfort)

So beraubte ein ständiger Kloß im Hals die Stimme der Sprache. Die permanenten Gedanken an einen möglicherweise verpassten Titel blockierten den Intellekt. Ein Leben ohne Widerspruch bot ja auch ein ansehnliches Mehr an Bequemlichkeit. Die freiwillige Unterwerfung unter die Weisungsgebundenheit macht frei vom eigenen Willen. Sie entledigt die Untergebenen jeglicher Verantwortung. Sie demonstriert praktizierte Ergebenheit und Loyalität. Als Schlüsselreiz verhindert die dargebotene Kehle des Unterlegenen den vernichtenden Biss des physisch Stärkeren. Ein modus vivendi war gefunden. - Doch es wäre kein System, würde sich das Rad nicht im Kreise drehen!

Klonert war ein Teil des Systems. Ob hineingeworfen oder freiwillig angepasst, ich vermochte es nicht mit letzter Entschiedenheit festzustellen. Dennoch hatte ich den Eindruck, dass ihm seine Rolle sichtlich gefiel. Machtgier oder die Macht selbst scheinen Menschen in zwiespältige Wesen zu verwandeln. Sie erheben sich zu ungeahnter Größe mit zwei voneinander getrennten Kreisläufen. Die Katze nach oben zeigt sich schnurrend, anschmiegsam, mit römisch rundem Buckel. Doch welche Bocksfüße wachsen ihr nach unten!

Das System machte vor niemandem Halt. Klonert selbst bekam angeblich zu spüren, dass sogar über ihm kräftig mit den Hufen gescharrt wurde. In diesen Glauben jedenfalls versetzte uns der Schulleiter, als er der versammelten Kollegenschaft mündlich und ohne schriftlichen Beleg mitteilte, dass eine Abmahnung des Ministerialbeauftragten an die Schule klarstellte, dass die Konferenzen, in erster Linie die Notenkonferenzen, nicht die vom Staat für erforderlich gehaltene Zeitdauer aufwiesen. Klonert verstand dies als Befehl - und handelte.

Von nun an dauerten die Besprechungen einzelner Klassen, zu welchen Klonert seine Kollegen im Direktorat um sich scharte, nicht unter vierzig Minuten, ganz gleich wie wenige wichtige Punkte zu behandeln waren. Dies führte teilweise zu einer grotesken Zeitdehnung seitens des Schulleiters und Vorsitzenden. Mit ständigem Blick auf die Uhr blätterte Klonert einen Notenbogen nach dem anderen um, wobei er stets Bemerkenswertes zur Diskussion stellte. Traf er bei der Kontrolle auf eine Schülerin oder einen Schüler, die oder der keine Besonderheiten erkennen ließ, so nahm Klonert den langsam vorrückenden Minutenzeiger ins Visier. Eine kleine Dehnung könnte gewinnbringend sein.

"Tebesch - Wo kommt der Name her? - Weiß das jemand? - Leitet er sich vom Tschechischen ab oder vom Ungarischen? - Es ist schon erstaunlich, was wir in dieser Gegend an Zuwanderung haben! - Aber vielleicht existiert der Name in diesem Raum schon seit Jahrhunderten. - Es gab ja im Laufe der Geschichte eine ständige ethnische Fluktuation."

Ein Blick auf den Zeitmesser sagte Klonert, dass der Name des Schülers sein Soll noch nicht erfüllt hatte.

"Ist das der Sohn von der Schreinerei Tebesch in der Ägidienstraße?"

"Ja", beantwortete ein orts- und familienkundiger Kollege die Frage und nickte bestätigend mit dem Kopf.

"Haben wir nicht auch eine 'Tebesch' in der fünften Klasse?" Klonert war immer besonders stolz über familiendeckendes Schulvertrauen.

"Nein, nein!" meldete sich unser eifriger, stammbaumerfahrener Kollege erneut zu Wort, ohne dass ihm nämliches erteilt worden war. Der Herr Oberstudiendirektor darf ruhig wissen, dass einem die Schüler nicht gleichgültig sind. Verwandtschaftsbeziehungen können aufschlussreich sein! "Das ist die Maria in der 5c. Die gehört aber zum Bruder. Das ist der Bruder vom Zimmerer Alois."

Ein unauffälliger Blick auf das Stundenglas stellte Klonert zufrieden. Tebesch! Ein dankbarer Name! - Er konnte zum nächsten übergehen.

Problematisch für manche Kollegen wurde es, wenn eine oder mehrere schlechte Noten einer Schülerin oder eines Schülers dazu zwangen, in eine detaillierte Diskussion einzutreten. Die betroffenen Kollegen äußerten sich über mögliche Ursachen des Leistungsbildes. Waren die Schilderungen kurz und prägnant, geriet Klonert in Zeitvorsprung, den es wettzumachen galt. Was bot sich da im Kreise des Sekundenzeigers Besseres an als die genaue Auflistung der Einzelnoten mit Datum. Diese Aufforderung erging seltsamerweise wiederum nicht an alle betroffenen Kolleginnen und Kollegen. Klonert hatte da seine Vorlieben.

Er beugte sich über den Notenbogen und tat so, als ob er eine eingetragene Note nicht lesen könnte. "Wer unterrichtet *Wirtschaft* in der Klasse?"

"Ich!" Kollege Dicks stellte die Füße parallel nebeneinander, um einen besseren Stand im Sitzen zu haben.

Herr Kollege Dicks! Ist das bei der mündlichen Gesamtnote eine Drei oder eine Acht??"

Rudi schaute in seiner Liste nach und hob den Kopf: "Das müsste eine klare Acht sein!" Trotz seiner klärenden Antwort wusste er genau - wie auch die meisten der Kollegen -, was nun folgen würde. Klonerts Schablone hatte schon andere erwischt! Es war bewundernswert, mit welcher Präzision er immer die gleichen Opfer herausfischte.

"Geben Sie mir bitte Ihre Einzelnoten! Das muss überprüft werden." Klonert sah mit Genugtuung, wie der Sekundenzeiger die kurzen Sprechpausen mit regelmäßigen Zuckungen füllte.

Rudi begann: "eine Fünf, zwei Mal eine Vier ..."

"Haben Sie auch das Datum?" unterbrach Klonert Rudis Zählweise und hielt den Stift schon bereit, um dessen Ausführungen auf einem Zettel zu notieren und nachzurechnen.

"Da muss ich mein Notenbuch zur Hand nehmen!" klärte Rudi die wartenden Kollegen und seinen selbstzufriedenen Vorgesetzten auf. Rudi öffnete seine Mappe und fingerte ein rotbraunes Büchlein hervor. Ein gewisses Unbehagen befiel die Kollegen. Doch man schwieg besser, um nicht unversehens Rudis Schicksal teilen zu müssen. Rudi suchte den Schüler und las vor: "am 29.10. eine Fünf, am 9.11. eine Vier, am 25.11. eine Vier in einer Extemporale, am 23.1. eine Drei, am 10.3. eine Fünf in einer Extemporale, am 30.4. eine Fünf, am 25.5. eine Fünf und am 22.6. eine Vier in einer Extemporale."

Klonert rechnete: - "4,38 - Herr Kollege Dicks! Schreiben Sie in Zukunft etwas deutlicher! Sie sehen, das hält auf!"

Der Schwarze Peter war verteilt! Der forcierte Exhibitionismus verschaffte Klonert ein Gefühl der persönlichen Befriedigung. Die Umsitzenden waren sich nach solchen Schauprozessen einig: die Ausübung von Macht paart sich oft mit einer gehörigen Portion von Sadismus und Primitivität! Allein diese Erkenntnis löste schon Zufriedenheit unter den Kollegen aus. Der Widerspruchsgeist war damit besänftigt.

Was ist eine actio ohne reactio! Doch in einem System schließt sich der Kreis. Es dauerte gerade ein Schuljahr, da entsandte der Ministerialbeauftragte seine Glückwünsche an das Kollegium in Abstadt:

"...Als Ministerialbeauftragter möchte ich die saubere Führung der Protokolle lobend hervorheben. Auch habe ich mit Freude zur Kenntnis genommen, dass die Diskussionen über anfallende Probleme in den Konferenzen jetzt einen lobenswerten Zeitraum einnehmen."

Wir saßen im Rund und schwenkten huldvoll die verteilten Fähnchen.

Das Ende eines Traums

Ein fernes Klingeln mischte sich in meinen seltsamen Traum. Jetzt, im Halbschlaf, läutete es vernehmlicher. Es dauerte einige Augenblicke, bis ich begriff, dass das Telephon diesen Lärm veranstaltete. Ich sah ungläubig auf die roten Digitalziffern des Radioweckers. 6.24 Uhr. Was sollte das? Heute war Samstag. Ich wollte ausschlafen. Ich zog die Decke höher. Wenn es wichtig ist, wird er später noch einmal anrufen. Das Klingeln ließ nicht locker. Grollend stieg ich aus dem Bett, musste aber vorher noch vorsichtig die Beine unserer Tochter Melanie, die sich nachts wieder einmal heimlich in unser Bett geschlichen hatte, von meinem Bauch schieben. Jetzt wunderte ich mich nicht mehr über die Ursache meines Alptraums. Ich schloss leise die Schlafzimmertür, um nicht durch meine durchdringende Stimme - selbst Schulkreide vermochte sie nicht sanfter zu machen - den Schlaf der anderen zu stören. Verschlafen hob ich den Hörer ans Ohr.

"Toberg" meldete ich mich.

"Rainer!! Komm schnell!! Es ist etwas Schreckliches passiert!!" Trotz des vor Entsetzen schrillen Tons erkannte ich sofort Juttas Stimme. Mit einem Schlag war ich hellwach. Ich hatte Jutta noch nie so fassungslos erlebt.

"Was ist los?!" stieß ich aufgeregt in die Sprechmuschel. Ich wusste nicht, welchen Schrecken ich mir ausmalen sollte.

"Gero hat sich umgebracht!!" Ein Schluchzen erstickte Juttas Worte. "Komm schnell!!"

"Ich komme sofort!" Die Worte flossen mechanisch, dank eines momentanen Adrenalinausstoßes. Ein Blitz hatte meine Gehirnzellen ausgebrannt. Ich hatte die Nachricht in ihrer Phonetik begriffen, aber ihre wahre Aussage erreichte mich noch nicht. Ich knallte den Hörer auf den Apparat, sprang aus dem Pyjama in meine Jeans, streifte schnell noch mein Hemd über - Socken waren bei der gegenwärtigen Hitzeperiode überflüssig -, konnte meine Sandalen nicht finden, riss den Autoschlüssel vom Schlüsselbrett in der Diele, das sich von einem Haken löste, und stürzte zum Wagen, während einige Schlüssel noch klimpernd auf dem Keramikboden tanzten.

Schon mit dem Startstrom ließ ich das Auto in die Kupplung fallen, schaltete die Gänge hoch. Ein Verkehrsschild grinste mich an: 'Beruhigte Zone - 30Km'. Was sind 30 Stundenkilometer gegen den Tod?! Mein Gott Gero! Wir saßen doch noch letzte Woche zusammen! Warum hast du nicht gesagt, welche Probleme dich bedrücken?! Wir haben uns doch immer über alles ausgesprochen! Über deine politische Haltung, deine Auseinandersetzungen mit Brehmer! Warum der Schlussstrich? - Ich näherte mich der Hochhausfront - 'Klein Manhattan' nennen es manche, ob aus Ehrfurcht oder Verachtung, wer weiß es? -, wo Jutta und Gero ziemlich nahe nebeneinander wohnten. Weiter vorne, bei Geros Block, engte eine Menschenmenge die Fahrbahn ein. Ich suchte eine Parklücke. Fand natürlich keine. Kurzentschlossen fuhr ich über einen vom Gehsteig herabgesetzten Durchlass auf die Grünfläche vor einem der glasäugigen Wohnsilos. "Zufahrt für Rettungsfahrzeuge freihalten!" warnte ein rechteckiges Blechschild vor unerlaubter Benutzung des Rasens. Verbote zählten jetzt nicht! Nicht in diesem Augenblick! Ich sprang aus dem Wagen und rannte auf Geros Wohnblock zu. Eine dichte Menschentraube hatte sich dort zusammengedrängt. Sie versperrte den Eingangsbereich. Ich versuchte mir einen Weg durch das sommerlich gekleidete Knäul - manche in T-Shirts, kurzen Hosen - zu bahnen. Da sah ich auf dem Rasen Jochen stehen. Unsere Blicke fingen sich. Jutta lehnte, die Hände vor das Gesicht geschlagen, an seiner Schulter. Das Schütteln ihres Körpers verriet ihre aufgewühlten Gefühle. Ich drängte in ihre Richtung. Endlich durchbrach ich die letzte Menschenkette - und stand im offenen Rund eines von Gaffern gezogenen Kreises. In seinem Zentrum lag eine Gestalt am Boden. Gero! Sein Kopf und sein rechter Arm hatten eine unnatürliche Haltung eingenommen. Mir schlug der Puls bis ans Kinn. Sprache hatte in dieser Situation keine Aussagekraft mehr. Das Entsetzen redete den Gefühlen das Wort. Ich trat einige Schritte auf Gero zu, musste einfach hinsehen, um das Vorgefallene als Wahrheit zu begreifen. Seine rechte Gesichtshälfte war aufgerissen. Die hohlen Steine der Rettungsspur, zwischen welchen unschuldig das Gras wuchs, hatten Gero ihr Kainsmal in den Schädel geschlagen. Das Martinshorn kündigte Hilfe an. Sie wird nicht mehr benötigt werden. Ich riss mich von dem grauenvollen Anblick los, ging zu Jochen hinüber, der Jutta inzwischen mit seinen Armen Halt geben musste.

"Mein Gott, das ist ja Wahnsinn!" war das einzige, was ich flüsternd über die Lippen brachte. Ich strich Jutta hilflos über den Rücken. Sie wurde erneut von einem Weinkrampf geschüttelt, presste sich noch enger an Jochen. Ich drehte mich um und schaute gebannt zu Geros Wohnung hoch. Ein Sturz über fünf Stockwerke! Welch eine Verzweiflungstat! Sanitäter bemühten sich um den leblosen Körper.

"Nehmen Sie die Kinder weg! Oder wollen Sie, dass sie einen Schock fürs Leben bekommen?!" herrschte einer der Sanis eine Frau an, die mit Kind und Kegel die Tragödie begaffen wollte. Mit flackerndem Blaulicht, aber tonlos, hielt jetzt auch eine Polizeistreife neben der neugierigen Menge. Nachdem sie sich von einem Sanitäter die Hoffnungslosigkeit der Lage hatte schildern lassen, fragte einer der Polizisten ins Rund: "Kennt jemand diesen Mann?"

"Ja, wir kennen ihn", antwortete ich mit versagender Stimme.

Der Polizist trat auf uns zu. "Können Sie uns nähere Angaben machen?"

"Er ist ein Kollege von uns. Sein Name ist Gero Brand. Er wohnt schon seit längerer Zeit hier." Die Zunge klebte mir am Gaumen.

"Wissen Sie, wo er herstammt? Wir werden die Eltern oder Verwandte benachrichtigen müssen." Für den Beamten hatte die Routine bereits begonnen. Vielleicht war es nicht das erste Mal, dass er einen zerschmetterten Körper protokollarisch aufnehmen musste. Mitgefühle konnte er sich in diesem Job nicht leisten. Sie müssten ihn als Mensch zum Wahnsinn treiben.

"Seine Eltern wohnen in Bergen, bei Rebstadt." Jochen begann die Starre, die ihn erfasst hatte, abzuschütteln.

Der Polizist notierte 'Bergen bei Rebstadt'. "Wohnen Sie auch hier?"

"Fräulein Obermann wohnt im gleichen Block zwei Ebenen tiefer." Ich nickte mit dem Kopf zu Jutta, die uns, immer noch an Jochen gelehnt, den Rücken zuwandte.

"Kennen Sie irgend welche näheren Umstände, die den Vorfall erklären könnten?" Der Polizist versuchte sich an die Gründe heranzutasten. Jochen und ich schüttelten nur den Kopf. "Wo genau wohnte er denn?" Er ließ seinen Blick über die Balkone nach oben gleiten. "Mittlere Reihe, fünfter Stock." Jochen und ich schauten beide unwillkürlich nach oben.

"Wird wohl abgeschlossen haben, bevor er gesprungen ist", sinnierte der Polizist laut. "Wenn der Schlüssel innen steckt, müssen wir die Tür aufbrechen oder über die Feuerleiter einsteigen. Der Hausverwalter wird wohl einen Zweitschlüssel haben."

"Ich habe auch einen Schlüssel." Jutta hatte sich wieder unter Kontrolle und wandte sich halb zu dem Polizisten um. "Wir haben unsere Schlüssel ausgetauscht. Für Notfälle, und wegen der Blumen in den Ferien."

Der andere Polizeikollege kam auf unsere Gruppe zu. "Hab' die Zentrale angerufen. Sollen die Kripo herschicken. Muss jeden Augenblick eintreffen."

"Danke, Karl. Ich warte am Eingang. - Würde es Ihnen etwas ausmachen, Fräulein Obermann, uns mit Ihrem Schlüssel die Wohnung von Herrn Brand aufzusperren, falls dies möglich ist?"

Jutta nickte und wischte sich die Tränen aus dem Gesicht. Sie hing sich in Jochens Arm ein. Der Polizist ging über den Rasen voraus. Die Sanitäter waren gerade damit beschäftigt, Gero, in einen Plastiksack gehüllt, zum Krankenwagen zu tragen. Jutta konnte den Anblick nicht ertragen. Sie grub ihr Gesicht in Jochens Hemd und fing wieder an zu weinen. Sie sah zum Glück nicht die große Blutlache, die den Rasen und die Rettungssteine durchtränkte. Wir werden alle lange brauchen, um über Geros Gewalttod hinwegzukommen. Während wir am Eingang warteten, schickte Karl die restlichen Neugierigen nach Hause. Der Krankenwagen nahm schweigend seine Fracht mit, das Blaulicht war ausgeschaltet.

Kurz darauf zeigte Karl dem Kripoteam den Weg. Wir mussten uns in zwei Gruppen teilen. Der Lift fasste maximal fünf Personen.

"Ich muss nur noch den Schlüssel aus meiner Wohnung holen. Wir kommen dann in den fünften Stock nach", gab Jutta den Polizisten zu verstehen. Wir fuhren als erste nach oben. Keinem von uns war zum Sprechen zumute.

Jutta entnahm den Schlüssel aus einem Schub ihres Sekretärs und reichte ihn mir. "Nimm du ihn an dich, Rainer! Ich kann das jetzt nicht." Der enge Lift hob uns zwei Stockwerke weiter. Die Polizisten warteten bereits auf dem Flur.

"Können wir mit hinein kommen?" fragte ich die Beamten, als ich den Schlüssel in die Tür zu Geros Wohnung steckte. Jetzt würde sich zeigen, ob Gero den Schlüssel hatte innen stecken lassen.

"Fassen Sie aber bitte nichts an und bewegen Sie sich nur soweit, wie es notwendig ist", klärte uns der Leiter der Untersuchung auf.

Das Schloss öffnete sofort. Die Tür war also nicht abgesperrt worden. Der Geruch von kaltem Rauch wehte uns entgegen. Das war ungewöhnlich, denn Gero war Nichtraucher.

"Lassen Sie uns bitte vorangehen!" bat der leitende Beamte und war auch schon mit seinem Gefolge an uns vorbei.

Ich zog den Schlüssel ab und drückte die Tür von innen mit der flachen Hand zu. Da erregte ein leises Klimpern meine Aufmerksamkeit. Innen baumelte Geros Schlüsselbund im Schloss. Er hatte ihn doch stecken lassen! Jutta musste meinen verwunderten Blick aufgefangen haben.

"Da habe ich gar nicht mehr daran gedacht", hauchte sie. "Gero hat sich ein zweizylindriges Schloss einbauen lassen. Er war doch immer so vergesslich. Da befürchtete er, dass er einmal den Schlüssel stecken lassen könnte. Mit meinem Ersatzschlüssel könnte er dann trotzdem jederzeit aufschließen.

"Sag einmal, hier riecht es so verbrannt!" Jochen hatte auch den ungewöhnlichen Geruch wahrgenommen. Ich hatte mich also nicht getäuscht. Wir folgten dem geräumigen Flur, der in die Essdiele mündete. Jutta bewegte sich nur zögerlich. Jochen fasste sie bei der Hand. Auf uns allen lastete eine unaussprechliche Spannung. Würde die Wohnung ein Geheimnis preisgeben?

Als wir um die Ecke bogen, sprang uns vom Esstisch ein atemraubendes Chaos an: benutzte Tassen, Gläser, Teller, eine Thermoskanne - Gero war ein begeisterter Kaffeetrinker -, direkt daneben eine oben aufgeschnittene Milchtüte, zwei Weinflaschen, deren uns vertraute Etiketten sie als preisgünstigen Beaujolais auswiesen, starrten uns unaufgeräumt entgegen. Auf einem rechteckigen Brett und einem Teller lagen Wurstscheiben, angebrochene Camembert-Ecken. Ein halbes Baguette lag in einem geflochtenen Körbchen, und in die Tischdecke krallten sich einzelne abgerissene Baguettebrocken. An einer verschmierten Butterdose lehnte ein holzgriffiges Messer. Der gleiche Griff, wahrscheinlich aber einer Gabel zugehörig, ragte aus einem offenen Gurkenglas. Eine aufgerissene Packung WEST-Zigaretten - weiß der Teufel, wie er zu dieser Marke kam! Keiner von uns rauchte diese Sorte! Aber Gero hatte schon immer eine Ader für makabere Späße - lag mit einer aufgezogenen Streichholzschachtel neben einem mit Kippen übervollen Aschenbecher - die Quelle des penetranten Geruches. Diese Müllkippe, das ahnten wir, konnte nicht das Ergebnis einer einzigen durchzechten Nacht sein! Gero musste schon mehrere Tage so gehaust haben. Irgend etwas musste ihn dazu veranlasst haben, das Wehr zu öffnen und die Fluten ungebremst zu Tal rauschen zu lassen. Anfänglich genoss er vielleicht diesen Rausch, ließ sich mit ihm treiben und verlor letztendlich die Kontrolle über die freigesetzte Kraft, die sich so lange in ihm aufgestaut hatte. Konnte nicht mehr verhindern, dass ihn dieser urgewaltige Strom in die Tiefe riss.

Wir standen fassungslos, hilflos vor diesem Trümmerhaufen menschlicher Verzweiflung.

"Mein Gott!" - Jutta blickte zu uns beiden hoch. Wir konnten ihr keine Antwort auf ihre stumme Frage geben.

"Können Sie einmal bitte hierher schauen?!" Karls Stimme riss uns aus unserem Entsetzen. Er winkte uns in das Wohnzimmer, das sich durch eine breite, doppelflügelige Schiebetür von dem Essbereich trennen ließ. Gero hatte diese Möglichkeit nie genutzt. Wir bewegten uns vorsichtig in den Raum.

"War ihr Kollege einer von der Sorte da?" Karl deutete in die Ecke, in der sich die Sitzgarnitur befand. Auf dem Tisch, der Couch und teilweise auf dem Boden lagen Zeitungen verstreut. Als wir näher traten, sahen wir, dass es großformatige Zeitungsausschnitte waren. Beim Lesen der großgedruckten Überschriften wurde mir klar, was er meinte mit 'War ihr Kollege einer von der Sorte da?' Sein Satz schmeckte plötzlich bitter. Karl war mir bisher nicht unsympathisch. Aber jetzt verwandelte er sich vor meinen Augen in eine miese Ratte.

"Können Sie das überhaupt lesen?!" Mein Sarkasmus sollte ihm die Seele zerfressen. Und Karl begriff. Er begriff, dass er einen Toten unter die Gürtellinie geschlagen hatte.

"Entschuldigen Sie, das war nicht so gemeint." Er trat ein paar Schritte zurück, um uns einen besseren Blick auf die Zeitungsausschnitte zu gewähren.

In großen und kleinen Lettern, auf Transparenten und Plakaten schrie es von den gesammelten Papieren: "**Unter den Talaren, der Muff von tausend Jahren**" - "**Macht kaputt, was euch kaputt macht!**" - "**Nieder mit der 'demokratischen' Diktatur! Es lebe der Widerstand!**" - "**Gesinnungsfreunde erschweren Fahndung nach Terror-Gruppe**" - "**Prominente schützen die Terror-Bande**" - "**Bonner Geheimpolizei jagt Staatsfeind Nr.1: Die Terror-Bande**" - "**Wer den Maulkorb verhängt, plant schon die Konzentrationslager!**"....

Vor uns breitete sich Geros zerstörte Seele aus. Wollte er Vergangenheitsbewältigung betreiben? War es der verzweifelte Versuch eines Neuanfangs? Der Versuch, von der treibenden Eisscholle zu springen und festen Boden unter die Füße zu bekommen? Er war gescheitert! Der Kampf zur Selbstfindung endete in einer Tragödie.

Jutta bekam einen Schreikrampf. "Das Schwein! Das elende Schwein!" Sie trommelte mit beiden Fäusten gegen meine Brust. Wir wussten nicht was oder wen sie meinte. Tränen schossen ihr über die Wangen. Ich zog sie fest an mich, so dass sie ihre Arme kaum noch bewegen konnte. Da fiel die ganze Anspannung wie ein Mantel von ihren Schultern. Ihre Beine drohten vor Schwäche wegzuknicken.

"Ich glaube, Sie gehen jetzt besser", riet uns der Leiter des Teams, "Sie können hier nicht mehr helfen. Sollten wir auf irgend welche Unklarheiten stoßen, werden wir uns später an Sie wenden. Stellen Sie uns bitte den Schlüssel noch so lange zur Verfügung!" Er presste die Lippen aufeinander und nickte verständnisvoll.

Jochen und ich mussten Jutta stützen, als wir Geros Wohnung verließen. Wir begleiteten sie in ihr Appartement. In diesem Zustand konnten wir sie nicht alleine lassen.

"Leg dich ein bisschen hin, Jutta!" Jochen führte sie zur Couch im Wohnraum. "Ich koche uns inzwischen einen Kaffee."

"Und ich gehe zum Bäcker gegenüber und hole ein paar Brötchen. Ich glaube, dass wird uns allen gut tun." Ich machte mich barfuß auf den Weg.

Als ich zurückkam, gab mir Jochen zu verstehen, mich leise zu verhalten, da Jutta eingeschlafen war. Wir zogen uns in die Küche zurück.

"Was denkst du darüber?" fragte Jochen, während er den durchgelaufenen Kaffee von der Glaskanne in die Thermoskanne goss.

Ich wusste nicht, wie ich anfangen sollte. "Ich kann nur Vermutungen äußern. Es hat sich wieder einmal gezeigt, dass man in die Seele eines Menschen nicht hineinschauen kann. Als wir unten standen, musste ich unwillkürlich an den Ausflug zum Burgberg denken. Weißt du noch, was Gero damals gesagt hat?"

"Ich kann mich nicht mehr genau erinnern. Ich glaube, er faselte etwas von der Ruine."

"Ganz richtig! - Seltsam, was man im Unterbewusstsein alles speichert. - Er sagte: '*Jetzt weiß ich auch, warum ich mich sträubte, hierher zukommen. Ich wollte meiner Zukunft nicht begegnen. Ich fühle wie eine Ruine. - Es muss herrlich sein, als Stein zu leben!*' Ich habe damals Geros Aperçu für eine rhetorische Spielerei gehalten. Heute weiß ich, wie bitter ernst er gemeint war. Seitdem ich von euch weg bin, haben wir uns doch trotzdem relativ häufig gesehen. Gero machte gerade in der letzten Zeit eher den Eindruck, als ob er über seine Niederlagen hinweg wäre, als ob er sich mit seinem gegenwärtigen Schicksal arrangiert hätte. Er war ruhiger geworden. Ich schloss das daraus, dass er während seiner engagierten Diskussionen nicht mehr so oft mit den Daumennägeln schnippte. Du erinnerst dich, Jutta hat das Geräusch die Gänsehaut über den Rücken gejagt. Sie hat ihm dann freundschaftlich ärgerlich auf die Hand gepatscht und gesagt: '*Hör auf damit! Das ist ja schlimmer als Fingernägel kauen!'"*

"Ich fürchte, das war die Ruhe vor dem Sturm", warf Jochen ein und verschraubte die Kanne. "Gero hatte sich vielleicht innerlich schon aufgegeben. Es war dann nur noch eine Frage der Zeit, wann er den Schlussstrich ziehen würde. Wenn du einmal soweit bist, dann..."

"Jochen?! - Rainer?!" - Jutta war aufgewacht.

"Ja! Wir sind in der Küche! Das Frühstück ist gleich fertig!" rief ich durch die offene Küchentür. Wir trugen Kaffee und Brötchen in die Essdiele. Jochen hatte den Rest schon während meines Einkaufs gedeckt. Durch die offene Schiebetür - der Grundriss ihrer Wohnung war identisch mit der Geros, nur ein Zimmer weniger - sahen wir, wie sich Jutta gerade streckte.

"Wie geht's?" Jochen ging ihr entgegen.

"Ich fühle mich etwas stärker", hörte ich sie antworten. "Ich bin froh dass ihr noch da seid. Danke!"

"Haben wir doch versprochen. Komm, setz dich. - Du, die Marmelade konnte ich nicht finden."

"Ach, du musst eine neue aus der kleinen Speisekammer holen. Rechts oben im Regal müsste eine Kirschmarmelade sein." -

"So, ich glaube, jetzt haben wir alles." Jochen stellte das Marmeladenglas auf den Tisch. "Hebt bitte eure Tassen! Die Kanne ist mir sehr voll geraten!" Er drehte den Schraubverschluss der Thermoskanne etwas auf, schenkte reihum ein und setzte sich.

Ich schaute Jutta unauffällig an. Ihre Augen sahen noch verweint aus. Aber der kurze Schlaf hatte ihr doch die Fassung wiedergegeben. Sie wirkte nachdenklich. Mir fiel auf, dass sie sich ungewöhnlich intensiv auf das Schmieren ihres Brötchens konzentrierte. Hinter ihrer Stirn schien es heftigst zu arbeiten. Dann war eine Entscheidung gefallen.

"Hat Gero mit dir einmal über den Vorfall am Donnerstag gesprochen?" Jutta hatte die Frage an Jochen gerichtet. Ihre Stimme klang entschlossen, wie wenn sie sich Klarheit über ein Problem verschaffen wollte.

"Am Donnerstag?!" Jochen überlegte. "Nein. Was war da?!"

"Brehmer hat Gero fertig gemacht! Vor der Klasse! - Hans hat zufällig alles mitbekommen." Jutta atmete jetzt wieder schwer, aber sie hielt sich unter Kontrolle. "Er kam gerade während einer Freistunde von der Toilette. Aus der Klasse neben dem Lehrerzimmer hörte er lautes Gebrüll. Gero ließ ein Donnerwetter über die Schülerinnen los.

'Wenn ihr zu dumm zum Denken seid, seid ihr hier fehl am Platz! Ihr habt genauso zu arbeiten wie andere Schüler auch! Ich stell mich doch nicht in die Klasse, um meine Zeit mit eurer Interesselosigkeit zu verschwenden! - Leg das Strickzeug da hinten weg!' Hans war im Gang stehen geblieben. Jetzt ertönte die Stimme einer Schülerin: *'Ich kann mich dabei besser konzentrieren! Das stört doch niemanden!'* *'Doch! Mich stört es! Und die anderen lenkt es ab!'* wetterte Gero. *'Dann müssen Sie halt einen interessanteren Unterricht halten!'* hörte Hans keck eine andere Schülerin rufen. *'Mit dir dummen Gans diskutiere ich doch gar nicht! So könnt ihr vielleicht mit eurem Oberhanswursten umspringen! Der soll sich seinen Kaffeeverein selber vornehmen!'* Plötzlich flog die Tür auf, und Gero stürzte wutentbrannt in den Gang. *'Was ist denn in die da drinnen gefahren?!'* fragte Hans entrüstet. *'Die Prinzessinnen möchten gebührend unterhalten werden! Aber bitte nichts Anstrengendes! - Da soll doch der Hauptentertainer persönlich auftreten!'* Gero stürmte an Hans vorbei Richtung Direktorat. Hans wartete in der Tür zum Lehrerzimmer darauf, was passieren würde. Aus dem jetzt offenen Klassenzimmer hörte er Lachen und ein brodelndes Stimmenwirrwarr. Als sich die Tür zum Direktorat wieder öffnete, lehnte er die Lehrerzimmertür nur an. Schweigende Schritte trampelten in ungleichem Takt am Zimmer vorbei. Die Tür nebenan wurde heftig geschlossen. Hans drückte die Lehrerzimmertür etwas auf. *'Was ist hier los?'* fragte Brehmer lautstark in die Klasse. *'Der Herr Brand beleidigt uns ständig! Er nennt uns dumme Gänse und stinkfaule Hühner!'* rief eine Schülerin protestierend. Es war die Stimme der dummen Gans. *'Stimmt das?'* fragte Brehmer, wahrscheinlich an Gero gewandt. Denn dieser antwortete gereizt: *'Ich muss die Schülerinnen permanent zur Aufmerksamkeit ermahnen. Doch wenn die Vernunft versagt, muss man auch einmal deutlich werden!'* - *'Herr Kollege, da gehen Sie zu weit! Das geht natürlich nicht!'* Brehmer hatte jetzt die Verteidigung seines Hühnervolks übernommen. *'Herr Direktor, in meinen Stunden wird nicht gestrickt oder gemalt, und wenn ihnen das zehnmal bei anderen Lehrern gestattet ist! Bei mir nicht!'* Geros Stimme stand unter hohem Druck. Die Schülerinnen merkten, dass Brehmer bei dieser Gegendarstellung noch zögerte, welcher Partei er seine Gunst schenken sollte. Jetzt mussten sie schnell reagieren. Für beide Seiten galt der gallische Ruf: **vae victis! – Wehe den Besiegten!** Es ging um die eigene Haut. Jetzt musste ein Schwert in die Waagschale geworfen werden! *'Und Sie hat er einen Oberhanswursten genannt!'* Dieser schnell hingeworfene Satz einer geistesgegen-

wärtigen Schülerin musste Brehmers Stimmung gänzlich umgeworfen haben. Denn in diesem Augenblick entlud sich seine ganze Antipathie gegen seinen Kollegen, die sich im Laufe der Jahre angestaut hatte: *'Wenn Sie von den Schülerinnen mehr Aufmerksamkeit fordern, dann müssen Sie eben einen interessanteren Unterricht halten! Und wenn Sie dazu nicht in der Lage sind, brauchen Sie sich über die Konsequenzen nicht zu wundern!'* Brehmers überzogene belehrende Zurechtweisung, vor den Augen der Schülerinnen, zeigte eine ungeahnte Wirkung. Für einige Sekunden war es totenstill im Klassenzimmer. Über eine derartige offene Desavouierung eines Lehrers waren selbst die Schülerinnen sprachlos. Das Echo von Brehmers vernichtendem Donner fing sich in den Ecken. Dann explodierte Gero: *'Ich bin doch nicht Ihr dressierter Zirkusaffe! Tanzen Sie Ihre Nummer und ziehen Sie ihre Show ab, aber ohne mich!'* Wieder flog die Tür auf. Gero stampfte entschlossen den Gang hinunter und ist dann wahrscheinlich heimgegangen. - Dieses Schwein von Brehmer! Andere seine Macht spüren lassen! Da ist er sich wieder großkotzig vorgekommen! Mein Gott, wie kann man nur so klein sein!" Jutta schlug mehrmals mit der rechten Faust, aus der ihr Buttermesser oben herausragte, leicht auf den Tisch. Sie war wieder den Tränen nahe. Aber ihr Zorn war in diesem Moment größer als die Trauer.

Jochen und ich saßen wie versteinert. Dass Brehmer so weit gehen würde, wer hätte das je für möglich gehalten? Er hätte Geros ernsthaftes Bemühen erkennen müssen! Warum hat er ihn nicht einfach versetzen lassen? Er hatte ja Übung darin - und Beziehungen! War Geros Vergehen zu gering, war er nicht aufsässig genug? Wie sagte doch Jochen neulich zu mir, als ich bei ihrem Lehrersport aushalf: "Du bleibst das Enfant terrible dieser Schule! Gibt es Differenzen mit Brehmer, kursiert sofort die Drohung unter den Kollegen: *'Denk an Rainer!'* oder *'In Abstadt wird eine Stelle frei!'*" Jeder wusste, dass der Scherz einer ernsten, tiefen Wurzel entsprang. Natürlich bewegten sich Brehmer und auch Gero auf gegensätzlichen Polen. Aber Brehmers Mannschaft war mit ihren Vorstellungen von Schulausbildung in der Minderheit. Das wusste Brehmer zu genau. Und die Ideologie einer Minderheit lässt sich nur mit brachialer Gewalt zum fundamentalen Prinzip der Gesamtheit erheben. War auch Brehmer ein Adept machiavellischer Theorie, und damit Müllers, und praktizierte die Thesen des Meisters?: "Menschen müssen entweder geschmeichelt oder zerschlagen werden. Denn für ein kleines Unrecht werden sie sich rächen können. Aus dem Grabe heraus rächt sich niemand. Wenn man *also schon jemandem Unrecht tut, so muss es derart sein, dass er sich wenigstens nicht mehr rächen kann.*"[4] - Direktoren, Führungskräfte also, haben ausgelernt, wenn sie ihre Posten antreten! In ihren Augen ist Lernfähigkeit keine Tugend! Sie ist eher ein Zeichen von Unreife, ja Schwäche! Also demonstrieren sie Macht. Sie stellen ihre Nackenhaare zur Drohgebärde auf: "Wer nicht mit unserer Zeit geht, geht mit der Zeit!" Alle Kritik - berechtigt oder nicht; da macht man keinen Unterschied - ist wertloser Plunder, der ihnen allenfalls dazu dienen kann, sich selbst die eigene Größe zu bestätigen. Irrtum ist ausgeschlossen! - Errare HUMANUM est!

Lauschangriffe

Unser Leben war ärmer geworden ohne Gero. Uns fehlten das provozierende Wort, die engagierte Diskussion, die zeitweiligen Widersprüche, an denen wir uns gerieben, aber auch geschliffen haben. Ganz im Gegensatz dazu war das Kapitel Brand für Brehmer mit dem Zuklappen des Sargdeckels endgültig abgeschlossen. Selbst in der Schlusskonferenz, in der scheidende Lehrer oder Referendare verabschiedet wurden, gab es, wie mir Jochen berichtete, keinen Nachruf, keine Gedenkminute für Gero. Brehmer schwieg ihn tot. Die Gründe??

Selbst an meiner augenblicklichen Schule rätselte man über den Fall. Aber die eigene Gegenwart drängte bald die Vergangenheit in den Hintergrund. Es nahte das Beurteilungsjahr für Lehrer, das manche Oberstudiendirektoren besonders dazu benutzen, Material für ihre bereits schubladenfertigen Verurteilungen zu sammeln. Dieser Umstand wird natürlich von oberster Stelle heftigst bestritten. Doch die Fakten sprechen eine zu deutliche Sprache. Man kann natürlich nicht alle Lehrer mit guten oder alle mit schlechten Noten bedenken. Das wird ein vernünftiger Mensch auch einsehen. Das Ministerium wacht schließlich darüber, dass ein gewisser Notenschnitt - also auch bei Lehrern! - von den Direktoren eingehalten wird. Erst kürzlich wurde durch ministeriellen Erlass den Direktoren nahegelegt, bei der Beurteilung doch wieder etwas härter zuzugreifen, da der ins Auge gefasst Notenschnitt bei der letzten Beurteilung unangebracht weit nach oben gerutscht war. Galt es doch Stellen einzusparen und Beförderungen zu verhindern! Die Mittel waren knapp! Und außerdem, ob wir wirklich so viele gute Lehrer haben? Qualität liegt schließlich nicht auf der Straße. Aber bitte, liebe Herrn Oberstudiendirektoren, nicht den Maßstab der eigenen Leistungen zugrunde legen! Das würde sprunghaft zu inflationär guten Benotungen führen! Halten Sie sich bitte an unsere detailliert ausgearbeiteten Beurteilungskriterien! Sie sondern auf sublime Art die Spreu vom Weizen - je nachdem wie Sie den Wind gerade wehen lassen! Und manchen blies der Wind heftig ins Gesicht. Da half alles Rudern gegen den Strom nichts. War der Unterricht für die vorgefasste Beurteilung zu gut, hatte der Kollege gewiss die Hefte nicht regelmäßig korrigiert. Das Wort *regelmäßig* bedurfte natürlich sachkundiger Interpretation. Bei dem einen Kandidaten bedeutete es eine etwas größere, bei dem anderen eine etwas kleinere Zeitspanne. Nun ja, panta rei! Aber nicht alle Hügel sind gleich steil! Gelegentlich empfiehlt es sich, die Landschaft künstlich aufzuschütten. Bei den heutigen Müllbergen stellt es sicherlich keine Schwierigkeit dar, den notwendigen Unrat dem Kollegen vor die Füße zu kippen. Klonert hatte als Umweltbeauftragter seine eigene Methode der Müllverwertung und Umweltreinigung kreiert. Als Anhänger der peripatetischen Schule wandelte er, einem Missverständnis erliegend, durch die verzweigten Gänge seines Gebäudes, in der Hoffnung, der Weisheit letzten Schluss zu finden. In eine dieser mobilen Denkphasen drangen auf einem Erkundungsgang aus einem Klassenzimmer überlaute Geräusche an das sensible Ohr. Klonert vergaß gezielt das Anklopfen. Er liebte die Überraschung von seiner Seite. Gerhard war der Leidtragende, wie er zu berichten wusste:

"Ich bin in der 7c gerade die mittlere Bankreihe nach hinten gegangen, da schießt die ganze Türreihe hoch, und mit Verzögerung die gesamte Klasse. Ich drehe mich um, und da steht der Chef im Klassenzimmer."

"Herr Kollege, was ist hier los? Mir ist die Klasse zu laut! Sorgen Sie bitte während Ihres Unterrichts für mehr Ruhe! Das stört ungemein!"

"Ich war im ersten Moment so perplex. Gerade, dass ich meine Rechtfertigung noch herausbrachte: 'Die Schüler behandeln verschiedene Aspekte eines Themas in Gruppenarbeit. Da lässt sich eine gewisse Geräuschkulisse nicht vermeiden. Sie sind aber angehalten, leise zu sprechen.'"

"Mir ist das jedenfalls zu laut! Stellen Sie das bitte ein!" Klonert war bereits wieder auf dem Weg nach draußen.

"Dieses spukhafte Erscheinen lässt dir keine Chance. Bevor du überhaupt registrierst, was abläuft, stehst du schon da wie ein begossener Pudel. Du kommst dir vor wie das letzte Arschloch! - Weißt du, Literatur wird oft als 'realitätsfern' oder 'übertrieben' abgekanzelt, aber hier erschien mir Montherlants 'Kardinal von Spanien' leibhaftig auferstanden zu sein. Fiktion wird stets von der Realität eingeholt! Wenn sie jemals nur Fiktion war! Pass auf, wie sich das anhört! Zwei Räte unterhalten sich über den machtgierigen Kardinal, der sich selbst Gott und Kaiser nennt. Ich hoffe, ich kann es einigermaßen wortgetreu zitieren.

ARALO:
Der Kardinal lauscht nicht an Türen: das besorgen andere für ihn. Aber er schleicht mit Fliegenschritten. Man hört ihn nie kommen.

ESTIVEL:
So dass er lauscht, doch ohne es zu wollen: Die Tugend nimmt keinen Schaden. - Wenn man bedenkt, dass er ein kleiner Mönch war, ein Hungerleider von einem Studenten; dass er bis in sein achtundfünfzigstes Jahr in diesem schäbigen Dunkel gelebt hat und seither nur durch die Gunst der verstorbenen Königin Isabella groß geworden ist! Es ist noch ein Segen der Vorsehung, dass er sich erst mit achtundfünfzig gezeigt hat. Hätte er's schon mit dreißig getan - eine entsetzliche Vorstellung! Dieser Plagegeist spielt sein Spiel mit den Königen der Erde und mit dem König des Himmels. Was kann man dagegen ausrichten?

ARALO:
In wenigen Tagen kann sich alles ändern, durch die Ankunft von König Karl. Damit hat die Regentschaft ein Ende. Geduldet Euch noch die Weile.

ESTIVEL:
Ich mag nicht länger warten. Ich mag diese schmierigen Sandalen nicht länger auf unserem Nacken spüren, um uns zu beugen, uns, die größten Namen des Reiches! Spanien befreit haben von den Arabern, und dann unterjocht von so etwas! Andere fühlen lassen, dass man der Herr ist, bei jedem Anlass und ohne Anlass, das ist so klein und so bubenhaft: puh! Und dann in seinem Alter! Dieses Gespenst, das befiehlt - es ist mir ein Gräuel! Entsinnt ihr Euch, wie er neulich auf seinen Franziskanerstrick zeigte und sagte: "Dies hier genügt mir, die

188

Hoffart zu dämpfen." Ein Strick, um alle Würde auf sich zu ziehen und alle Widersacher zu erdrosseln: gepriesen sei der Strick! Und diese Art, die er hat, ihn unablässig zu fingern, als ob er Kraft daraus zöge!⁵

Ich musste laut auflachen. "Aus dem Buch des Lebens kriechen doch immer wieder dieselben Figuren! Und dann behauptet man, Klonert habe aus der Geschichte nichts gelernt! Ob die Direktoren auf Tagungen für Führungskräfte mit solchem Geistesgut geschult werden? Als reines Überlebenstraining sozusagen?"

Klonert liebte seine Lauscherei und praktizierte sie allerorten - geheimnisvoll und mit Überraschungen. Eine seiner Besonderheiten bestand darin, dass er auffällig unauffällig den Zugang zum Lehrerzimmer über den Gang wählte, in dem sich die Garderobe für die gemeinen Lehrkräfte befand. Die Verbindungstür zum Lehrerzimmer stand meistens halb offen. Aber ein Einblick auf den Flur war von den Tischen aus nicht möglich. Hörte man also das Klimpern eines Schlüsselbundes und das anschließende Klacken des Schlosses, gingen die Anwesenden im Lehrerzimmer grundsätzlich davon aus, dass ein Kollege eingetroffen war. Diese naive Einstellung seiner Untergebenen machte sich Klonert deshalb zunutze. Verweilte er einen Augenblick vor der Garderobe - der Kollege musste sich schließlich erst seines Mantels oder seiner Jacke entledigen -, konnte er ungewollt Zeuge der Gespräche im Nebenraum werden. Entsetztes Schweigen trat ein, wenn Klonert sein fliegendes Versteck verließ und plötzlich wie eine Geistererscheinung, die eine unsichtbare Macht aus dem Filzboden, mit dem der Raum schalldämpfend ausgelegt war, geschlagen hatte, mitten unter seinen Jüngern stand. Gern versuchte er mit dieser Taktik auch den Hausmeister bei einer unerlaubten Tasse Kaffee zu überraschen und ihn dann energisch auf seine Amtspflichten hinzuweisen.

An das Raucherzimmer schlich sich Klonert bevorzugt über die Bibliothek an. Erstens war sein vorsichtiger Tritt unbeobachtet und nicht zu hören, zweitens konnte er unbemerkt hinter der Tür Position beziehen und so ungestört Informationen und Ansichten sammeln. Schob sich ein Schlüssel in das Schloss, verstummte das gesamte Raucherabteil so lange, bis die Identität des Schleusers festgestellt war. Handelte es sich um Klonert, wartete man, bis dieser den Raum mit einem unauffälligen Seitenblick durchforscht und dann durchquert hatte. Man wusste, man war registriert. Die Auswirkungen werden sich am Tage X zeigen.

Diese gestörten zwischenmenschlichen Beziehungen hatten zur Folge, dass Klonert kommunikativ von vielen Kollegen ausgegrenzt wurde. Darunter schien Klonert sehr zu leiden. In depressiven Phasen, so glaubte man, begab sich der Schulleiter zu den Rauchern in die Enklave - trotz Entsagung des ehemaligen Lasters - und suchte das kollegiale Gespräch mit den Untergebenen. Jovial und lächelnd riss er die Diskussion an sich und langweilte die Umsitzenden mit allgemeinen und persönlichen Belanglosigkeiten. Anfänglich empfanden die Gesprächsteilnehmer ein gewisses Mitleid mit ihrem kommunikativ-isolierten Herrn, bis eines Tages ein hellsichtiger Kollege sich den Hinweis erlaubte, dass Klonerts pseudokommunikatives Verhalten einer gezielten Taktik entspringe. Der Mann dürfe nicht unterschätzt werden! Er wisse sehr wohl um die Antipathie, die ihm auf Schritt und Tritt in offener und versteckter Form entgegenschlage. Deshalb wolle er sich auf seine Weise an den Kollegen rächen. Als Schulleiter nämlich verwickle er Kollegen geschickt in unausweichliche Pflichtgespräche - in geselliger Form, versteht sich. Wer habe schon den Mut, ihm direkt auf den Kopf zuzusagen, dass seine geistigen Ergüsse in dieser Runde auf keinerlei Interesse stießen? Klonert genieße die lammfromme Schafsgeduld seiner Untergeben, die erst nach seinem Verschwinden zu blöken anfingen.

Dieser neue Blickwinkel öffnete mancher Kollegin und manchem Kollegen auf unangenehme Weise die blinden Augen. Ein gewisses Unbehagen machte sich breit. Ging Klonerts Sadismus wirklich so weit, dass er seine Untergebenen verbal vergewaltigte?

Der Clown

"Das Schauspiel", sagt Hamlet, "sei die Schlinge, in der ich das Gewissen des Königs einfange." Einfangen ist der richtige Ausdruck. Denn das Gewissen eilt rasch vorbei oder verkriecht sich. Man muss es im Flug erhaschen, an der kaum wahrnehmbaren Stelle, an der es einen flüchtigen Blick auf sich selber wirft. Der Alltags-Mensch hält sich nicht gerne auf. Im Gegenteil: ihn treibt alles zur Eile. Gleichzeitig aber interessiert ihn nichts mehr als seine eigene Person, vor allem das, was er sein könnte. Daher seine Vorliebe für das Theater, für das Schauspiel, wo ihm so viele Schicksale vorgeführt werden, deren Poesie er aufnimmt, ohne ihre Bitterkeit zu erleiden. Daran wenigstens erkennt man den unbewussten Menschen, der fortwährend irgendeiner Hoffnung nachläuft.

(Albert Camus)

Direktoren müssen flexibel sein! Müssen auf jede undenkbare Situation reagieren können! Ja, sie müssen beinahe chamälionhafte Züge aufweisen, um, gut getarnt, ihre verwilderte Herde unter Kontrolle zu halten! Im Jahr der Jagdsaison ist Erfindungsgeist gefragt. Reginald galt in unserer Anstalt als kritischer Junglehrer, also als schwieriger Fall. Eine unauffällige Annäherung und Erkundung zwang zu ungewöhnlichen, aber nicht selbstverleugnenden Maßnahmen. Reginald war zweifellos kritisch, wurde aber wegen seines jugendlichen Aussehens vom Vorgesetzten und Stellvertreter nicht immer für voll genommen. Er glaubte als Novize, dass die Ränkespiele dieses Systems, mit denen er bisher konfrontiert worden war, ihren Spielraum erschöpft hatten. Alles andere wäre Metaphysik. Doch auch Reginald sollte zum Esoteriker geweiht werden!

Er hatte sich auf Wunsch der Schüler bereit erklärt, bei einer Faschingsveranstaltung der Schule am Abend Aufsicht zu führen. Es waren nur Schüler von der neunten Klasse aufwärts zugelassen. Nun ist dies die Zeit der Ausgelassenheit, die Zeit der Verkleidung und Anonymität. Auch Reginald hatte seine Kleidung und Stimmung dem bunten Treiben angepasst. Aber *eine* Figur machte ihm zu schaffen, wie er am Aschermittwoch beim Stammtisch erläuterte:

"Unter die Schüler hatte sich ein Clown gemischt, der mir älter als die anderen vorkam. Er bewegte sich wortlos in der Menge. Seine Verkleidung und Bemalung war perfekt. Ich habe ihn immer wieder gemustert, aber ich konnte nicht erkennen, ob es ein Schüler oder ein Fremder war. Ich habe ihn dann aus den Augen verloren, weil mich die Schüler in ihre Tanzgruppen einreihten, oder ich hier und dort nach dem Rechten sah. Zwischendurch stellte ich mich auch zu der Mannschaft hinter der alkoholfreien Bar und 'genehmigte' mir einen Orangensaft gegen den Durst. Gegen neun Uhr ging ich auf dem Gang, der auch zu den Toiletten führte, entlang, um von oben einen Blick auf das Treiben in der Aula zu werfen. Da bemerkte ich, wie mich eine Gestalt am gegenüberliegenden Aufgang halb verdeckt von einer Säule mit der Hand zu sich winkte. Als ich näher kam, erkannte ich, dass es der Clown war. Ich konnte mir nicht denken, was der von mir wollte, ging aber trotzdem auf ihn zu.

"*Herr Kollege*", sprach mich das Gesicht, das in zwei bunte Hälften geteilt war, diskret an, als ich vor ihm stand, "*haben Sie nicht bemerkt, dass die eine Schülerin hinter der Bar erst in der achten Jahrgansstufe ist. Sorgen Sie bitte dafür, dass sie das Gebäude verlässt!*"

"Ich sah den Clown verdutzt an - und da traf es mich mitten zwischen die Augen! In dem Clownkostüm steckte, perfekt getarnt, Klonert. Ich kam ins Stottern, denn die letzten Sekunden hatte ich noch nicht verdaut. *'Ich kenne nicht alle Schülerinnen und Schüler! Ich kann doch nicht jeden kontrollieren, zu welcher Jahrgangsstufe er gehört!'*"

"*Deswegen sage ich es Ihnen!*" Klonert hatte seinen gönnerhaften Ton angeschlagen. Seine rotbemalten Lippen verzogen sich zu einem Lächeln - oder war es eher ein Grinsen? - Die Mundwinkel schnellten wieder in ihre Ausgangsposition: "*Sehen Sie auch nach, ob in den Toiletten geraucht wird!*" Der Clown verschwand über die Treppe nach oben.

"Es war mir unheimlich, diesem Mann ins Gesicht zu schauen und es doch kaum zu erkennen. Selbst seine Brille, die ihn vielleicht verraten hätte, hatte er abgenommen. - Der Mann in der Maske! - Wie tief kann ein Vorgesetzter sinken! Ich kann es immer noch nicht fassen!"

Reginald hatte dieses abendliche Trauma noch nicht überwunden. Und wir, die Zuhörer? Wie sollten, durften, mussten wir reagieren? Entsetzt? Fassungslos? Sprachlos? Kann ein Mensch sich überhaupt so weit ausloten, um Geschehenes zu begreifen? Es blieb nur die Resignation - nach anfänglicher Empörung. Klonert musste in den Schöpfungstopf der Epitheta gefallen sein. Mein Gott! Was besaß dieser Mann für ein Spektrum! - freundlich, höflich, launisch, mürrisch, bellend, beißend, neugierig, schwatzhaft, isoliert, kontaktheischend, gönnerhaft, egozentrisch, herrenhaft, unsicher, erfinderisch ... und autoritär!

Der Befreiungsschlag

Jedem Menschen schlägt einmal die Stunde der Rache. In solcher Prüfung muss Erziehung ihre Werte zeigen. Klassische Schule und humanistisches Ideal werden immer noch als die Waffen gepriesen, die dem vernichtenden Schwert der Barbarei die Klinge stumpf werden lassen. Manche sind mit diesem Anspruch überfordert. Doch sie finden Halt an den Säulen der Bürokratie.

Als klein Toberg an die Pforte dieses Tempels anklopfte, fielen mit dumpfem Poltern die Riegel ins Schloss. Für Klonert war die Stunde gekommen, in der er seine Macht ausspielen konnte. Dabei hatte ich nur um ein bisschen Verständnis nachgesucht.

"Herr Direktor", begann ich mein Anliegen, "ich bitte Sie um eine Dienstbefreiung für eineinhalb Stunden, um meine Tochter zum Schuljahresbeginn in die neue Schule zu begleiten." Klonert witterte seine Chance. "Da kommen Sie jetzt daher!" bellte er und fuhr in seinem Rollsessel zurück. - "Warum kann das Ihre Frau nicht erledigen?"

"Meine Frau kann nicht."

"Warum kann Ihre Frau nicht?"

"Sie ist verhindert."

"Ihre Frau fängt nach ihrer Beurlaubung ihren Dienst in der Beheim-Schule wieder an. Warum lässt sie sich nicht befreien?"

- Sie einmal an! Klonert war über unsere Familienverhältnisse bestens unterrichtet! Daher die schroffe Abweisung gleich zu Beginn! Er hatte schon auf meinen Antrag gewartet! Er hatte sich insgeheim bereits die Hände gerieben, seinen Widersacher auf die Macht der Bürokratie auflaufen zu lassen! So klein er auch war, konnte sich Klonert jetzt bei der gebotenen Gelegenheit wieder zu voller Größe aufrichten! Er wedelte genießerisch mit den Trümpfen der Macht vor meiner Nase -

"Das Erscheinen meiner Frau an ihrer neuen Dienststelle erscheint zwecks Einarbeitung und erster Orientierung dringlicher. Meine Arbeit als Klassleiter ist reine Routinearbeit und kann leicht von einem Kollegen vertretungsweise übernommen werden."

"Ich kann Ihnen keine Dienstbefreiung gewähren."

"Herr Direktor, ich habe den gleichen Anspruch wie andere Kollegen auch!"

"Ob ich Ihnen Dienstbefreiung gewähre, entscheide ich. Und ich gewähre Ihnen keine!"

"Herr Direktor, ich bitte Sie, für mich morgen für die ersten beiden Stunden eine Vertretung einzuteilen. Ich werde morgen früh um acht Uhr nicht anwesend sein!" Ich war entschlossen, Klonerts Borniertheit Paroli zu bieten und der Vernunft den Vorrang vor der blinden Macht der Bürokratie zu geben. Leicht erregt verließ ich das Direktorat und begab mich in das Konferenzzimmer, in dem in Kürze die Anfangssitzung des neuen Schuljahres stattfinden würde.

Klonert betrat den Konferenzsaal. Hinter meinem Stuhl, den er auf dem Weg zu seinem Platz an der Stirnseite des von langen Tischen gebildeten Rechtecks passieren musste, beugte er sich zu mir herab und flüsterte: "Im Sekretariat wartet ein wichtiges Telephonat auf Sie."

Ich erhob mich und begab mich in die Verwaltung, ohne zu ahnen, worum es sich handeln könnte.

"Frau Bergmann", wandte ich mich an die Sekretärin, "ich soll ein wichtiges Telephonat erledigen!"

"Welches Telephonat?"

"Ich weiß es nicht. Der Chef hat mich deswegen herübergeschickt."

"Ach, betrifft das Herrn Wolfer? Der Herr Direktor hat mir einen Zettel mit seiner Telephonnummer gegeben."

"Können Sie mich bitte mit dem Herrn verbinden?"

"Wenn Sie bitte in das Elternsprechzimmer 'Eins gehen würden. Ich verbinde Sie. Wenn es läutet, heben sie einfach ab!"

Ein lautes Klingeln deutete an, dass die Verbindung zustande gekommen war. Ich nahm den Hörer auf und meldete mich.

"Toberg"

"Dr. Wolfer, Ministerium"

Beinahe hätte ich gerade hinaus gelacht. Der große Bruder war am Apparat! Klonert war am Ende. Er wollte selbst Prellbock spielen! Heroik im Dienst! Aber er hatte nicht in Erwägung gezogen, dass manche Züge harte Puffer mit sich führen. Seine anmaßenden Rachegelüste waren wie Spielzeugholz zerborsten. Die bürokratische Keule musste wieder ihren Dienst verrichten!

"Herr Dr. Wolfer, ich sollte Sie anrufen?"

"Ja - Herr Toberg, Ihr Schulleiter hat mich gerade über Ihren Antrag auf Dienstbefreiung informiert. Er hat, wie Sie wissen, Ihren Antrag abgelehnt. Sie wollen sich dieser Ablehnung widersetzen. Ich möchte Sie darauf aufmerksam machen, dass Sie an diese Weisung gebunden sind."

"Hat Ihnen Herr Klonert auch die Gründe meines Antrags geschildert?" Ich wollte wissen, welche Aufklärungsarbeit mein Vorgesetzter bisher geleistet hatte.

"Herr Oberstudiendirektor Klonert hat mir glaubhaft versichert, dass Ihre dienstliche Anwesenheit morgen dringend notwendig sei."

Entweder wich Wolfer meiner Frage bewusst aus, oder Klonert hatte ihn über die näheren Umstände im Unklaren gelassen. Trotz der Gefahr einer Wiederholung erklärte ich Wolfer meine persönliche Situation. Schließlich wies ich ihn noch auf einen entscheidenden

Umstand hin.

"Herr Dr. Wolfer, es geht doch wohl nicht an, dass in gleichen Situationen je nach Laune des Schulleiters unterschiedliche Entscheidungen getroffen werden. Anderen Kollegen wurden in vergleichbaren Fällen Dienstbefreiungen gewährt. Ich bestehe hier auf dem Recht der Gleichbehandlung!"

Wolfer schien hellhörig geworden zu sein. "Sind Sie sicher, dass dies für Ihre Schule zutrifft?" fragte er leicht verunsichert nach.

"Ich bin mir sicher, und diese Tatsache lässt sich auch nachweisen!" Ich schöpfte Hoffnung.

"Wenn Herr Oberstudiendirektor Klonert die Auffassung vertritt, dass Ihre Anwesenheit notwendig ist, so sind Sie an diese Weisung gebunden." Wolfers Loyalitätsvirus begann sich zu regen. Er schob kraft seiner Autorität selbst den bürokratischen Bock auf die Gleise.

Jetzt musste ich mich entschließen: entweder durchstarten - oder die Notbremse ziehen, das hieß den Schwanz einklemmen.

Ich schnaufte durch. "Herr Dr. Wolfer, ich muss die Vernunft über die Bürokratie stellen. Ich werde morgen die ersten beiden Unterrichtsstunden nicht anwesend sein."

Wolfer gab sich alle Mühe, seine Gefühle zu unterdrücken. Doch wie es um ihn stand, ließ der hervorgepresste Satz ahnen: "Dann muss ich Sie auf die Folgen Ihrer Missachtung hinweisen!"

Sein Bellen konnte mich nicht einschüchtern. Mit diesem Umgangston war ich bestens vertraut. "Herr Dr. Wolfer, es hat keinen Zweck, weiter darüber zu diskutieren. Unsere Meinungen sind zu gegensätzlich. Ich glaube, ich muss selbst entscheiden, was in dieser Situation Priorität besitzt!" Ich legte auf.

Die Konferenz war unterdessen in vollem Gange. Gerade wurden die Vertretungen für die Kollegen des morgigen Tages eingeteilt. Jetzt war ich auf Klonerts Entscheidung gespannt. Hatte er sich eines Besseren besonnen? Der Fall stand an, an dem sich seine Geister scheiden mussten. Ich war darüber informiert. Klonert trieb dem Höhepunkt zu. Er tat dies mit bewusst fester Stimme, mit welcher er seine Unsicherheit überspielen wollte.

"Frau Kollegin Meiler wird morgen von Herrn Kollegen Leipel vertreten. Frau Kollegin Meiler erhält Dienstbefreiung, um ihre Tochter zur Schule zu bringen. - Wie lange werden Sie benötigen?" Klonert sprach gekünstelt höflich, obwohl jeder im Raum wusste, dass er ein gestörtes Dienstverhältnis zu Damen allgemein und zu dieser Dame im Besonderen hatte.

im Besonderen hatte.

"Ich hoffe, dass ich bis zur Pause hier sein kann. Also die ersten drei Stunden."

Die Vertretungen waren damit abgehakt. Frau Meiler war mit ihrer Situation zufrieden. Ich dagegen kochte in Anbetracht solch impertinenten Machtmissbrauchs.

Am nächsten Morgen meldete ich mich um 8.56 Uhr bei Klonert zum Dienst zurück. Dieser Fauxpas ließ die bürokratische Maschinerie wieder auf Hochtouren laufen.

>

Ministerium für Unterricht und Kultur   26.09.

...

Das Ministerium für Unterricht und Kultur beabsichtigt, den Verlust der Bezüge anteilig für die versäumte Unterrichtszeit wegen schuldhaften Fernbleibens vom Dienst ohne Genehmigung festzustellen.

...

I.A. Dr. Weberl (Leitender Ministerialrat)

<

Gleichzeitig sollte ein weiteres Schriftstück der bürokratischen Aktion Nachdruck verleihen:

>

Ministerium für Unterricht und Kultur   26.09.

...

Es besteht der Verdacht, dass OStR Toberg mit seinem Verhalten gegen die genannte Dienstpflicht verstoßen und damit ein Dienstvergehen begangen hat. Wegen dieses Verdachts werden vom Ministerium für Unterricht und Kultur disziplinarrechtliche Vorermittlungen eingeleitet.

...

I.A. Dr. Weberl (Leitender Ministerialrat)

<

Eine Antwort durfte ich nicht schuldig bleiben, denn es ging erneut darum, einem eklatanten Machtmissbrauch entgegenzutreten. Zu dem musste dem Ministerium klar gemacht werden, dass seine eingeschlagene Guerilla- und Zermürbungstaktik keinen so schnellen Erfolg zeitigen würde. Das Sandkorn würde gewiss irgend wann von den Mahlsteinen der Bürokratie zermalmt werden, aber bis dahin sollten sich tiefe Schrammen im Getriebe den Obmännern in das Gedächtnis gerieben haben.

>

Rainer Toberg   *16.10.*

Sehr geehrter Herr Dr. Weberl,

gegen den geplanten "Verlust der Bezüge anteilig für die versäumte Unterrichtszeit ... wegen schuldhaften Fernbleibens vom Dienst..." erhebe ich Einspruch.

Begründung:

Mein Antrag auf Befreiung von der Unterrichtsverpflichtung für ca. 1 bis 1 1/2 Stunden für Dienstag, den 10.9. wurde sowohl gegenüber Herrn OStD Klonert als auch Herrn Ministerialrat Dr. Wolfer sehr wohl begründet.

Der Sachverhalt:

*1. Am Montag, 9.9., bat ich Herrn OStD Klonert vor der allgemeinen Lehrerkonferenz für Dienstag, 10.9., um eine Unterrichtsbefreiung von ca. 1 bis 1 1/2 Stunden, um meine Tochter zum Schulwechsel in die neue Schule zu begleiten. <u>Dies ist eine in unserer Gesellschaft durchaus übliche Praxis.</u> Auf Rückfrage von Herrn OStD Klonert, warum diese Aufgabe meine Frau nicht übernehmen könne, teilte ich ihm mit, dass sie verhindert sei. Aufgrund eigener Aussage war Herrn OStD Klonert bereits bekannt, dass meine Frau nach längerer Beurlaubung aus familiären Gründen in diesem Schuljahr ihren Schuldienst wieder aufnahm und damit eine dienstliche Verhinderung vorlag. Als Herr OStD Klonert einwarf, dass sich meine Frau beurlauben lassen könne, wies ich darauf hin, dass ihr Erscheinen an ihrer neuen Dienststelle zwecks Einarbeitung und erster Orientierung dringlicher erschien, da meine Arbeit als Klassleiter reine Routinearbeit war und leicht von einem Kollegen vertretungsweise übernommen werden konnte. - **So wurden in den 56 Minuten meiner Abwesenheit folgende Arbeiten erledigt: Besprechung einiger Punkte der Schulordnung + Wahl des Absentenheftführers und der Klassensprecher. Dies widerlegt unmissverständlich die fadenscheinige Be-***

hauptung von Herrn OStD Klonert, dass meine Anwesenheit "als Klassenleiter d r i n g e n d erforderlich sei". - *Trotzdem beharrte OStD Klonert darauf, dass ich als Klassleiter am folgenden Tag Anwesenheitspflicht hätte. Ich meinerseits bestand darauf, dass ich in einer solchen Situation ein Anrecht auf Dienstbefreiung hätte.*

2. *Als Herr OStD Klonert kurz darauf den Konferenzraum betrat, schickte er mich zu einem wichtigen Telephonat in das Sekretariat. Ich wurde mit Ministerialrat Dr. Wolfer verbunden. Ich schilderte ihm meine Situation und bat um Verständnis, dass mein Antrag auf Dienstbefreiung begründet sei und man der Vernunft eine Chance geben sollte. Auch wies ich Herrn Dr. Wolfer darauf hin, <u>dass an dieser Schule in vergleichbaren Fällen einem Antrag auf Dienstbefreiung von Herrn OStD Klonert stattgegeben worden war.</u> Dessen ungeachtet unterstützte Herr Dr. Wolfer die Haltung von Herrn OStD Klonert und machte mich auf die eventuellen Folgen einer eigenmächtigen Entscheidung meinerseits aufmerksam.*

3. *Gegen Ende der Konferenz wurde von OStD Klonert bekannt gegeben, welche Kolleginnen bzw. Kollegen am Dienstag, 10.9., aus organisatorischen <u>und privaten Gründen</u> ihrer **Dienstpflicht** nicht nachkommen konnten und daher teilweise vertreten werden mussten. Dies war Usus. Es handelte sich dabei*
   a) *um die Kollegin und Kollegen der lehr- und lernmittelfreien Bücherei und des Stundenplans;*

   b) *um eine Kollegin, die aus vergleichbaren Gründen wie ich um eine<u> Dienstbefreiung gebeten und diese erhalten hatte.</u> Auch diese Kollegin hätte nach den Bestimmungen wie ich und andere Kolleginnen und Kollegen - auch diejenigen, die keine Klassleitung hatten - **dienstliche Anwesenheitspflicht** gehabt. Dass besagte Kollegin keine Klassleitung hatte, ist daher für den Sachverhalt unerheblich!*

4. *Auch in früheren Fällen war bei vergleichbarem Sachverhalt einem Antrag auf Dienstbefreiung von Herrn OStD Klonert stattgegeben worden.*

Aufgrund der vor allem in den Punkten 3. und 4. geschilderten Voraussetzungen war mir klar, dass das Dienst- und Rechtsempfinden des

*Herrn OStD Klonert etwas aus den Fugen geraten sein musste. Hier wurde offensichtlich mit zweierlei Maß gemessen und <u>nur in meinem Fall</u> der Maßstab der Dienstpflicht angelegt. Damit hatte Herr OStD Klonert **seine** Dienstpflicht, nämlich gleiches Maß und Gerechtigkeit gegenüber seinen Untergebenen walten zu lassen, in leichtfertiger - oder muss ich sagen in gezielter? - Weise verletzt. In dieser Situation war der mündige Bürger gefordert. Und als solcher kann und werde ich die offenkundig nach Sympathie und Antipathie getroffene Willkürentscheidung eines Herrn OStD Klonert nicht hinnehmen.*

<u>Schlussfolgerung:</u>

*Es trifft also <u>nicht</u> zu, dass mir in der oben geschilderten Situation (es lag ein <u>unabweisbarer</u> Grund für eine Dienstbefreiung vor) "<u>schuldhaftes</u> Fernbleiben vom Dienst" vorgeworfen werden kann. Nachdem Herr OStD Klonert den auch von ihm zu respektierenden Gleichheitsgrundsatz in eklatanter Weise missachtet hatte, war ich in keiner Weise mehr an seine Weisung gebunden, ganz abgesehen davon, dass seine Entscheidung jeglichem gesunden Menschenverstand widersprach. Durch das **Fehlverhalten** von OStD Klonert wurde ich zu selbständigem Handeln gezwungen, denn es galt, einem klaren **Machtmissbrauch** von seiten des Herrn OStD Klonert mit aller Entschiedenheit entgegenzutreten und meine Rechte als mündiger Bürger zu wahren.*

Sehr geehrter Herr Dr. Weberl,
*abschließend möchte ich sie bitten, noch einmal zu überdenken, ob in dieser Angelegenheit unter den gegebenen Sachverhalten die Verhältnismäßigkeit der Mittel seitens des Ministeriums noch gewahrt ist. Selbst wenn ich Ihren Standpunkt zu verstehen versuche, wäre dieser Fall ein klassisches Beispiel für die ciceronianische Feststellung: **SUMMUM IUS, SUMMA INIURIA!***

Mit freundlichem Gruß
Toberg

<

>

Ministerium für Unterricht und Kultur   25.11.

...

OStR Toberg hat in seiner Stellungnahme vom 16.10. den Sachverhalt nicht bestritten. Er hat zu seiner Verteidigung lediglich angeführt, dass eine Kollegin aus vergleichbaren Gründen eine Dienstbefreiung erhalten habe und auch früher in ähnlichen Fällen Dienstbefreiung gewährt worden sei.

...

I.A. Troibl (Ministerialdirigent)

<

>

Ministerium für Unterricht und Kultur   25.11.

...

B e s c h e i d :

1. *Der Verlust der Bezüge des OStR Rainer Toberg wird anteilig für eine Unterrichtsstunde festgestellt.*

2. *Dieser Bescheid ergeht kostenfrei.*

...

I.A.
Troibl
Ministerialdirigent

<

>

Rainer Toberg   19.12.

Erneute Klarstellung der Sachverhalte

<

>

Rainer Toberg   25.12.

Dienstaufsichtsbeschwerde gegen OStD Klonert
Hier: Unberechtigte Ablehnung eines Antrags auf Dienstbefreiung

<

>

Ministerium für Unterricht und Kultur   20.01

...

Ergebnis der Vorermittlungen

...

I.A. Dr. Wolfer(Ministerialrat)   <

>
Ministerium für Unterricht und Kultur   12.02.

Dienstaufsichtsbeschwerde von OStR Rainer Toberg gegen OStD Johann Klonert

...

Die Überprüfung hat ergeben, dass dienstaufsichtliche Maßnahmen gegenüber OStD Klonert nicht veranlasst sind.

Das Staatsministerium ist der Auffassung, dass die Ablehnung des Antrags auf Dienstbefreiung aufgrund der gesamten Umstände zu Recht erfolgt ist.

...

I.A. Troibl (Ministerialdirigent)

<

>
Ministerium für Unterricht und Kultur   30.07.

Disziplinarverfahren gegen OStR Rainer Toberg

Das eingeleitete Disziplinarverfahren wird eingestellt.

Das Verhalten von OStR Rainer Toberg wird jedoch missbilligt.

...

I.A.
Dr. Weberl
Leitender Ministerialdirigent

<

Warten auf Godot?

"Was uns vor zehn Jahren mit solchem Grauen erfüllt hatte: dass derselbe Mensch Angestellter im Vernichtungslager und guter Familienvater sein konnte, dass sich die beiden Fragmente nicht im Wege standen, weil sie einander schon nicht mehr kannten, diese entsetzliche Harmlosigkeit des Entsetzlichen ist kein Einzelfall geblieben. Wir alle sind die Nachfolger dieser im wahrsten Sinne schizophrenen Wesen."

(Günther Anders)

Wenn Klonert mit diesem salomonischen Urteil des Ministeriums einen Sieg errungen hatte, dann war dies ein Pyrrhussieg. Der totale Triumph blieb ihm versagt. Für Leute wie ihn bedeutete das eine schwärende Wunde. Der Schmerz saß tief und verlangte nach Linderung. Noch hatte er einen lange zurückgehaltenen Joker in der Tasche. Diesen legte er als letztes und alles entscheidendes As auf den Tisch. Die Betroffenen ahnten das falsche Spiel, denn die Karten waren bekanntlich schon längst gezinkt.

Die Mitglieder der Fachschaft Latein wunderten sich, dass die Fachbetreuung - eine der wenigen Aufstiegsmöglichkeiten eines Beamten - unverrückbar als zugewiesene Doppelpfründe in den Händen des Stellvertreters des Schulleiters lag. Nun gehörten wir Kollegen nicht zu den unkritischen Geistern dieser Anstalt. Für Klonert bot sich damit eine ausgezeichnete Gelegenheit, den ungeliebten Kollegen mit einem Flächenbrand einzuheizen. So zogen sich all die Jahre dahin, und der Schulleiter ließ die Dissidenten am offenen Feuer braten. Sollten sie sich ruhig Hoffnungen machen, das verantwortungsvolle Amt einmal übertragen zu bekommen! Doch bei Klonerts Modell standen die Signale auf rot. Vorsichtige Anfragen bezüglich des Sperrfeuers ließen das Stoplicht nur noch kräftiger leuchten.

In der Zwischenzeit entwickelte der Schulleiter eine rege Emsigkeit, um den Wartenden einen neuen Leitwolf präsentieren zu können. Das im Hause vorhandene Kollegenmaterial war zu dürftig und zu unqualifiziert. Intensive landesweite Recherchen wurden angestellt, persönliche Beziehungen bemüht. Endlich wurde Klonert dank eines heißen Tipps fündig: ein junger dynamischer Kollege mit ausgezeichneten Referenzen konnte für die Arbeit in der Provinz gewonnen werden. Mit gehobener Beurteilung wollte Klonert das hoffnungsvolle Talent unauffällig an seine Aufgabe heranführen. Der Coup schien zu gelingen. Die hervorragende Beurteilung war ausgesprochen. Die geheimen Abwanderungsgedanken des Hoffnungsträgers, die laut eigener Aussage gewissen moralischen Bedenken entsprangen, schienen gestoppt. Klonert hatte allerdings einen gleichwertigen Kollegen, der in einer anderen Fachschaft ebenfalls zur Beurteilung anstand, notenmäßig niedriger einstufen müssen, um den vom Ministerium geforderten Beurteilungsschnitt nicht nach oben hin zu überschreiten. Dies konnte deswegen bedenkenlos geschehen, da sich nämlicher Kollege mit keinerlei Abwanderungsgedanken trug, weil er dieser Gegend als seiner Heimat eng verbunden war und außerdem nicht für eine Fachbetreuung benötigt wurde. *"Sie können sich ja bis zur nächsten Beurteilung noch bewähren!"* tröstete Klonert Kollegen Leidig auf dessen vorsichtigen Protest hin. Da schnappte ihm die übergeordnete Behörde die begehrte Beute vor der Nase weg. Der Aspirant erhielt eine Berufung als Mitarbeiter des Ministerialbeauftragten. Klonert war gezwungen, von vorne zu beginnen. Die folgende Zeit war mit Warten und Suchen gänzlich ausgefüllt.

Den quälenden Misserfolg sollte ein geschickter Kunstgriff auf anderem Gebiet als Interimslösung lindern. Den Underdogs der ungeliebten Fachschaft wollte er einen saftigen Knochen vor der Nase baumeln lassen, um ihn mit genießerischem ambivalentem Grinsen einem anderen Kollegen zum Anbeißen vorzuwerfen. Doch solch einen Leckerbissen musste sich ein Beamter unter Klonerts Führung erst verdienen. Der Preis für die engere Wahl war hoch. Klonert hatte seine bisher erhobenen Günstlinge dazu abgerichtet, ihm regelmäßige geheime Berichte über die Schul- und Stegreifaufgaben der Kollegen auf detaillierten Kassibern zuzuschieben. IM-Sekretäre waren also kein regional begrenztes Übel, sondern Bestandteile eines durchdacht aufgebauten, weitgreifenden internen Informationsnetzes. Mit diesem Vertrauen bedachte Kollegen, denen aus Unachtsamkeit eine ehrliche Antwort ihren Fachkollegen gegenüber entschlüpft war, wurden mit bellender Stimme zum Rapport bestellt. Unter Drohungen wurden ihnen für bestimmte Zeit die Wachstumshormone entzogen. Einmal sickerte das Gerücht durch, Klonert würde seine Elitetruppe zum besonderen Klausurtrip verpflichten. Thema: "Wurzeln der Vergangenheit oder: Wie bewahre ich das alte Erbe?" Wer in der Zukunft bestehen will, muss seine Wurzeln in die Vergangenheit graben! Diese an sich richtige Einsicht trieb bisweilen ungeahnte lokale Blüten, führte zu Wucherungen und wilden Auswüchsen, wo das Terrain unsachgemäß bearbeitet wurde. Seltsames Gedankengut trieb in diesen Pflichtseminaren an die Oberfläche: Hitlers

"Mein Kampf" war wieder empfohlene Lektüre. Göbbels Reden dienten als rhetorisches Schulungsmaterial. Das physikalische "Buch der Gleichschaltungen" bot hilfreiche Instruktionen. Selbst Arno Brekers Vision von der "Schaffung eines gleichförmigen Charakters unter Überwindung des Individuellen" eröffnete neue Dimensionen einer trickreichen Kunst. Als Botaniker zeigte Klonert gesteigertes Interesse an der Fibel "Der Erhalt der eigenen Art in Neuanpflanzungen". Dabei galt seine besondere Aufmerksamkeit dem Hinweis, "dass die Wurzeln neuer Jungpflanzen in die gewohnte alte braune Erde gebettet werden müssen, um ihr artgerechtes Wachstum zu sichern."

Da sich der auserwählte Kollege als angepasster Mitarbeiter bewährt hatte, hatte Klonert schon seit einiger Zeit nach einer Möglichkeit Ausschau gehalten, diesem willigen und loyalen Kollegen ein Sprungbrett zu höheren Ehren zu verschaffen. Aber die Planstellen waren knapp bemessen, und die vorhandenen von altgedienten Pädagogen für längere Zeit besetzt. Klonert musste also wie ein deus ex machina eine nicht vorhandene Funktion für den Proteganten aus dem Hut zaubern. Keines der beiden Fächer des destinierten Kollegen reichte allein für ein solches Amt aus. Was bot sich in dieser Situation Clevereres an, als aus zwei halben Fächern eine ganze Funktionsstelle zu schmieden! Der Kollege war damit fürsorglich bedient und gleichzeitig in die Pflicht genommen! Diesen bindenden Doppelschlag praktizierte Klonert grundsätzlich bei der Vergabe seiner Vergünstigungen. Auch hatte er mit diesem demonstrativen Privileg den kritischen Kollegen ein deutliches Zeichen gesetzt, welche Fürsorgepflicht er seinen loyalen Untergebenen gegenüber walten ließ. Nachahmung empfohlen!

Bei all diesen Aktivitäten arbeitete Klonert im Hintergrund. Verschwiegenheit war oberstes Gebot. Galt es doch nach dem herben Verlust des neu zugewiesenen Hoffnungsträgers neue Quellen zu erschließen. Wenn ihm schon die weltliche Macht nicht wohlgesonnen war, warum sollte man es nicht mit einem Bund mit der Kirche versuchen? Eine Umfrage bei geistlichen Räten und Diözeseschulen wurde eingeleitet. Die Monate schleppten sich dahin. Langsam drängte die Zeit doch. Klonert wurde sichtlich nervös. Man merkte ihm die Anspannung während der letzten Konferenz deutlich an. Das Problem brannte ihm auf den Nägeln. Bis Ende des laufenden Schuljahres musste die Lücke, die Talent Balling mit seinem Wechsel hinterlassen würde, nahtlos geschlossen werden. Jetzt half nur noch gesundes Gottvertrauen! Und siehe da! Die Wege des Herrn sind unergründlich, aber sie führen immer zum Ziel. Ein Jünger Gottes mit klassischer Ader wurde vom christlichen zum weltlichen Glauben bekehrt! Die versprochene Aussicht auf ein weltliches Hochamt und gesteigertes Prestige erleichterte die Trennung von kirchlichen Würden. Als Neubarth - so führte sich der junge Kollege namentlich ein - seinen neuen Ziehvater begrüßte, schien Klonert sein heiß ersehntes Ziel erreicht zu haben. Die geheimen Pläne, die in Klonerts Schublade ruhten, konnten jetzt ihrer Erfüllung zugeführt werden.

Doch Würde bringt auch Bürde! Ein junger Mensch, der so unverhofft zu Macht und Ehren gelangt, sieht sich unversehens einer harten Prüfung ausgesetzt. Kann dieser junge Mann dem Druck des Verschwiegenheitsgebots standhalten? Macht und einträgliche Ehrenämter werden auch in christlichen Kreisen nicht verschmäht. An Vorbildern für Novizen mangelt es gewiss nicht. Um als Umsteiger nicht unter anfänglichen Minderwertigkeitskomplexen leiden zu müssen, sah sich Kollege Neubarth dazu genötigt, den Grund seiner Berufung an diese Anstalt den Schülern schnellstmöglich mitzuteilen: *Er wäre für den Posten des Fachbetreuers auserkoren und würde dem Fach neue Impulse verleihen.* Das Gerücht war damit nicht mehr aufzuhalten. Ob Klonert seinen Schützling daraufhin ins Gebet genommen hat?

Zwei Jahre der Bewährung zogen ins Land. Dann sah er die Zeit für gekommen, das Geheimnis öffentlich, das heißt in einer Konferenz, zu lüften. Obwohl Kollege Neubarth als Studienrat die dienstlichen Voraussetzungen für sein Amt noch nicht besaß, wurde er von Klonert zum Primus (inter pares?) bestallt. Die kritischen Fachkollegen hatte Klonert geschickt, aber auch gefühllos düpiert, hatte ihnen mit einem raffinierten Schachzug die Tür zu einem beruflichen Fortkommen zugeschlagen. Trotzdem, davon war Klonert in der Konferenz überzeugt, würde es keiner wagen, diese Entscheidung zu kritisieren. Wer jetzt seine Gegenstimme erhob, würde sich unweigerlich als Neider entlarven. Klonert vertraute auf die Stillhaltetaktik des Kollegiums.

Kollege Toberg hielt sich wieder einmal nicht an die Spielregeln und erhob seine Hand zur Wortmeldung. Mochte sich jeder das Maul darüber zerreißen! Hier stand die Desavouierung einer ganzen Fachschaft auf dem Spiel! Waren wir wirklich die Blödmänner, zu denen uns Klonert degradieren wollte? Nein! Wir waren es nicht!

"Herr Direktor, darf man erfahren, welche Gründe Sie dazu bewogen haben, die Fachbetreuung einem Studienrat zu übertragen, obwohl dieses Amt jahrelang durch die Doppelbesetzung von Herrn Studiendirektor Stiller blockiert und den anderen Fachkollegen als Oberstudienräten vorenthalten wurde?"

Klonert sah sich unvermittelt einer Situation gegenüber, die er in seinem Eventualitätenkatalog nicht vorgesehen hatte. Der Antrag auf Rechtfertigung vor aller Augen erwischte ihn kalt. Der Mangel an erklärenden Worten erregte in ihm eine unkontrollierte Gefühlswallung. Diese führte ihn zu dem gefürchteten Punkt, an dem Lautstärke Argumente ersetzen musste.

"Das ist nicht", schallte es laut und unwirsch aus Klonerts Mund, "der richtige Ort, um solche Angelegenheiten zu erörtern!!"

Wie unangenehm ihm diese Konfrontation war, verriet die schräge Seitenlage seines Oberkörpers und das unruhige Hin- und Herrutschen seines Gesäßes auf dem Stuhl. Eine Regung, die bei Klonert äußerst selten zu beobachten war.

Wir waren gespannt, wann Klonert den richtigen Zeitpunkt für gekommen hielt. In den folgenden Wochen aber rührte sich nichts. Unterdessen genoss Kollege Neubarth die Rolle des Kronprinzen unter den Fachkollegen. Sein lobenswerter Tatendrang, den Vorsitz in der anstehenden Fachkonferenz zu übernehmen, wurde allerdings bereits in der ersten Sitzung von seinem Ziehvater gebremst. Als Neubarth die Sitzung eröffnen wollte, wurde er barsch von Klonert zurückgepfiffen. Neubarth erging sich flugs in wohlgemeinten Entschuldigungen.

"Ich meinte... Ich wollte nur..."

"Der Vorsitzende der Konferenz ist und bleibt der Schulleiter", klärte ihn Klonert in bestimmendem Ton auf und machte seinem Zögling unmissverständlich klar, dass die Macht für dieses Amt aus seinen Händen floss.

Nach Klonerts eröffnenden Worten stellte ich den Antrag, die Tagesordnung um den Punkt "Praxis der Vergabe der Fachbetreuung LATEIN" zu erweitern. Klonert hatte dieses Mal damit gerechnet und zückte, kaum dass ich geendet hatte, die Lehrerdienstordnung, die er vorsichtshalber gleich mitgebracht hatte. Er schlug das Werk an einer vorgemerkten Stelle auf und las den einschlägigen Passus vor, in dem festgelegt wurde, dass "die Fachsitzungen der pädagogischen und fachlichen Fortbildung" dienten. Damit schmetterte er meinen Antrag nieder. Mit dieser Reaktion Klonerts hatte ich gerechnet. Daher wartete ich den Punkt "Verschiedenes: Anträge und Wünsche" ab, der auch der freien Meinungsäußerung über fachrelevante Angelegenheiten Spielraum bot.

Als der Zeitpunkt dafür gekommen war, meldete ich mich erneut zu Wort, das mir Klonert entziehen wollte, als meine Absicht deutlich wurde. Ich wies den Schulleiter darauf hin, dass ich ihm zu Beginn der Konferenz bei Ablehnung meines Antrages auch nicht in das Wort gefallen sei, und las folgende Stellungnahme vor:

>

Rainer Toberg   30. September

An Herrn
Oberstudiendirektor Klonert
Gymnasium Abstadt

Stellungnahme für das Protokoll zu dem zusätzlich beantragten Tagesordnungspunkt "Praxis der Vergabe der Fachbetreuung LATEIN" für die für Montag, 30.9., anberaumte Fachsitzung

In der Lehrerkonferenz am Montag, 9.9., wurde durch Herrn Oberstudiendirektor Klonert bekannt gegeben, dass zum neuen Fachbetreuer in LATEIN Herr StR Neubarth bestellt worden sei.
*Auf meine Frage, warum die Fachbetreuung jahrelang durch die Doppelfunktion von Herrn StD Stiller als **Stellvertreter** der Schule und als **Fachbetreuer** blockiert wurde und warum die Fachbetreuung LATEIN jetzt kommissarisch einem Studienrat übertragen wurde, verwies OStD Klonert darauf, dass die Lehrerkonferenz nicht der geeignete Ort für die Diskussion dieses Themas sei und lehnte jegliche weitere Stellungnahme ab.*
Aus diesem Grunde möchte ich in der heutigen Fachkonferenz folgende Stellungnahme abgeben:

Die Art und Weise, in der die Fachbetreuung LATEIN zunächst jahrelang blockiert und jetzt vergeben wurde, muss ich auf das schärfste verurteilen. Das Direktorat hat es meines Wissens nicht für wert befunden, verdienten Kollegen, die den Rang eines Oberstudienrats bekleiden, aber noch keine Funktion übertragen bekommen haben, die Funktion dieser Fachbetreuung anzubieten. Stattdessen wurde ein Studienrat, der erst jüngst an diese Schule versetzt wurde, mit dieser Funk-

tion betraut. Diese Praxis stellt in meinen Augen einen Affront gegen die gesamte Fachschaft dar. Mit dieser Entscheidung nämlich wird den funktionslosen Oberstudienräten indirekt unterstellt, dass ihre Fähigkeiten nicht dazu ausreichten, um einer solchen Aufgabe gerecht zu werden. Diese infame indirekte Unterstellung muss ich auf das schärfste zurückweisen.

Daher bitte ich sowohl OStD Klonert als auch StD Stiller, aus Gründen der Fairness die Karten offen auf den Tisch zu legen und der Fachschaft verständlich zu machen, warum die Entscheidung jetzt und mit diesem Ergebnis gefallen ist.

Herrn StR Neubarth bitte ich - ebenso aus Gründen der Fairness den Fachkollegen gegenüber - auf den Posten des Fachbetreuers zu verzichten, bis auch andere Kollegen eine faire Chance erhalten haben, diese Funktion auszuüben.

(Rainer Toberg)
Oberstudienrat
<

Wie hart diese Herausforderung Klonert - und vielleicht auch Neubarth - traf, zeigte seine Reaktion. Am 11.10. händigte er mir gegen Unterschrift folgendes Schreiben aus:

>
Gymnasium Abstadt
Herrn Oberstudienrat
Rainer Toberg (L/E)

im Hause

Verhalten in der Fachsitzung für Latein am 30. September; Vergabe der Fachbetreuung für Latein

Sehr geehrter Herr Toberg,

ich erteile Ihnen eine schriftliche Rüge.

Begründung:

1. Ihr Verhalten in der genannten Fachsitzung war nicht korrekt, da

Sie weisungswidrig die Zurückweisung Ihres schriftlichen Antrages vom 30.9. "Praxis der Vergabe der Fachbetreuung Latein" trotz Hinweises auf die Lehrerdienstordnung aufgegriffen und die Anweisung des Vorsitzenden nicht beachtet haben.

2. Die Wortwahl Ihrer schriftlichen und vorgelesenen Erklärung wird dem Verhaltensgrundsatz gegenüber Vorgesetzten gemäß dem Beamtengesetz nicht gerecht.

Zu Ihrer Anfrage im Hinblick auf die Vergabe der Fachbetreuung Latein bitte ich um Verständnis, wenn Sie aufgrund Ihres wenig verbindlichen und illoyalen Verhaltens dafür nicht in Betracht gezogen werden können.

Mit freundlichen Grüßen

Kenntnis genommen: *Abstadt den* ....

Klonert   *Toberg*
Oberstudiendirektor   *Oberstudienrat*

<

Es ist schon mühsam, als kritischer Geist in einer demokratischen Bürokratie zu bestehen. Aber noch hatte ich Reserven. Dennoch schienen sich Don Quijote'sche Züge immer deutlicher in mein Erscheinungsbild zu graben. Der Arm wurde schwerer, doch nicht kraftlos. Gegen Klonerts Diktat setzte ich meinen Widerspruch:

>
Rainer Toberg   *14. Oktober*
Gymnasium Abstadt

Herrn Oberstudiendirektor
Johann Klonert
im Hause

Ihr Schreiben vom 11.10.

Sehr geehrter Herr Klonert,

Ihre schriftliche Rüge weise ich zurück und lege hiermit dagegen Widerspruch ein.

Begründung:

1. *Ihre Behauptung, ich hätte <u>nicht korrekt</u> und <u>weisungswidrig</u> gehandelt, ist **nachweislich** falsch.*

   Mein schriftlicher Antrag auf Ergänzung der Tagesordnung bezüglich der "Praxis der Vergabe der Fachbetreuung Latein" wurde von Ihnen zu Beginn der Konferenz mit Hinweis auf die Lehrerdienstordnung abgelehnt. <u>Dies wurde von mir akzeptiert.</u>
   Es lag also kein unkorrektes oder weisungswidriges Verhalten meinerseits vor.
   *Als in der Konferenz der Tagesordnungspunkt "**Verschiedenes**" mit, wie üblich, "Anregungen und Wünschen" behandelt wurde, verlas ich meine Stellungnahme zur "Praxis der Vergabe der Fachbetreuung Latein". Auch eine Fachsitzung ist dem demokratischen Grundprinzip der freien Meinungsäußerung verpflichtet, sofern niemand verletzt oder verunglimpft wird. Dies ist nachweislich nicht geschehen. Es wurde von mir auch in keiner Weise das <u>Recht</u> des Oberstudiendirektors, einen Fachbetreuer zu ernennen, bestritten. Meine Stellungnahme setzte sich vielmehr mit der <u>Art und Weise</u> dieser Ernennung auseinander. Der letzte Tagesordnungspunkt gibt auch Raum für <u>kritische</u> Äußerungen. Denn es erscheint nahezu absurd, zu behaupten, dass die Wahl oder Ernennung des Fachbetreuers keinerlei Bezug zur Fachschaft oder deren Arbeit habe.*
   Mit Schrecken muss ich feststellen, dass unbequeme Äußerungen und Fragen von Ihnen mit dem Knebel der Bürokratie unterbunden oder zum Schweigen gebracht werden sollen.
   Diesem, in meinen Augen undemokratischen, Verhalten Ihrerseits werde ich entschiedenen Widerstand entgegensetzen.

2. *In <u>keiner Zeile</u> meiner schriftlichen Stellungnahme lässt es sich <u>nachweisen,</u> dass ich "dem Verhaltensgrundsatz gegenüber Vorgesetzten ... nicht gerecht" wurde.*

   *Ich habe Sie in meinen Äußerungen **nachweislich** weder beschimpft oder durch meine Wortwahl diskreditiert noch habe ich irgendwelche unlogischen Schlüsse gezogen. Der von Ihnen zitierte Paragraph des Beamtengesetzes findet folglich keine Anwendung.*

Die leeren Phrasen "wenig verbindlich" und "illoyalen Verhaltens" wollen Sie bitte anhand konkreter Nachweise belegen. Solange dies nicht geschehen ist, sind Ihre Argumente kraftlos. Ich hoffe nur, dass Sie "loyales Verhalten" nicht mit "kritikloser Ja-Sagerei" gleichsetzen!

Aus obengenannten Gründen fordere ich Sie auf, Ihre schriftliche Rüge zurückzuziehen, da sie nachweislich in jeder Hinsicht unbegründet ist.

Mit freundlichem Gruß

<

Es dauerte nicht lange, da erhielt ich ein Schreiben des mir inzwischen gut vertrauten Ministerialrates Dr. Wolfer. Mit aller Entschiedenheit - aus Loyalitätspflicht - verwahrte er sich gegen meinen Widerspruch.

Jetzt allerdings war ich der Auffassung, dass in Anbetracht eines solch bürokratischen Dünkels deutlichere Worte den bürokratischen Starrsinn aufrütteln müssten:

>

Rainer Toberg   *13. November*
Gymnasium Abstadt
An das
Staatsministerium
für Unterricht und Kultur

Ihr Schreiben vom 25.10.

Sehr geehrter Herr Dr. Wolfer,

lassen Sie mich zunächst an ein Shakespeare-Zitat erinnern: "Ist dies schon Tollheit, hat es doch Methode."
Es ist klar, dass nach den vorhergegangenen Ereignissen nun alle Register gezogen werden müssen. Aber: Macht dies Ihre Argumente stichhaltiger? Ich meine NEIN! Es muss sich jemand schon weit von dem realen Schulleben entfernt haben, wenn er behauptet, dass die Vergabe einer Fachbetreuung, besonders die Art und Weise, wie dies geschieht bzw. in diesem Fall geschehen ist, keinerlei Bezug zur gesamten Fachschaft hat. Eine Fachschaft ist kein institutionelles Vaku-

um, sondern setzt sich aus Menschen zusammen. Und Menschen schreibt man bekanntlich ein gewisses Maß an Ratio zu. Erlauben Sie mir, dass ich diesen Rest von Vernunft in diesem Fall für die Sache einsetze.

Ihr Argument, dass ich "gegen das Beamtengesetz verstoßen" habe, erweist sich als haltlos, da sowohl OStD Klonert als auch Sie das Gesetz in unzulässig subjektiver Weise für Ihre Belange interpretieren. Natürlich ist ein solcher Fall im Gesetz nicht vorgesehen. Wer von den Gesetzesvätern hätte auch ein solches Verhalten eines Oberstudiendirektors voraussehen können? Was hier geschehen ist, bleibt ein Affront, wenn nicht gegen die gesamte Fachschaft, so doch den betroffenen Oberstudienräten gegenüber. In Anbetracht der außergewöhnlichen Entscheidung des Herrn OStD Klonert wäre ein klärendes Gespräch mit den Kollegen der Fachschaft, wenn nicht eine rechtliche Notwendigkeit, so doch eine moralische Pflicht gewesen. Vielleicht nehmen Sie sich einmal die Zeit und versetzen sich in unsere Lage - und schmecken den bitteren Beigeschmack. Möglicherweise fordert die Art und Weise der Entscheidung von Herrn OStD Klonert auch Ihren inneren Widerspruch heraus.

Den Hinweis in Ihrem Schreiben auf ein Gespräch zwischen Direktor und Betroffenen möchte ich daher gerne aufgreifen. Als ich am Montag, 9.9., in der Lehrerkonferenz das Thema der Vergabe der Fachschaft LATEIN ansprach, wurde ich von Herrn OStD Klonert in erregter Weise abgeblockt. Herrn OStD Klonert musste also klar gewesen sein, dass seine Entscheidung, die Fachbetreuung kommissarisch einem StR zu übertragen, auf Kritik stoßen werde. Jetzt habe auch **ich** längere Zeit auf ein klärendes Gespräch seitens des Herrn OStD Klonert gewartet. Es wäre in der Tat seine Fürsorgepflicht gewesen, seine außergewöhnliche Entscheidung der Fachschaft gegenüber verständlich zu machen. Es bestanden keinerlei offenliegende Gründe, warum die Fachbetreuung nicht einem Oberstudienrat der Fachschaft anvertraut werden könne. Dass aufgrund dieser unerklärlichen, ja verletzenden Zurücksetzung der Widerspruch seitens der betroffenen Kollegen nahezu herausgefordert war, liegt auf der Hand. Jetzt blieb nur noch der Weg über die Fachsitzung. Hier wies ich OStD Klonert darauf hin, dass der letzte Tagesordnungspunkt ein Recht auch für diese Angelegenheit einräumt. Dies lässt sich selbst durch sophistische Trugschlüsse nicht zur Rechtswidrigkeit pervertieren.

Ihre Auffassung in Punkt 2 Ihres Schreibens "Auch die Wortwahl der Stellungnahme ... entspricht nicht den Verhaltenspflichten gegenüber Vorgesetzten ..." grenzt, verzeihen Sie die Härte des Ausdrucks, an Anmaßung. Aus welchem "Ehrenkodex" leiten Sie Ihre, wie ich meine, zweifelhaften Prinzipen ab? Weder die Lehrerdienstordnung noch das Beamtengesetz lassen Raum für solche subjektiven Interpretationen.

*Die in meiner Stellungnahme gezogene, für alle Beteiligten peinliche, aber logische Schlussfolgerung, die sich aus der außergewöhnlichen Entscheidung des Herrn OStD Klonert für die betroffenen Kollegen ergibt, ist von jedem objektiven Beobachter nachzuvollziehen. Warum sprechen Sie hier nicht auch davon, dass das Verhalten des Herrn OStD Klonert **nicht den Verhaltenspflichten eines Vorgesetzten** seinen Untergebenen gegenüber entspricht?*

Auch ein Vorgesetzter muss sich der Kritik stellen, selbst wenn diese äußerst unangenehm für ihn ist. Der Vorwurf, dass ich mit meiner "Wortwahl" gegen das Beamtengesetz verstoßen habe, ist in all meinen Ausführungen hinreichend widerlegt worden.

So ist es sehr befremdend, dass Sie quasi in einem Schnellschussverfahren meine Beschwerde gegen die "schriftliche Rüge" seitens des Herrn OStD Klonert abweisen.

...

Mit freundlichem Gruß

<

Ministerialrat Dr. Wolfer konnte sich nicht mehr hinter Ausflüchten verstecken. Jetzt musste er die Karten auf den Tisch legen. Am 20.01. erreichte mich seine abschließende Feststellung:

>

...

Die kommissarische Vergabe der Fachbetreuung Latein an StR Neubarth erfolgte nach Rücksprache mit dem Staatsministerium unter Würdigung der Tatsache, das StR Neubarth unter den Lateinlehrern der Schule hinsichtlich seiner Examensergebnisse wie auch der dienstlichen Beurteilung am besten qualifiziert ist. Bei den Lateinlehrern in der Besoldungsgruppe A14 fehlt teils die erforderliche Qualifikation, teils, wie im Fall des OStR Toberg, die persönliche Eignung für koordinierende Aufgaben...

I.A. Dr. Wolfer (Ministerialrat)

<

Die Katze war aus dem Sack! Unfähigkeit, wo immer man in der Fachschaft hinsah! Doch der Hinweis auf "Qualität" forderte geradezu eine klärende Replik:

>

Rainer Toberg   *23. Februar*
Gymnasium Abstadt

An das
Staatsministerium
für Unterricht und Kultur

Ihr Schreiben vom 20.1. (Fachbetreuung)

Sehr geehrter Herr Dr. Wolfer,

es ist interessant zu erfahren, dass die Fachschaft Latein am Gymnasium in Abstadt akkumulierte Unfähigkeit repräsentiert. Da erscheint es natürlich notwendig, dass ein Weiser aus dem Morgenland den unqualifizierten und ungebildeten Elementen in der "Diaspora" die hohe Schule des Latein nahebringen muss. Darüber ließe sich zwar streiten, aber ich nehme Ihre Behauptung unkommentiert zur Kenntnis, da sowohl Sie als auch OStD Klonert offensichtlich den Kernpunkt der Kritik, wie er auch in meiner schriftlichen Stellungnahme zum Ausdruck kam, verkennen. Ich habe zu keiner Gelegenheit in irgend einer Weise Anspruch auf die Fachbetreuung LATEIN erhoben. In der Fachkonferenz am 30.9. habe ich <u>in Einklang mit den üblichen demokratischen Grundregeln</u> nur meinen <u>Standpunkt</u> über das <u>außergewöhnliche</u> Verhalten von OStD Klonert in einer <u>Stellungnahme</u> für das Protokoll klargemacht.

Haben Sie jedoch auch einmal darüber nachgedacht, ob Herr Klonert <u>jegliche</u> Qualifikation für die Leitung eines Gymnasiums besitzt? Oder haben Sie auch einmal darüber nachgedacht, ob Herr Klonert <u>allen</u> Anforderungen, die an einen Oberstudiendirektor gestellt werden, gewachsen ist? Ist Herr OStD Klonert wirklich über <u>jede</u> Kritik erhaben? Wer im Glashaus sitzt, sollte nicht mit so großen Steinen werfen!!

...   Mit freundlichem Gruß   <

Der Mann ohne Eigenschaften

Die Geschichte trägt Appelle an uns heran, tragische Appelle, aber es ist unsere Sache, darauf zu antworten. Sie stößt uns vorwärts mit ihrem ganzen Gewicht, packt uns bei den Schultern; aber vor uns liegt eine Weggabelung, und es ist an uns, den richtigen Weg einzuschlagen... Was schon jetzt möglich ist, das ist, mitzuhelfen bei der Geburt eines höheren geschichtlichen Gewissens, in dem wir die einzige Zuflucht einer im Zerfall befindlichen Welt sehen, Schutz vor ihrem eigenen Determinismus. Und ein solches Gewissen wird es nur bei Menschen geben, die sich den Problemen der Wirklichkeit stellen; jenen Problemen, denen sich fast alle Angehörigen unserer führenden Schichten permanent nicht stellen. Es gibt nur ein Mittel, den Determinismus der modernen Welt zu überwinden; und dieses Mittel heißt: sich seiner selbst bewusst werden.

(Thierry Maulnier)

Während der bestehenden Auseinandersetzungen in der Fachschaft - und auch in allen anderen Konferenzen, in denen Klonert demütigende Macht zelebrierte - hielt sich ein Mann unbewegt im Hintergrund: Elgart Stiller, Fachbetreuer für Latein und stellvertretender Schulleiter. Der Spruch "nomen est omen" manifestierte sich in dieser Person. Seine Existenz plätscherte wellenlos durch das Schulleben. Stiller war ein kritikloser Verfechter seines Faches. Gleichwohl war er ein freundlicher Kollege. Um so erstaunlicher, ja erschreckender war es, wie er als verantwortlicher zweiter Mann der Schule den dienstlichen Machenschaften und Entgleisungen seines Vorgesetzten tatenlos zusah. Nahm er die Aufgabe als Stellvertreter zu wörtlich? Wollte er in loyaler Hingabe an den Staat und seinen Vorgesetzten sein Repräsentantenamt buchstabengetreu erfüllen? Er schien jeglicher Kritik abgeschworen und alle Kritikfähigkeit in sich erstickt zu haben. Wie, so fragten wir Kollegen uns, ließ sich seine klassische Bildung und humanistische Erziehung mit diesem Schweigen vereinbaren? Haben die klassischen Ideale in der Erziehung zur Kritikfähigkeit selbst bei solchen Leuten versagt? Zerbrechen sie am Prüfstein der Realität? Wer will dann heute erwarten, dass die Saat humanistischer Erziehung in den Charakteren unserer Schüler aufgeht, wenn das Erbgut der Antike, das einst per Erziehung in die Gene unserer sogenannten Akademiker verpflanzt wurde, längstens verrottet ist und nur noch seine Existenz in comic-haften Luftblasen fristet? In welchem Kontrast stand diese Untätigkeit Stillers zu seinem praktizierten Ethikunterricht in den Klassen! Hatte hier Kadavergehorsam seine Vollendung erfahren? Von welchen zwiespältigen Gefühlen musste Stiller zerfressen werden! Er, der mit seiner Lebensphilosophie der Humanität keinen größeren Gegensatz zu Klonert bilden konnte! Doch der Kampf der Elemente fand nicht statt. War diese Lethargie die fatale Folge des 'burn-out' Syndroms, dem Stiller zum Opfer gefallen war, oder war es nur die logische Konsequenz eines antiweltlichen Ästhetizismus und einer selbstgewählten Isolation in einem selbstgezimmerten Elfenbeinturm?

Dachte ein zeitkritischer Pädagoge an Führungskräfte wie Studiendirektor Stiller, wenn er in einer Publikation fragte: *"Will die Schule überhaupt noch einen Erziehungsauftrag in dieser Hinsicht wahrnehmen? Haben sich nicht schon viele inzwischen von ihm dispensiert? Es mag Gründe zur Resignation oder zur Verweigerung geben. Was die Familie nicht mehr mitgibt, kann nicht im Klassenzimmer nachgeliefert werden. Oder man hat selber keine verbindliche Einstellung mehr zu den Grundwerten unserer Gesellschaft. Wie aber vermag man sie dann noch den Jüngeren überzeugend darzustellen?"*[6] Ist die Vermittlung dieser Grundwerte nur noch über eine gezielte Lüge machbar??

Für die wenigsten Kollegen war es nachvollziehbar, wie ein gebildeter Mann mit seiner praktizierten Untätigkeit der hohen Schule der Theorie so in das Gesicht schlug? Stiller blieb lange Zeit ein ungelöstes Rätsel.

Eines Tages jedoch begann sich der Schleier, der über diesem Mysterium hing, zu lüften. Als Stiller an verschiedenen Tagen seiner dienstlichen Stellvertreterrolle nachkommen musste, weil Oberstudiendirektor Klonert abwesend war, wurden eklatante Schwächen offenkundig. Die schulische Organisation geriet in manchen Bereichen ins Schwimmen. Von dem Stellvertreter konnten schulrelevante Fragen nicht beantwortet werden. Notwendige Schritte gerieten ins Stocken. Besonders auffällig war die Tatsache, dass Stiller in bestimmten Situationen die gleichen Entscheidungen traf wie sein Vorgesetzter, gleichgültig, ob sie sinnvoll waren oder nicht, oder ob an diesem Tag eine Modifizierung angeraten schien. Für das gesamte Kollegium bedeutete Stillers Desorganisation und mangelnde Kenntnis in schulischen Angelegenheiten ein erschreckendes Aha-Erlebnis. Aufgrund dieses Negativprofils konnte man sich bald des Eindrucks nicht mehr erwehren, dass Stiller seinen offiziellen profillosen Charakter regelrecht pflegte, um niemandem auch nur eine kleine Reibungsfläche zu bieten. Stiller lebte in seiner eigenen Welt, in seiner Welt als eigener Wille und eigene Vorstellung. Er hatte sich von der rauen, problemgefüllten Wirklichkeit verabschiedet und in das Schneckenhaus klassischer Theorie und pädagogischer Motivationsschöpfung zurückgezogen. In einer so heilen Welt musste das Eindringen profaner Realität in das ungestörte Seelenleben Stillers wie ein Schock wirken. Und er war weit davon entfernt, sich einer derartigen Therapie zu unterziehen. Freiwillig auf keinen Fall! Er fürchtete die Auseinandersetzungen mit dem Gewissen, das er bisher ruhig stellen konnte. In Zeiten der Not versetzte er sich fakirhaft in kontemplative Quarantäne und beschwor schnell ein paar moralische Grundsätze antiker Philosophen. Doch es sollte nichts nach außen oder gar von außen nach innen dringen! Ob Stiller ein heimlicher Bewunderer des berüchtigten Affentrios war?

Mit Stillers Verhalten kam eine Frage nicht zur Ruhe: Kann Schweigen schuldig machen? Historiker werden diese Frage zu beantworten haben. Wer nicht handelt, handelt zumindest nicht falsch. - Ein Trugschluss! Duldsame Loyalität macht sich zum Handlanger einer Diktatur oder diktatorischer Subjekte, wenn sie sich wider besseres Wissen zum blinden Gehorsam degradiert! Wo Menschenwürde mit Füßen getreten wird, erfordert ein Amt gerade in dieser Position ein erhöhtes Maß an Zivilcourage. Kritiklosigkeit gegenüber staatlichen Institutionen und übergeordneten Personen kann nicht, darf nicht die Forderung eines Staates an seine Bürger sein, wenn er das demokratische Prinzip ernst nimmt. Fallen aber der Staat oder dessen Vertreter um der reinen Macht willen in das absolutistische Stadium zurück, dann müssten gerade Bildungsphilister wie Studiendirektor Stiller sichtbar demonstrieren, dass humanistische Bildung und klassische Moral, die so oft mit gymnasialem Zweckoptimismus propagiert werden, einen praktischen Stellenwert in unserem und ihrem eigenen Erziehungssystem besitzen!
Welche beschämende Schlussfolgerung muss der Leser ziehen, wenn er den Maßstab der unermüdlich publizierten Hauspropaganda des Staatsministeriums an Führungskräfte wie Klonert und Stiller anlegt??: "*Die Vermittlung von Kenntnis und von Akzeptanz der Werte, die Würde und Bestimmung des menschlichen Lebens ausmachen, ist keine abstrakt-theoretische. Sie vollzieht sich durch und über Menschen, die sie nicht nur fordern, sondern sich selber an ihnen orientieren und durch sie bestimmen lassen. Sich im Sinne A. Schopenhauers*

lediglich als Wegweiser für andere zu verstehen, ohne selbst den Weg gehen zu wollen, reicht nicht aus. Jugend hat ein feines Sensorium dafür, ob und wo die Kongruenz von Sein und Sollen noch gewollt ist, und wo es nicht mehr 'stimmt'. Der Staatsentwurf Platos wusste von diesem Zusammenhang. Darum war für ihn der Auftrag zur Staatsführung gebunden an die Charakterbildung der dazu Beauftragten. Wo dieser Zusammenhang markant auseinanderzufallen droht, beginnt die Destruktion des Gemeinwesens. Einzelne Symptome für den Verfall seiner Epoche kann man dazu bei Plato nachlesen: Wenn Lehrer ihren Schülern nur zu gefallen trachten, die Alten die Jungen bloß noch nachäffen...man könnte hinzufügen: wenn Politiker [und Lehrer] nur noch Gefälligkeiten zu erweisen bereit sind und Imponiergebärden an den Tag legen, dann - so lässt uns Plato wissen - winkt das Ende der Demokratie, und es zeigt sich die Morgenröte einer nächsten Diktatur."[7]

Haben also diese erklärten Tugenden ihren persönlichen Stellenwert verloren, so muss man es als ein unverzeihliches Vergehen an der Jugend brandmarken, wenn Erziehungsbeauftragte und ihre Führungskräfte mit hohlen Phrasen und wider eigene Einsicht eine ethische Moral dozieren, deren Verwesungsgeruch bereits durch alle Gassen unseres Systems weht.

Das Jubiläum

Wie sehr Studiendirektor Stiller einer kritiklosen Loyalität und der eigenen Blindheit verfallen war, zeigte sein naiv dienststeifriges Verhalten, als es darum ging, eine Schulfeier zum Jubiläumsgeburtstag seines und unseres Vorgesetzten zu organisieren. Jubiläumsfeiern und Nachrufe hängen oft Traumwelten nach, in welchen die raue Wirklichkeit keinen Raum beanspruchen darf. Sie würde das paradiesisch Bild eines ethisch erfüllten Lebens stören. Diese gesellschaftlich gepflegte Perversion lässt bewusst die Wahrheit zur Lüge verkommen, und das nur aus einem Opportunismus heraus, der dem verbalen Claqueur die Hoffnung auf Gleiches erschließt. Vor diesem Hintergrund sollte in einer Sonderkonferenz der Modus einer variantenreichen Ehrung des Anstaltleiters mit dem Kollegium abgesprochen werden. Aber was war da nicht schon im Vorfeld geklärt worden!! In Hintergrundgesprächen wurden sympathisierenden Kollegen bereits Aufgaben ange- und, nach deren bereitwilliger Zustimmung, übertragen. Heile-Welt-Bilder waren in Arbeit, Transparente mit segensreichen Sprüchen sollten entrollt werden, ein Ständchen - mit Schülern und Lehrern in harmonischer Eintracht - durfte nicht fehlen. Mit einem weitestgehend festgelegten Programm wollte Stiller die noch zögernden Kollegen für sein feierliches Hosianna gewinnen! Das Kollegium war gespalten, wenn auch in ungleiche Teile. Sprach man die schon engagierten Akteure auf ihre Haltung an, einem Mann wie Klonert in harmonischer Einstimmigkeit, inklusive Lehrerchor, eine verordnete Huldigung darzubringen, stieß man auf Ausflüchte wie "Der Stiller hat mich angequatscht..., da kann ich doch nicht Nein sagen!" oder "Es ist doch nur ein runder Geburtstag, da kann man schon mitmachen". Die kritischen Stimmen, die sonst von vielen im internen Kreise zu vernehmen waren, schienen plötzlich unter dem Deckmantel einer humanen Sache den Erstickungstod erlitten zu haben. Man ist hier geneigt, mit einem drastischen Beispiel eine Parallele zu ziehen. Feiert man etwa "Führers Geburtstag" und preist die möglichen Tugenden, die ein Mensch gehabt haben könnte? Der Vergleich mag hinken, bei manchen Betroffenen vielleicht sogar Entsetzen hervorrufen. Aber ich glaube, er trifft den Kern der Sache. Die Obrigkeit rechnet mit der Vergesslichkeit, ja Dummheit des Volkes. Sind wir dazu da, diesem Prinzip nur Sklavendienste zu leisten? Wie schwer sich Kritik tut, wurde deutlich, als Toberg in der Konferenz Stillers Triumphzuggebaren als Circus und die kollegiale Halbherzigkeit eines "Eigentlich nicht, aber..." (mancher war gewiss mit ganzem Herzen dabei) als Inkonsequenz bezeichnete. Da kam selbst auf Stillers Seelenspiegel ein aufgebrachtes Kräuseln in Gang und rollte leicht erzürnt den Satz ins Publikum: "Sie sind ein Plapperer! Sie haben ja an allem etwas auszusetzen!" Stiller hatte, trotz seiner scheinbaren Indifferenz, doch das Ohr am Puls des Herrn. Der Jargon, wenn ihn eine kritische Äußerung eines Kollegen entlockte, klang vertraut. Als dann schließlich die Geburtstagsparade nicht in dem von Stiller beabsichtigten Umfang stattfinden konnte, fühlte sich dieser in seiner Ehre gekränkt. Er sah seine eigenen Felle davonschwimmen.

Ein Alter Bekannter

"Wir haben Fehler gemacht, wir legen ein volles Geständnis ab: Wir sind nachgiebig gewesen, wir sind anpassungsfähig gewesen, wir sind nicht radikal gewesen..."

(Peter Schneider)

"Zwischen dem Leben, wie es ist und wie es sein sollte, ist ein so gewaltiger Unterschied, dass, wer das, was man tut, aufgibt für das, was man tun sollte, eher seinen Untergang als seine Erhaltung bewirkt; ein Mensch, der immer nur das Gute tun wollte, muss zugrunde gehen unter so vielen, die nicht gut sind."

(Niccolo Machiavelli)

Stillers Verhalten hatte mich sehr verunsichert. Konnte ich selbst noch an die moralische Wirkung klassischer Erziehung glauben? Alles Klassisch-akademische wurde mir suspekt. Machiavelli selbst schien mich am Rocke zu zupfen. Wenn Stiller in den Fachkonferenzen zu uns Kollegen von dem ethischem Auftrag und der Moral sprach, die wir in unserem Beruf zu vertreten hätten, klang es wie das Lachen des Teufels. Das begleitende Rauschen erinnerte an Tonaufnahmen aus dem 19. Jahrhundert: bürgerlich-akademischer Dünkel in Mutterscheiben gepresst und tausendfach reproduziert. Für eine Reflexion und kritische Neuauflage hätte das eigene System modernisiert werden müssen, ein Unterfangen, das zu kostspielig - und zu arbeitsintensiv gewesen wäre.

In dieser Phase der Verlorenheit machte ich eine seltsame Begegnung. Als ich eines Morgens das Lehrerzimmer betrat, musste ich feststellen, dass mein Stuhl, den ich mir durch jahrelange Gewohnheit reserviert zu haben glaubte, von einer anderen Person besetzt war. Ich dachte zuerst an einen neuen Kollegen, den es hierher verschlagen hatte. Ich legte meine Tasche auf den Tisch neben meinem Sitzplatz. Der Neue machte keinerlei Anstalten, sich zu erheben. Ja seine Beharrlichkeit hatte etwas Demonstratives an sich. Ich überspielte die leichte Provokation und stellte mich vor.

"Toberg ist mein Name." Ich blickte den Mann genauer an. In meinem Unterbewusstsein registrierte ich, dass mir dieses Gesicht schon irgendwo begegnet war.

"Ego" erwiderte mein Gegenüber. "Können Sie sich noch an mich erinnern? Wir haben längere Zeit zusammengearbeitet. Ich war ein Alter Bekannter von Ihnen. Aber dann haben sich unsere Wege getrennt. - Darf ich *Du* sagen?

Im ersten Moment blickte ich ein wenig konsterniert drein. Mir war noch nicht klar, woher ich diesen Mann kannte. Ich konnte sein Gesicht noch mit keiner meiner Lebensphasen in Verbindung bringen. Ein peinliches Gefühl beschlich mich. - "Wie war bitte noch einmal Ihr Name?"

"Ego" wiederholte er.

"Egon, Egon" brummelte ich sinnierend vor mich hin und kratzte mich an meinem ziemlich gelichteten Kopf. "Entschuldige bitte, aber ich glaube, ich bringe dich im Augenblick nicht in die Reihe."

"Macht nichts", entgegnete Egon geduldig und gönnerhaft. Ihm schien dieses Versteckspiel mehr Freude zu bereiten als mir. "Wir haben eine Menge interessanter Erlebnisse zusammen durchgemacht. - Aber Lass dir Zeit! Ich bin ja noch einige Zeit hier."

Egons sphinxhaftes Geplauder erschreckte mich. War diese Vergesslichkeit wirklich bereits der Tribut an das Alter? So verkalkt war ich doch nicht! Ich war froh, dass die Schuluhr gleich zum Dienst gongte. Mit einem Nicken auf den Zeiger befreite ich mich aus dieser beklemmenden Situation und sagte: "Ich glaube, wir müssen an die Arbeit! Vielleicht können wir uns in einer Freistunde noch einmal sprechen. Ich habe in der dritten Stunde Zeit."

"Das trifft sich prima! Also bis zur dritten Stunde!" Egon erhob sich und trabte mit mir zur Tür hinaus, wo wir dann in verschiedene Richtungen weitergingen.

In der Zwischenzeit marterte ich mir das Hirn, um Egon auf meinen Film zu bekommen. Aber es gab da einen Riss, der einen logischen Ablauf der Bilderfolge verhinderte. Der dritten Stunde fieberte ich deshalb mit gemischten Gefühlen entgegen. Einerseits war ich selbst darauf gespannt, ob ich das Geheimnis lösen könnte, andererseits beschlich mich ein Angstgefühl, vor der gestellten Aufgabe zu versagen.

Egon saß bereits auf meinem Platz, als ich das Lehrerzimmer betrat. Ich nahm seine Okkupation unwidersprochen hin.

"Rauchst du?" fragte ich Egon.

"Sehr wenig. In der Regel eine in der Pause und eine am Nachmittag zum Kaffee."

"Komm, gehen wir ins Raucherzimmer! Da lässt es sich gemütlicher plaudern." Ich nahm meine Zigarettenschachtel aus der Schultasche. Egon tat ein Gleiches. Dann verschwanden wir in dem Separee. -

Wir setzten uns und fingerten jeder nach einem Glimmstängel.

"Wie geht es dir denn so?" Egon zündete sich seine Zigarette an und wartete auf meine Antwort.

Ich blies den ersten langen Zug ins Freie. "Bis auf gelegentliche Härtetests kann ich nicht klagen. Aber es hat nachgelassen." Meine Äußerung war unschuldig und ohne Skepsis.

"Hast dich wohl verändert?" Egons Ton trug plötzlich eine lauernde Schwingung, die mein feinfühliger Seismograph sofort auffing. Aber ich wusste noch nicht, worauf mein Gesprächspartner hinauswollte.

"Inwiefern sollte ich mich verändert haben?" Ich war immer noch auf der Suche nach dem Hintergedanken und nahm erneut einen tiefen Zug aus der Zigarette.

"Ich dachte nur, weil du sagtest, es hätte nachgelassen."

Obwohl ich mich in keiner Weise darüber ausgelassen hatte, *was* nachgelassen habe, schien Egon genau zu wissen, was ich damit meinte. Er musste mich und meine Situation gut kennen. Ein unerklärliches Schuldgefühl kroch an mir hoch und legte sich wie eine klamme Hand auf meine Schulter.

"Die Abstände sind größer geworden", konstatierte ich nüchtern.

"Hat er sich denn geändert?" fragte Egon leicht verwundert.

"Kennst du ihn?" fragte ich überrascht zurück.

"Man hört so allerhand über Leute wie ihn! Eine Wende in seinem Stadium erfordert eine gewaltige Selbstüberwindung. Ich traue ihm eine solche Kraftanstrengung nicht zu."

Egons Äußerung stellte eine unangenehme Konsequenz in den Raum. Meine Handflächen wurden feucht.

"Und du hast immer noch deine Ideale?" fuhr Egon nach einer kurzen Paffpause fort.

"Natürlich habe ich noch meine Ideale!" Ich versuchte locker zu bleiben. Ein kurzes Aufbäumen kämpfte gegen die Wahrheit an. "Ich glaube nicht, dass ich mich sehr verändert habe." - Die erste Einschränkung hatte sich unwillkürlich eingeschlichen. Der Lauf der Dinge war nicht mehr aufzuhalten. - "Aber das Umfeld ist nicht mehr das gleiche. Weißt du, wenn du Familie, Kinder hast, musst du deine Kräfte plötzlich aufteilen. Dann stehst du nach jahrelangem Engagement nicht mehr mit der gleichen Energie an der Front der beruflichen Auseinandersetzungen." - Die Versuchung, sich in scheinheilige Ausreden zu flüchten, war beinahe überwunden. Seit Egons verfänglicher Frage traten die verdrängten Selbstzweifel forciert in mein Bewusstsein. Wollte er mich gezielt blank legen? Ich war bereit, die Herausforderung anzunehmen!

"Weißt du, was Verpflichtung, was Verantwortung ist? Ich meine nicht Loyalität!" Egons Stimme klang provozierend. Er hatte das Messer in der Wunde. Jetzt begann er es langsam zu drehen. "Erinnerst du dich an diese Frage, die du vor längerer Zeit in einer heißen Diskussion selbst gestellt hast?"

Woher hatte Egon diese Information bezogen? - Ich wollte nicht länger darüber nachdenken. Aufklärerische Selbstverteidigung war in diesem Augenblick gefordert. Beinahe beschwörend versuchte ich mich zu rechtfertigen.

"Egon, an meiner Verpflichtung hat sich nichts geändert! Nicht an meiner Verpflichtung als Lehrer und auch nicht an meiner Verpflichtung mir selbst gegenüber, meine Menschenwürde zu wahren und sie gegen alle primitiven Anfechtungen zu verteidigen! Ich weiß, es klingt geschwollen, vielleicht auch selbstgefällig. Aber an meinen Grundprinzipien habe ich bisher immer festgehalten und werde auch in Zukunft daran festhalten!"

"Bist du sicher?" Egons Frage enthielt einen bissigen Unterton. "Warum bist du dann neulich in der Konferenz nicht gegen Klonerts süffisante Machtdemonstration aufgestanden?"

Diese Enthüllung machte mich für einen Moment sprachlos. Egon kam mir auf einmal sehr suspekt vor. - "Dein Informationsnetz funktioniert ja beinahe lückenlos! Bist du ein eingeschleuster Informant? - Es würde mich nicht wundern, wenn man bereits zu solchen Methoden übergegangen wäre! Der Überwachungsstaat braucht seine Aufgabe!"

"Du kannst ganz beruhigt sein!" wiegelte Egon ab. "Ich habe nur gute Kontakte, von innen heraus, versteht sich. - Du weichst mir aber aus!"

Seltsam, dass ich seine Anspielung auf Anhieb verstanden hatte. Ein schlechtes Gewissen ist doch zu phänomenalen Gedächtnisleistungen fähig! Die Situation nahm nicht aus einem Dunstschleier heraus langsam Gestalt an, nein, sie explodierte förmlich mit einem werbespotähnlichen Knall auf meinem geistigen Bildschirm: Fritz, ein dynamischer Junglehrer, war der Protokollant der allgemeinen Notenkonferenz. Es war dabei üblich, dass die Klassleiter ihre Klassenberichte über Charakteristik und Leistungsfähigkeit ihrer jeweiligen Klasse selbst vortrugen und danach ihre schriftlichen Aufzeichnungen dem Protokollanten zur Übernahme in das Protokoll aushändigten. Nun besaß Fritz in Klonerts Augen einige inakzeptable Eigenschaften: er war erstens gut, zweitens bei den Schülern beliebt, und drittens ein kritischer Individualist. Die ersten beiden Eigenschaften hätte Klonert nach gutem Zureden vielleicht ignoriert. Aber Individualisten, die sich auch noch anmaßten, Kritik zu üben oder in jugendlicher Verblendung auf ihrem einsichtigen Standpunkt verharrten, bedeuteten für ihn ein rotes Tuch. Sie kamen einer überheblichen Herausforderung gleich. - Nun war Fritz kein Unbekannter an dieser Schule. Er hatte schon als Referendar Klonerts Antipathien in Softform kennen gelernt. Daher war der Schulleiter auch nicht begeistert, als der Kollege seiner Schule zugeteilt worden war. Er wollte sich eigentlich Unruhe im eigenen Nest ersparen. - Nachdem Klonert jetzt notgedrungen mit seltsamen Unterrichtsbesuchen und interner unfeiner Kritik den Kollegen Fritz zu verunsichern trachtete, sollte diese Methode ihre Steigerung in der Konferenz erfahren, sozusagen als Demonstrationsbeispiel vor den Augen der Kollegen. Zur Verblüffung aller verlangte Klonert nämlich entgegen den bisherigen Gepflogenheiten von Fritz, er solle die Klassenberichte vorlesen. Dieser stand erwartungsgemäß mit leeren Händen da. - Der Kollege war also nicht angemessen vorbereitet, konnte die ihm abverlangte Aufgabe nicht erfüllen, versagte vor einfachen organisatorischen Pflichten: ein Umstand, der natürlich aus Gerechtigkeitsgründen seine Würdigung in der Beurteilung des Kollegen finden müsse. - Eine von Klonert beabsichtigte Zwangspause entstand. Während Fritz, der sich nichts anmerken ließ, schnell durch die Reihen ging und von den Kollegen die Klassenberichte einsammelte, genoss Klonert andererseits diese Düpierung seines Untergebenen in vollen Zügen. Was für ein erhebendes Gefühl, diese ausgesetzten Winzlinge zappeln zu sehen! Kollege Stiller, der als Stellvertreter stets an seiner Seite co-präsidierte, genoss ebenfalls: seine ausgeprägte Indifferenz. Das urplötzliche Ausgrenzen seiner eigenen Person aus auftauchenden Problemfällen versetzte ihn in eine Art Apathie. Das nichts Sehen und nichts Hören verbot zwangsläufig eine Artikulation jedweder Art. Man hat schließlich von nichts gewusst!

Wir Kollegen selbst hatten Klonerts Absicht sofort durchschaut. Leise raunten manche ihrem Nachbarn zu oder nur vor sich hin: "Das hat er so doch noch nie gemacht! Das ist eine Unverschämtheit! Der will nur den Fritz bloßstellen!" Kollege Toberg schloss sich von diesem passiven Verhalten nicht aus, obwohl ein steigender Überdruck in ihm rumorte. Diese Feigheit rührte in ihm danach das schlechte Gewissen: "Hättest du doch nur...!" Aber der Zeitpunkt war verpasst. Das "zu spät" blieb kollegiale Geschichte.

"Du meinst die Situation mit Fritz?" nahm ich Egons Frage auf. Ich blieb gelassen, denn im Grunde war ich froh, mit Egon darüber sprechen zu können. Er wusste anscheinend mehr über mich, als ich je ahnte.

"So etwas hast du früher nie hingenommen. - Hast du dich so abnutzen lassen?"

Egons Messer schnitt hart in die Wunde. Ich wand mich wie ein geteilter Wurm. Aber das Rad war nicht mehr zurückzudrehen. Das unentschuldbare Versäumnis verlangte nach Satisfaktion.

"Ich war müde, Egon. Ausgelaugt. Die jüngsten Auseinandersetzungen mit Klonert und dem Ministerium wegen meiner Tochter, der verbale und schriftliche Kampf gegen Klonerts Methode der Postenverteilung. - Es war ein Moment der Schwäche. Ich gestehe es ein. Ich hätte mich an Günther Anders' Satz "*Die geschriene Wahrheit ist wahrhaftiger als die Wahrheit, die nicht ankommt. Der verzweifelte Frevel tugendhafter als die Tugend, die niemals verzweifelt.*" erinnern und aufstehen müssen und Klonert seine Primitivität an den Kopf werfen müssen - und dann hätte ich meine Sachen zusammengepackt und hätte in das Protokoll diktiert: *Oberstudienrat Toberg verlässt die Konferenz aus Protest gegen das primitiv sadistische Gebaren seines Vorgesetzten Oberstudiendirektor Klonert einem Kollegen gegenüber.*" - Klonert hätte dann lautstark geantwortet: "*Sie wollen sich nur wieder vor den anderen Kollegen produzieren!*" Die Ausgrenzung des Einzelnen wäre damit vollzogen. Zum wievielten Mal eigentlich? Klonerts Prinzip '**DIVIDE ET IMPERA**' hätte wiederholt modellhafte Anwendung gefunden.

"Das hätte Zivilcourage erfordert!" warf Egon mit leichter Ironie ein. "War es Zurückhaltung? Oder meinst du, es war Feigheit?"

Egon taktierte geschickt. Er überließ die Interpretation mir, obwohl er seine Entscheidung längst getroffen hatte. Die Wahrheit saß auf mir wie eine Kröte auf ihrem Opfer. Sie fühlte sich widerlich an, hockte ihre erdige Realität in mein Leben. Nahm mir die Luft zum Atmen. Ich schwieg: 'schuldig'

Egon ahnte meine zwiespältigen Gefühle. "Du verdrängst zu viel,

Rainer. Du weißt auch mehr über den Laden hier als du dir eingestehen willst. Verrate deine alten Ziele nicht!" - Nach einer Kunstpause fuhr Egon fort: "Du erinnerst dich noch an Uli Keller?"

"Ja"

"Hast du schon von seiner unglaublichen Karriere gehört?"

"Nein"

"Er ist jetzt Brehmers bestes Pferd im Stall. Seine Schülerinnen erreichen nur noch Bestnoten. Er pervertiert Brehmers gesamtes System - und wurde wegen außergewöhnlicher pädagogischer Leistungen zum Studiendirektor befördert. Verstehst du, wie das System greift? Ich frage mich, ob das eine phantastisch inszenierte Show von Uli ist. Er trieb sein Spiel so weit, dass selbst Brehmer ein unangenehmes Prickeln überkam. Bei so viel Genialität fürchtete dieser nämlich eine Überprüfung durch das Ministerium. Nach dem letzten Glanzabitur hat Uli sein Ziel erreicht. Für nächstes Jahr ist eine ministeriale Kommission angesagt. Die Perversion erreicht ihren Höhepunkt: das System überprüft sich selbst! - Übrigens" - Egon grinste über das ganze Gesicht - "Hohl ist zum Schulleiter seines Heimatgymnasiums ernannt worden."

Er packte sein Feuerzeug und seine Zigaretten zusammen und erhob sich. Ich blickte auf die Uhr. In zwei Minuten würde es zur nächsten Stunde läuten. Ich konnte mich noch nicht erheben. Meine Füße fühlten sich wie Bleistäbe. Zwei Minuten lang pochte Einsamkeit in meinen Adern.

Drei Tage später herrschte zur Pause eine unübersehbare Aufregung im Verwaltungstrakt und im Lehrerzimmer. Das Direktorat war von einer lautstarken Diskussion erschüttert worden. Angeblich war Egon von Klonert wutentbrannt in das Direktorat zitiert worden. Das Schicksal wollte es, dass ich nolens volens Zeuge dieser Auseinandersetzung werden sollte. Ich kam gerade in das Sekretariat, um in einem Notenbogen eine Nachholschulaufgabe nachzutragen, als ich das Donnern aus dem Nebenzimmer registrierte. Vielleicht wäre eine gepolsterte Doppelschleuse doch sinnvoll gewesen. Oder hatte Klonert diese abgelehnt, weil er wollte, dass seine Paradeauftritte von Machtdemonstration und bürokratischer Kleinkunst ein geheimes Publikum hatten? Ich machte es mir auf der Publikumscouch des Sekretariats mit meinem Ordner bequem. Ich sollte doch auch die anderen Noten der Schüler besser noch einmal kontrollieren! Das lautstarke Gespräch ließ sich von jedem Unbeteiligten lückenlos mitschneiden:

"Sie sind ja alkoholisiert!" stellte Klonert mit Entsetzen fest.

"Ich habe mir einen genehmigt", gab Egon lakonisch zur Antwort.

"Wer glauben Sie denn, wer Sie sind?" schrie Klonert jetzt in voller Erregung.

"Ich bin ein Kollege dieses Hauses! Das sollte Ihnen bekannt sein!" Egons Stimme drang wenig gedämpft durch die ungepolsterte Tür.

"Was wollen Sie damit sagen?"

"Dass ich die gleichen Rechte habe wie andere Kollegen auch!"

"Es hat niemand das Recht, alkoholisiert vor die Schüler zu treten und sogar noch während des Unterrichts auf dem Gang zu rauchen!" polterte Klonert weiter.

"Woher wissen Sie denn, dass ich auf dem Gang geraucht habe?" fragte Egon unschuldig.

"Mich haben empörte Eltern angerufen und gefragt, was das für eine Schule sei, in der so etwas geduldet werde. Ich habe ihnen klar zu verstehen gegeben, dass das an dieser Schule nicht geduldet wird! Und das gleiche möchte ich Ihnen unmissverständlich zu verstehen geben!" Klonerts Phonstärke hatte leicht zugelegt.

"Sie meinen, *in diesem Fall* nicht geduldet wird."

Egons Stimme klang gefasst, als ob er die Aufregung seines Vorgesetzten nicht ganz verstehen könne. Was hatte er nur vor? Was er sich da geleistet hatte, war ein absoluter Hammer!

"Was heißt *in diesem Fall*? Klonert wirkte leicht verstört.

"Sie wissen ganz genau, dass dies bei einem anderen Kollegen Habitus ist! Deshalb kann ich Ihre Aufregung nicht ganz nachvollziehen!"

Langsam durchschaute ich Egons Plan. Jetzt hatte er Klonert auf seine faulen Bretter genagelt.

"Ich weiß davon nichts!" beteuerte Klonert. - Das Leugnen schien ihm angeboren. - "Was gehen Sie außerdem andere Kollegen an?! Wollen Sie hier Kollegen anschwärzen?!" - Jetzt wollte Klonert weiteren Recherchen radikal vorbeugen. - "Ich erteile Ihnen eine Rüge wegen unkollegialen Verhaltens!" Klonert suchte verzweifelt Halt an seiner Amtsmacht. Doch seine Fundamente versanken unaufhaltsam in seinem selbstproduzierten Sumpf.

"Ich habe Kenntnis davon, dass Sie es wissen." Egons Behauptung klang unerschütterlich. "Auch ich habe meine Informationsquellen! Sie wurden von Eltern telephonisch von dem Fehlverhalten von Kollegen Mahlert unterrichtet. - Darf ich Sie fragen, was Sie dagegen unternommen haben?"

Klonert versagte anscheinend die Stimme.

"Ich werde es Ihnen erklären!" fuhr Egon in Anbetracht der akustischen Lähmung Klonerts fort. "Sie haben *nichts* unternommen! Warum eigentlich nicht? Obwohl Sie wissen, dass in diesem kollegialen Fall noch ganz andere Vorkommnisse von Elternseite kritisiert wurden! Und trotzdem decken Sie und protegieren Sie diesen Mann mit allen Mitteln! Und mir wollen Sie jetzt bei diesem Vergehen an den Kragen? Nennen Sie das *kollegial?* Verstehen Sie unter Fürsorgepflicht nur die Protektion hauseigener Sympathisanten um jeden Preis, aus welchen Gründen auch immer?!"

"Ich verbitte mir diesen Ton!!" Klonert hatte seine Stimme wiedergefunden. "Verlassen Sie sofort das Zimmer! Ich bin nicht bereit, mir Ihre unkollegialen Denunziationen weiter anzuhören! Das wird Konsequenzen für Sie haben!" -

Das war's wohl. Ich wollte schon meinen Ordner zusammenklappen, weil mich Egon hier nicht antreffen sollte, da traute ich meinen Ohren nicht. - Klonert wird in der Zwischenzeit seine Nachlässigkeit bezüglich der Isolierung verflucht haben.

"Herr Direktor", stellte sich Egon quer, "Sie haben meine Frage noch nicht beantwortet: *Warum unternahmen Sie bei Kollegen Mahlert nichts und versuchen jetzt mir die Schlinge um den Hals zu legen?* - Ich will auch hier Ihrem Gedächtnis nachhelfen", kam Egon einem Einwand Klonerts zuvor: "Sie haben Angst, Herr Direktor. Nicht vor dem Kollegen selbst. Nein! Angst vor dessen Fundamenten: seiner politischen Partei und der einflussreichen Position, die dieser im Berufsverband einnimmt!" Und Egons Stimme fragte unüberhörbar: "Oder ist der Ausdruck 'Sympathie' treffender? Ist das Ihre praktizierte Loyalität? Sie wissen sehr genau, was hier an Ihrer Schule bei einigen Kollegen abläuft! Mit Ihrem Unschuldsspiel mögen Sie vielleicht andere täuschen! - Denken Sie darüber nach!"

Schritte deuteten Egons Trennung an. Jeden Augenblick musste die Tür auffliegen und er herausstürmen. Für mein Verschwinden war es zu spät. Da fiel krachend eine Tür ins Schloss. Egon hatte den Direktausgang gewählt. Ich erhob mich leicht benommen. Verdammt nochmal, der Kerl hatte Mut! Das war Zivilcourage in Reinkultur! Egon hatte sich nicht durch das 'kollegiale' Gefasel Klonerts, mit dem dieser gezielt jegliche Kritik an seinen einseitigen Protektionen erstickte, zum Schweigen bringen lassen. Aber was ist mit denen, die diese Kraft zur Gegenwehr nicht aufbringen? Nostalgische Erinnerungen erzeugten in mir ein Gefühl von Übelkeit. Ich war froh darüber, Egon jetzt nicht in die Augen blicken zu müssen. Aber er spielte ein verdammt gefährliches Spiel. Ich musste ihn anrufen und warnen.

"Ego" unterbrach eine Stimme das Freizeichen.

"Egon, ich bin's, Rainer. Ich hoffe ich störe nicht."

"Nein, nein! Du weißt, du kannst jederzeit anrufen. Was gibt's?"

"Egon, ich habe heute Vormittag zufällig alles mitbekommen."

"Wie schön für dich!" Egons Stimme hatte wieder diesen ironischen Unterton.

"Ich muss mit dir darüber reden. Du kannst so nicht agieren! Du riskierst deinen Beruf!"

"Ich riskiere sogar mein Leben!" Er lachte. Ich hatte das Gefühl, Egon nahm mich nicht ernst.

"Egon, ich scherze nicht", beschwor ich ihn, sich über seine Lage klar zu werden.

"Ich auch nicht, Rainer. Du darfst mir glauben, dass ich an die Sache mit vollem Bewusstsein herangehe. Es stehen Prinzipien gegen Prinzipien. Es geht nur darum, welche Seite die schlagkräftigeren Argumente vorweisen kann. Und da bin ich sehr zuversichtlich! Ich kenne jetzt den Informationsmechanismus. Mein Testlauf hat meine Vermutungen vollauf bestätigt. Klonert weiß viel mehr, als er nach außen zugeben will. Er deckt alle, die mit ihm sympathisieren. Ich werde ihm und dem Kollegium seine Geheimnisse offen auf den Tisch legen! Klonert ist innen längst hohl. Das hörst du schon an seinem dröhnenden Echo. Du brauchst jetzt nur noch an die dünne Außenhaut klopfen, und seine Fassade bröckelt Stein für Stein ab."

"Egon, täusche dich nicht! Er steht nicht allein da. Er hat den mächtigen Apparat hinter sich."

"Die Situation ist mir vertraut", beruhigte mich Egon. "Die Restaurateure stehen im Ministerium schon bei Fuß. Doch sie werden dieses Mal viel zu kitten haben!"

"Egon, mach keinen Quatsch! Irgendwann einmal rutschst du zwischen die Mühlsteine! - Denk an Miriam und deine Kinder!"

"Gerade an die denke ich!" betonte Egon überzeugt. "Oder glaubst du, die brauchen eine rückgratlose Amphibie als Mann und Vater?"

"Meinst du nicht, dass du an der Realität vorbeischießt? Du brauchst dich ja nur herauszuhalten!" - Ich gab noch nicht auf.

"Ich bin aber nun mal nicht taub und nicht blind!" kam Egons kategorische Antwort. "Vielleicht bin ich naiv. Aber ich kann mir das selbstgefällige Kollegenlächeln nicht aufsetzen: *'Da kannst du gar nichts dagegen ausrichten!'* Du machst es dir zu einfach, Rainer. Du bist infiziert!"

Ich überhörte seine Anspielung. "Wir müssen einmal ausführlicher darüber diskutieren. Du solltest auch mit Rudi reden. Dann siehst du die Situation vielleicht unter einem anderen Blickwinkel. Ich will dich nur vorwarnen, dass du mit deiner Prinzipienreiterei nicht mehr zerstörst, als du dabei gewinnst. Denke einmal darüber nach! Wir sehen uns morgen noch. Bis dann, Egon."

Ich legte den Hörer zurück. *'Prinzipienreiterei!'* Was für ein Vokabular führte ich im Munde! Ich erschrak vor mir selbst.

Egon hatte von einem Testlauf gesprochen. Das beunruhigte mich. Welche Pläne hatte er bereits in seiner Schublade? Klonert hatte offensichtlich bisher nichts unternommen. Egon registrierte es mit Genugtuung. Sein Pfeil hatte demnach ins Schwarze getroffen. Oder war es nur die Subtilität des erforderlichen Schlachtplans, die die bürokratischen Mühlen leicht abgebremst hatte?

Wenige Tage später - ich führte gerade Pausenaufsicht im mittleren Gang - trat Egon auf mich zu und verwickelte mich in ein Gespräch. Plötzlich fragte er mich aus dem Blauen heraus: "Was hältst du von Mehring?"

"Meinst du unseren Musiklehrer?" fragte ich verwundert zurück. Egon nickte. "Nun, er ist sicherlich eine kompetente Kraft."

"Das ist die eine Seite. Die meine ich nicht. Das steht außer Frage. - Du weißt genau, worauf ich anspiele. Das Thema ist ein heißes Eisen im gesamten Kollegium. Rede dich also nicht heraus!"

"Willst du mich zum Verräter abstempeln?"

"Also gut, fangen wir von vorne an. - Berechtigt Kompetenz zu Privilegien?"

"Das kommt auf die Situation darauf an. Denke doch an das Verhältnis Lehrer-Schüler! Glaubst du nicht, dass die Kompetenz des Lehrers zu gewissen Privilegien den Schülern gegenüber berechtigt?" - Ich ahnte noch nicht, worauf Egon wieder hinaus wollte.

"Herrscht zwischen uns Kollegen ein Lehrer-Schüler Verhältnis?"

"Das wäre absurd!"

"Sind also die fachlichen Kompetenzen ziemlich gleich verteilt?"

"Davon gehe ich aus. Schließlich hat jeder seine Fächer studiert."

"Trotzdem gibt es Kollegen mit Privilegien und Präferenzen?"
Ich zögerte einen Augenblick. Musste dann aber aufrichtig eingestehen: "Ja, das lässt sich nicht leugnen."
"Ist Mehring einer von ihnen?" Egon schien eine Rolle abzuwickeln.
"Ich glaube, ja."
"Bist du allein dieser Auffassung?"
"Ich fürchte, ich stehe mit meiner Meinung nicht allein da."
"Woran denkst du, wenn du den Namen 'Mehring' hörst?"
Meine Antwort kam zögernd. "Nun, die Schüler klagen oft über ihn. Sein autoritäres Verhalten und seine konservatoriumsreifen Anforderungen bringen ganze Klassen zum Zittern. Von der fünften bis zur elften. Er scheut sich nicht, viele schlechte Noten zu verteilen. Die Schüler behaupten, dass sie oft erheblich mehr lernen müssen, als in diesem Nebenfach üblich ist. Viele sagen, er überfordere die Schüler. Selbst Eltern haben bei Klonert schon Alarm geschlagen. Aber diese Stimmen kenne ich aus eigener Erfahrung. Da solltest du vorsichtig sein!"
"Sagtest du Nebenfach? - Hast du schon einmal gehört, dass Klonert Kollegen Mehring so in die Zange genommen hat, wie er es mit anderen Kollegen anstellt, wenn sie schlechte Notenschnitte fabrizieren?"
"Es ist zumindest nichts nach Außen gedrungen."
"Glaubst du, dass die überzogenen Erwartungen Mehrings ihre Gründe haben?"
"Nun, Musik ist ein standardmäßiges Nebenfach. Für manche Lehrer bedeutet das einen herben Prestigeverlust. Diese Tatsache nagt möglicherweise auch an Mehrings Selbstbewusstsein. Als kompetenter Kraft ist ihm der vorgegebene Standard zu gering. Er gilt in der Musikerloge als eifriger Verfechter für eine Erweiterung des Faches Musik als generelles Vorrückungsfach. Elitäres Wissen verträgt sich mancherorten nicht mit popularmusikalischem Niveau. Musische Erleuchtung ist dort nur über klangmathematische Theorie zu erlangen. Erst als gefürchteter Konzertmeister dieses Musentempels ist das Prestige im Lot. Denn Angst lehrt Beten. Was haben wir für fromme Schüler!"
"Trotzdem haben sich viele Kollegen gewundert, dass Mehring mit so jungen Jahren bereits zum Studiendirektor ernannt worden ist?"
"Das allerdings!"

"Hattest du den Eindruck, dass diese Klage purem Neid entsprungen ist?"

"Wenn ich an die Diskussionen unter den Kollegen zurückdenke, kann ich dies nicht bestätigen. Es war ein reines Rechenexempel. Mehring musste eine hervorragende Beurteilung von Klonert erhalten haben. *Darüber* war die Kollegenschaft etwas erstaunt. Sie kannte ja Klonerts Maßstäbe aus eigenen Beurteilungen allzu gut."

"Du meinst, dass für eine so ausgezeichnete Würdigung außerordentliche pädagogische Fähigkeiten gefordert werden?"

"Da schienen unterschiedliche Schablonen zu existieren."

"Du meinst ...?"

"Nun, ich bin der Ansicht, dass Mehring ein sehr ausgeprägtes Selbstbewusstsein an den Tag legt. Das hilft über manches hinweg."

"Ein zusätzlicher bohemienhafter Touch in Kleidung und Gebaren verfehlt seinen ersten Eindruck sicherlich auch nicht. Vor allen Dingen, wenn man permanente Hektik zelebriert. Da tut eine Tasse Kaffee zur Beruhigung der Nerven und Bekräftigung des künstlerischen Genres ganz gut."

"Du wirst ihm doch die Tasse Kaffee nicht missgönnen?!"

"Nein, nein! Nur, muss er sie vor den Augen der Schüler trinken?"

"Du meinst, er trinkt im Unterricht vor den Schülern seine Tasse Kaffee?"

"Als vielbeschäftigter Hektiker muss er gelegentlich das Frühstück zu Hause ausfallen lassen. Aber ohne Frühstück ist er nur ein halber Lehrer. Und die Schüler haben schließlich Anspruch auf einen ganzen Lehrer."

"Verträgt sich das mit seiner sonstigen Einstellung?"

"Wenn er danach ab und zu noch eine Zigarette raucht, wirkt er schon wieder pädagogisch. Er demonstriert Souveränität im Umgang mit der Zeit."

"Und macht sich wohl auch wieder die Lunge frei für einen rauen Ton!"

"Glaubst du, der Chef hat davon Kenntnis?"

"Denkst du an den Informationsfluss...?"

"Wenn ich logisch denke...!"

"Und Klonert nimmt das einfach so hin?"

"Er will davon nichts wissen."

"Aber die Spatzen pfeifen es doch von den Dächern!"

"Klonert ist Falkenfan!"

"Du meinst, bei Kollegenschelte stößt er zu?"

"Das gebietet seine Fürsorgepflicht!"

"Worum sorgt er sich denn?"

"Um den Ruf der Schule. Die Öffentlichkeitsarbeit liegt ihm sehr am Herzen."

"Sollen wir alle draußen heilige Missionare spielen?"

"Nein, nein! Für diese Aufgabe taugen nicht alle. Das bleibt auserwählten Fächern vorbehalten. Musik zum Beispiel."

"Du bist also der Ansicht, dass Musik, in Schaukonzerten demonstriert, eine tragende Säule dieser Schule ist?"

"Sie wirkt in die Bevölkerung hinaus."

"Und das lähmt Klonerts Handlungswillen?"

"Es werden nur andere Akzente gesetzt. Eine Hand wäscht die andere."

"Gestaltet Mehring seine öffentlichen Schulkonzerte deswegen so bombastisch, um die Schule ins rechte Licht zu setzen?"

"Zumindest arbeitet er auf Beifall und Publizität hin."

"Für wen? Für beide?"

"Ein hohes Maß an Narzissmus scheint mir dabei im Spiel zu sein. Mehring kennt seine Macht. Einmal drohte er Klonert damit, alles hinzuschmeißen, wenn seine Bedingungen nicht erfüllt würden."

"Und Klonert hat ihm dann seine Grenzen aufgezeigt?"

"Klonert hat seine eigenen Grenzen erkannt! Er konnte doch nicht den Abbruchhammer an seine Lieblingssäule setzen."

"Sie haben folglich ein gentlemen's agreement geschlossen?"

"Gentlemen?"

"Ich muss passen."

Nach diesem mäeutischen Dialog ließ mich Egon einfach stehen. Ich war mit meinen erkenntnisreichen Gedanken allein. Aber Egons Mysterium ließ keinerlei Rückschlüsse auf seine weiteren Pläne zu.

Die Maske fällt

Waren wir alten Kenner und Verehrer des einstigen Europa bloß eine kleine dumme Minorität von komplizierten Neurotikern, die morgen vergessen und verlacht würden? War das, was wir "Kultur", was wir Geist, was wir Seele, was wir schön, was wir heilig nannten, war das bloß ein Gespenst, schon lange tot und nur von uns paar Narren noch für echt und lebendig gehalten? War es vielleicht überhaupt nie echt und lebendig gewesen? War das, worum wir Narren uns bemühten, schon immer vielleicht nur ein Phantom gewesen?

(Hermann Hesse)

Ich war sicher, dass unser Gespräch keinen Zeugen hatte. Deshalb erschütterte es mich zutiefst, als Kollege Mehring eine Woche später wutentbrannt auf Egon zustürzte und ihn anfauchte: "Mit Ihnen bin ich fertig! Was Sie da beim Chef über mich angedeutet haben, ist eine Schweinerei! Das ist unkollegiale Hinterfotzigkeit!"

Egon blieb eiskalt. "Glauben Sie, Sie haben ein Anrecht auf Privilegien?"

"Ich habe keine Privilegien! Ich habe mir das hart erarbeitet!" schrie Mehring etwas unbeherrscht.

Mir war nach diesen Anschuldigungen sofort klar, dass Egon nach dem Testlauf seine Premiere gezündet hatte.

"Wenn Sie keine Privilegien haben, dann haben die meisten Kollegen von uns erst gar keine Rechte, Herr Mehring. Halten Sie das für einen kollegialen Zustand?" Egon wartete einen Atemzug lang auf Antwort. Dann fuhr er in die Pause fort. "Halten Sie die Fürsorge eines Schulleiters für akzeptabel, Ihnen die haarsträubenden Verfehlungen nachzusehen, die andere Kollegen, die sich derselben souveränen Fauxpas bedienen, vor die bürokratische Inquisition bringen? - Oder wollen Sie meine Beobachtungen über Sie leugnen?" Egon spielte alles oder nichts.

"Das lasse ich mir von Ihnen nicht bieten!" Mehring ließ sich auf Egons Handel nicht ein. Er wusste, das wäre sein eigenes Ende. Hatten Klonert und er schon die Hände zum Bund ineinandergelegt?

Egon sollte die Breitseite eines vereinten Schlages hart treffen. Seine Versetzung auf eine unüberbrückbare Distanz entbehrte jedoch der Komik eines Pater Braun. Die Windmühlen hatten dem Don Quijote den Zahnstocher aus der Hand geschlagen. Das Schicksal wurde im Kollegium fassungslos ertragen. Der Alltag mahnte zu erhöhter Vorsicht.

Ein zusammengelegter Zettel in meinem Fach erregte meine Aufmerksamkeit. Ich entfaltete ihn und las:

"Ich musste leider so handeln! Entschuldige bitte! Ruf mich heute um halb acht Uhr an!

Dein Alter Ego"

Ein schauerliches Kribbeln kroch über meine Seele und jagte mir die Gänsehaut über die Oberfläche. Verschämt verbarg ich die Nachricht in meiner Hosentasche, stopfte sie in den tiefsten Winkel der Stoffhülle. Doch es war, als ob ich einen ungelöschten Kalkstein in Wasser getaucht hätte. Die scheinbar tote Materie entwickelte ihr feuriges Innenleben. Die zunehmend heißer werdende Glut brannte ihr Stigma in das Fleisch meines Oberschenkels. Die Zeit wälzte sich in Qualen.

Um Punkt halb acht Uhr nahm ich den Hörer auf und wählte Egons Nummer.
"Ja?"
"Miriam?"
"Ja!"
"Kann ich bitte Egon sprechen? Ich sollte ihn anrufen!"
"Er ist nicht da. Stell dir vor, er ist angeln gegangen! Das hat er bisher noch nie gemacht. Hast du ihn wohl dazu überredet?"
"Ich? Nein! - Ich kann das gar nicht glauben! - Hat er gesagt, wann er zurückkommt?"
"Nein. Er sagte nur, es würde eine Zeit lang dauern. Vielleicht rufst du später noch einmal an."
"O.K. Bis dann!"

Ich legte den Hörer gedankenverloren zurück. Das konnte nicht wahr sein! Er war noch nie angeln gegangen! - Da zuckt es wie ein stechender Blitz durch mein Gehirn. Ich reiße die Haustür auf, lasse sie krachend ins Schloss fallen und fange an zu rennen. Nur rennen, rennen, weiter nichts! Nach kurzer Zeit spüre ich ein Stechen in der Seite. Ich beiße die Zähne aufeinander. Unterdrücke den physischen

Schmerz. Das Rauschen meines Blutes, das durch die Gehörgänge schießt, wird einzig unterbrochen von dem harten rhythmischen Herzschlag - Ich stürze vorbei an Passanten, die der laue Abend zu einem Spaziergang herausgelockt hat. Sie spüren nichts von der unheilschwangeren Atmosphäre, nichts von dem Atem des Todes, der ihnen in die abendliche Idylle wehen wird. Wie verschwommene Bilder aus einem fahrenden Zug fliegen sie an mir vorbei. Mein Laufwerk arbeitet mechanisch, eine Mechanik, die nur ein Gedanke in Gang hält: *"Ego! Du darfst nicht IHR Opfer werden! Dein Druck am Abzug zerstört alles. Du schießt IHNEN die Chance, IHR Unrecht zum Recht zu verdrehen. SIE werden deine Wahrheit Lügen strafen! Nein, das darf nicht sein, das darf nicht geschehen. Dein ganzer Kampf wäre umsonst gewesen. Du musst es dir jetzt wieder in das Gedächtnis hämmern: SIE setzen auf die Zermürbung der Kraft."* - Mein Atem fliegt, als wolle er mir vorauseilen. *"Nur noch die Brücke! Verdammt, nur noch die Brücke! Dann rechts ab und noch läppische einhundert, einhundertzwanzig Meter auf dem schmalen Uferpfad entlang. Er kann nicht weit vor mir sein."* Das Brückengeländer, das sonst seine eisernen Stäbe wie eine gespreizte Hand schützend ausbreitet, schiebt sich mit jedem schnellen Schritt wie ein emporgestreckter Fächer dazwischen, um die fatale Szene zu verbergen. Doch mein Blick irrt darüber hinweg auf der flirrenden Suche nach dem verborgenen Ziel. Hastig biege ich in den Uferpfad ab. Die Angst treibt mich vorwärts...

Und dann sehe ich sie, die Gestalt, in einiger Entfernung am unteren Ende der Uferböschung. So, wie sie immer am Dienstag um diese Zeit dasitzt, auf dem leichten Klappstuhl mit der hellgrünen Bespannung, leicht vornübergebeugt, die Unterarme auf die Schenkel gestützt, die Hände gefaltet - oder vielleicht auch aneinanderreibend, und sie blickt erwartungsvoll auf das ruhig dahinfließende Wasser, bereit, mit einem harten Ruck die spiegelnde Oberfläche zu zerbrechen. Ja, er hatte schon immer eine fast diebische Freude daran, die Beute an seiner Angel zappeln zu sehen und ihr das Innerste auszureißen.

Der leere, ausgetretene Uferpfad, der in der Ferne aus dem Bild läuft, brennt sich dem keuchenden Lauf wie ein Wegweiser in das Bewusstsein. Ich haste weiter und spüre in mir die schwindende Kraft einer Maschine, der man den Saft entzogen hat. Noch zwei, drei zögernde Umdrehungen, die sich zu einem letzten ungeheueren Ruck komprimieren. Ein verzweifeltes "NEIN!" birst mir aus der leeren Lunge und wälzt sich, träger werdend, zu dem im Abendlicht verräterisch blinkenden Lichtstrahl am anderen Ufer schräg gegenüber der Gestalt. Meine Beine kommen zum Stehen. Ich reiße die Arme hoch. Die Zeit scheint sich in bleierne Tropfen zu verwandeln. Mit heiser stockender Stimme winke ich ab. "Nein, Ego, tu's nicht." Meine Worte klingen beschwörend und doch hohl. Ich starre immer noch auf das gegenüberliegende Schilfdickicht. Da geht ein leichtes Zittern durch die mächtigen Halme. In der Teilung wird Egos Kopf bis zu den Schultern sichtbar. Wir stehen uns schweigend gegenüber. Jedes Wort wäre nur gutturales, nichtssagendes Geräusch und würde die heilige Ruhe entweihen. Unsere Blicke umarmen sich, schmerzlich, sprachlos, und doch offenbart sich eine ganze Welt von Worten in ihnen. Wir waren am Ende unseres Weges angekommen. Die Vergangenheit war abgelaufen. Jeder Schritt zurück wäre Verrat. Den Schritt in die Zukunft gab es nicht mehr. Er musste unweigerlich im Leeren enden.

Ein Schilfrohr biegt sich langsam steil unter Egos Kinn. Zumindest halte ich es im ersten Moment für einen wiegenden Halm. Dann erkenne ich die Wahrheit - und kann nicht einmal mehr schreien. Ich spüre das Geschoss den Lauf entlang torquieren, und mit knallendem Geräusch explodiert es ins Freie, reißt an mein Ohr und meine strudelnden Gedanken mit sich in ein endlos fallendes Loch zum Stillstand.

Anmerkungen:

[1] Zeitschrift des Bayerischen Philologenverbands 8/9-92 S.42: GIRL'S MATH - von Peter Rauschmeyer

[2] Hans Joachim Störig, Kleine Weltgeschichte der Philosophie 1, S.297 / Fischer 1050

[3] Oscar Wilde, The Critic as Artist, in Penguin Literature 6 - S.391

"We, in our educational system, have burdened the memory with a load of unconnected facts, and laboriously striven to impart our laboriously acquired knowledge. We teach people how to remember, we never teach them how to grow. It has never occurred to us to try and develop in the mind a more subtle quality of apprehension and discernment."

[4] Hans Joachim Störig, Kleine Weltgeschichte der Philosophie 1, S.296 / Fischer 1050

[5] Henry de Montherlant, Der Kardinal von Spanien, in 'Panorama der modernen Weltliteratur - Frankreich', S.293, Mohn Verlag, 1960

[6] Prof. Dr. Horst Bürkle, in Schulreport - 5/6 - November 1992, S.21

[7] Prof. Dr. Horst Bürkle, in Schulreport - 5/6 - November 1992, S.23

Das Gedicht „Der Querdenker" von Matthias Kneip wurde mit freundlicher Genehmigung des Autors und des „Buch- und Kunstverlags Oberpfalz" abgedruckt.